自信自立 勇毅前行

人民日报国际评论 "和音"

人民日报国际部◎编

人民日报出版社

北　京

图书在版编目（CIP）数据

自信自立　勇毅前行：人民日报国际评论"和音"/
人民日报国际部编．—北京：人民日报出版社，2025.
4. -- ISBN 978-7-5115-8627-8

Ⅰ. D5-53

中国国家版本馆CIP数据核字第2025MQ3362号

书　　名：**自信自立　勇毅前行：人民日报国际评论"和音"**
　　　　　ZIXIN ZILI　YONGYI QIANXING：RENMIN RIBAO GUOJI PINGLUN "HEYIN"

编　　者：人民日报国际部

出 版 人：刘华新
责任编辑：蒋菊平　李　安
版式设计：九章文化

出版发行：人民日报出版社
社　　址：北京金台西路2号
邮政编码：100733
发行热线：（010）65369509　65369527　65369846　65369512
邮购热线：（010）65369530　65363527
编辑热线：（010）65369528
网　　址：www.peopledailypress.com
经　　销：新华书店
印　　刷：大厂回族自治县彩虹印刷有限公司
法律顾问：北京科宇律师事务所　（010）83622312

开　　本：710mm×1000mm　1/16
字　　数：329千字
印　　张：23.5
版次印次：2025年4月第1版　　2025年4月第1次印刷

书　　号：ISBN 978-7-5115-8627-8
定　　价：69.00元

如有印装质量问题，请与本社调换，电话（010）65369463

目录
CONTENTS

01 /

把前无古人的伟大
事业不断推向前进

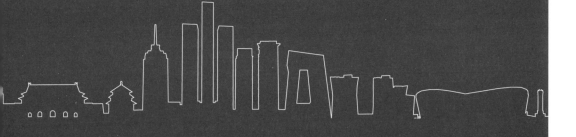

中国将继续以自强不息的精神奋力攀登

中国式现代化是走和平发展道路的现代化，既造福中国人民，又促进世界各国现代化。新的一年，中国将继续以自强不息的精神奋力攀登，以中国式现代化书写人类进步事业新篇章

在二〇二四年新年贺词中，习近平主席总结中国人民接续奋斗、砥砺前行取得的成就，激励中国人民继续一往无前、不懈奋斗，坚定不移推进中国式现代化，推动构建人类命运共同体，建设更加美好的世界。"习近平主席的新年贺词展现大国自信""中国不仅发展自己，还积极向世界开放"……透过习近平主席发表的新年贺词，国际社会看到了一个欣欣向荣、昂扬奋进的中国，一个胸怀天下、勇于担当的中国。

这几天，国际社会高度关注中国元旦假期出行，从火热的旅游市场看到一个活力满满、热气腾腾的中国。2023年，中国经济持续回升向好，在风浪中强健了体魄、壮实了筋骨，为世界经济复苏注入了新动能。近段时间，多家国际机构上调中国经济增长预期。国际社会普遍认为，中国依然是全球增长最大引擎，2023年对全球经济增长的贡献预计达到1/3。据报道，2023年中国船企承接了59%的全球新造船订单量，占比连续三年位居全球第一；中国汽车工业协会的数据显示，2023年中国汽车产销量有望达到3000万辆左右，新能源汽车产销量预计超过900万辆，汽车出口接近500万辆，汽车产业成为工业经济增长的主要拉动力。巴基斯坦《民族报》网站刊文指出："在全球经济的大舞台上，聚光灯无疑已经转向东方。"

2024年，中国方方面面将更加令人鼓舞。1月1日，中国首艘国产大型邮轮开

启商业首航。这与C919大飞机实现商飞、神舟家族太空接力、"奋斗者"号极限深潜，以及国货潮牌广受欢迎，国产新手机一机难求，新能源汽车、锂电池、光伏产品给中国制造增添新亮色一样，都是中国的创新动力、发展活力勃发奔涌的体现。"中国以自强不息的精神奋力攀登，到处都是日新月异的创造。"习近平主席在新年贺词中指出。中华民族是勇于创新、善于创新的民族，中国矢志不渝实施科教兴国战略、人才强国战略、创新驱动发展战略，有信心、有能力实现高水平科技自立自强，开辟发展新领域新赛道，不断塑造发展新动能新优势。俄罗斯政治观察家德米特里·科瑟列夫表示："中国先是成了世界生产车间，如今又成了几乎所有未来重要行业的全球领先者。"

1月1日，中国—尼加拉瓜自由贸易协定正式生效；新西兰所有乳制品都可以免税进入中国，标志着两国自由贸易协定商定的分阶段取消关税都已实现……新的一年，中国将继续扩大高水平开放，不断以自身新发展为世界提供新机遇。2023年，成都大运会"石磬"的古蜀回声和杭州亚运会"水玉琼"的激昂鼓声，让世界深刻感受到中华文明的悠长意蕴；第七十八届联合国大会协商一致通过决议，将春节（农历新年）确定为联合国假日，充分展现中华文明的传播力影响力。新的一年，中国将继续推动不同文明交流互鉴、和谐共处、相互成就，促进各国人民相知相亲、携手同行。2023年，中国与洪都拉斯建立外交关系，同十几个国家建立或提升伙伴关系，不断深化拓展平等、开放、合作的全球伙伴关系网络。新的一年，中国将继续携手各国行天下之大道，共创人类美好未来。

中国式现代化是走和平发展道路的现代化，既造福中国人民，又促进世界各国现代化。新的一年，中国将继续以自强不息的精神奋力攀登，以中国式现代化书写人类进步事业新篇章，为推动构建人类命运共同体、建设更加美好的世界作出新贡献。

（2024年01月02日　第03版）

免签"朋友圈"扩容，展现中国的自信与开放

中国不断优化签证政策，促进中外人员往来，是服务中国高质量发展和高水平对外开放的重要举措，也将为各国共同发展注入更大信心和动能

1月25日，中国和新加坡签署互免持普通护照人员签证协定。协定2月9日正式生效后，双方持普通护照人员可免签入境对方国家从事旅游、探亲、商务等私人事务，停留不超过30日。中国的免签"朋友圈"持续扩容，有助于便利中国和有关国家人员往来，加强中国同有关国家的交流与合作，展现出中国的自信与开放。

截至目前，中国已与157国缔结涵盖不同护照种类的互免签证协定，与44个国家达成简化签证手续协定或安排，与新加坡、马尔代夫、哈萨克斯坦等22个国家实现全面互免签证。此外，还有60多个国家和地区给予中国公民免签或落地签便利。中国公民出境便利化程度大幅提升，中国护照"含金量"越来越高。与此同时，中国持续优化签证政策，为外国人来华旅行、工作、学习、生活提供更多便利。

中国不断优化签证政策，让世界看到一个开放包容、自信自强的中国。自2023年12月1日起，中国对法国、德国、意大利、荷兰、西班牙、马来西亚6国试行单方面免签政策。近日，中方宣布将给予瑞士、爱尔兰两国单方面免签待遇。去年11月，中国将过境免签政策扩大到54个国家；去年12月11日起，中国驻外使领馆推出来华签证费优惠的临时政策；今年1月11日起，中国国家移民管理局

正式施行便利外籍人员来华5项措施……一系列举措为畅通中外人员往来、促进经贸合作和人文交流带来实实在在的便利，彰显了中国致力于促进人民相知相亲、推动文明交流互鉴的大国胸襟。

中国不断优化签证政策，得到国际社会的广泛欢迎和相关国家的积极回应。"中国总是能给人带来惊喜""这是极好的消息""促进旅游业和经济交流的重要信号"……国际人士纷纷称赞中国推出一系列赴华签证便利政策。马来西亚同步对中国公民实施入境30天内免签证的便利措施；法国政府宣布中国有在法学习经历的硕士文凭持有者可获5年签证；瑞士将为中国公民和赴瑞投资的中国企业提供更多签证便利；爱尔兰表示愿积极考虑为中国公民访爱提供更多便利，欢迎更多中国企业到爱投资兴业……签证互惠政策不断扩大，将有力促进中国同有关国家的交往，进一步拉紧中国同有关国家互利合作的纽带。

中国不断优化签证政策，促进中外人员往来，是服务中国高质量发展和高水平对外开放的重要举措，也将为各国共同发展注入更大信心和动能。走过45年改革开放历程，中国更加深刻地认识到，一个国家越开放就越发展、越自信，越开放越能够为推动世界各国共同发展作出贡献。积极搭建各种开放平台，与各国共享中国发展机遇；全力优化对外资和知识产权保护，加快建设市场化、法治化、国际化一流营商环境；携手各方高质量共建"一带一路"，不断拓展同各国基础设施、产业、经贸、科技创新等领域合作……中国用实实在在的行动，把对外开放的大门越开越大。西班牙《国家报》报道说，中国采取切实举措促进旅游业发展、推动经济和人员交流，"展示出持续扩大对外开放的诚意"。联合国世界旅游组织认为，中国正越来越开放，中国旅游业的蓬勃发展也将带动周边国家旅游业共同发展。

中国正以中国式现代化全面推进强国建设、民族复兴伟业。新征程上，中国将不断扩大高水平对外开放，坚定奉行互利共赢的开放战略，稳步推进规则、规制、管理、标准等制度型开放，不断拓展中国式现代化的发展空间。中国也将继续以开放汇合作之力、以开放谋共享之福，推动不同文明交流互鉴、和谐共处、相互成就，携手各方构建人类命运共同体。

（2024年01月26日　第04版）

全国两会，国际社会读懂中国之窗

　　观察中国全国两会，有助于国际社会读懂中国之"治"、洞察中国经济发展之"质"、感知中国与各国携手合作之"志"

　　"即将举行的中国全国两会将为观察中国的经济发展蓝图和全球愿景提供重要线索""中国全国两会即将召开，其中一个关键词是'高质量发展'"……今年是新中国成立75周年，是实现"十四五"规划目标任务的关键一年，国际社会高度关注今年的中国全国两会。通过观察中国全国两会，国际社会能增进对中国民主实践的理解，深入感知中国经济高质量发展的脉动，更好把握中国与各国携手合作的机遇。

　　观察中国全国两会，有助于读懂中国之"治"。全国两会是中国全过程人民民主的生动实践，也是国际社会观察中国推进国家治理现代化的重要窗口。有国外学者认为，"读懂全国两会，就读懂了中国式民主是如何有效运行的"。代表委员们积极履职尽责，民声民意凝聚成国家治理的共识。国务院新闻办近日公布的数据显示，2023年国务院各部门共承办全国两会期间提出的人大代表建议7955件、政协提案4525件，分别占建议、提案总数的95.7%、96.5%，已全部按时办结；各部门共采纳代表委员所提意见建议近4700条，出台相关政策措施2000余项，人民的意愿得到有效实现。完整的制度程序和完整的参与实践，使全过程人民民主从价值理念成为扎根中国大地的制度形态、治理机制和人民的生活方式。今年是全国人民代表大会成立70周年、中国人民政治协商会议成立75周年，国际社会透过全国两会更能深刻理解中国之"治"的智慧和优势。

　　观察中国全国两会，有助于洞察中国经济发展之"质"。"中国政府最近多次提到要推进高质量发展，强调实现更有效率和更可持续的发展。"彭博新闻社近日的报道表示。实现高质量发展是中国式现代化的本质要求之一。过去一年，中国经济总体回升向好，中国5.2%的经济增速高于全球3%左右的预计增速，在世界主要经济体中名列前茅，充分彰显中国经济发展强劲的内生动力、韧性和潜力。中国正在深入实施创新驱动发展战略，推动新质生产力加快发展，将为高质量发展持续注入新动能。在世界经济复苏乏力的背景下，国际社会期待中国全国两会进一步释放经济回升向好的积极信号。外媒认为，"中国现在的目标是通过高质量发展让人民群众生活更美好""中国推动经济发展向创新驱动型转变，加快数字化、绿色化协同转型，将为全球经济可持续发展树立典范"。

　　观察中国全国两会，有助于感知中国与各国携手合作之"志"。施行便利外籍人员来华5项措施，落实全面取消制造业领域外资准入限制措施，推动稳外资24条政策措施加快落地见效，同更多国家商签自由贸易协定、投资保护协定，携手各方稳步推进共建"一带一路"高质量发展……一系列政策举措释放中国坚定不移扩大高水平对外开放的鲜明信号，展现中国以自身新发展带给世界新机遇的决心与信心。今年全国两会，中国如何推进更高水平对外开放、提升参与国际循环的能力成为国际社会关注的热点之一。"国际社会特别关注全国两会确定的中国发展方向""期待中国继续为促进和平与繁荣贡献力量"……国际人士表示，期待通过中国全国两会更深入地了解中国应对全球性挑战的方案与行动，期待中国为世界提供更多稳定性和确定性。

　　中国全国两会将让国际社会看到，中国坚定不移走中国特色社会主义政治发展道路，扎实推进全过程人民民主，坚定不移以高质量发展推进中国式现代化，以高水平对外开放推动世界共同发展，将为世界和平发展和人类进步事业作出更大贡献。

（2024年03月04日　第03版）

让世界看到一个可信、可爱、可敬的中国

中国真诚欢迎更多外国朋友来到中国、感知中国、了解中国，谱写更多热气腾腾的中外往来佳话，发现更多活力满满的互利合作机遇

"中国给了我们太多惊喜""高铁出行，难以置信，太快了""每个人都很友善，都很愿意帮助我们"……一段时间以来，外国游客来华热度不断攀升，"中国旅游"成为网络热词，"打卡中国"风靡社交媒体。外国游客近距离感知中国，分享他们的所见、所闻、所思，让更多外国朋友看到了真实、立体、全面的中国。

开放是中国式现代化的鲜明标识。火爆的"中国旅游"，是中国持续推进高水平对外开放结出的硕果。中国免签"朋友圈"持续扩大，让更多外国游客"说来就来"成为现实。去年12月以来，中国先后对法国、德国、澳大利亚等15个国家试行单方面免签政策，与新加坡、泰国、格鲁吉亚等国实现互免签证。当前，中国144小时过境免签政策适用口岸已增至37个，全面实施外国旅游团乘坐邮轮入境免签政策。中国推出"三减三免"来华签证优化措施，实施便利外籍人员来华5项措施，积极解决外籍人员移动支付难等问题，不断为外籍人员来华提供便利。中国不断扩大高水平对外开放，展现了与各国加强交流互鉴和互利合作的诚意。

"中国旅游"带动更多人成为中国故事的讲述者。这是中国发展生机勃勃的故事。北京亮马河夜间的灿烂灯火、上海街头的家常美食、深圳的无人机外卖服务、武汉充满科技感的光谷空轨……外国游客眼中的中国，创新动力、发展活力勃发奔涌。这是中华文化博大精深的故事。调查显示，超过六成受访者将"体验中国

文化"作为来华旅游的主要目的。在陕西西安城墙上，一边漫步一边了解历史；慕名来到上海世博会中国馆，一睹"镇馆之宝"——巨幅动态版《清明上河图》真容……"中国旅游"里有浓浓的文化味儿，成为外界感知中华文化的一扇窗。

这是中国社会开放包容、人民热情友善的故事。湖南张家界天门山897米长的自动扶梯上，中外游客用普通话打招呼，并友好击掌致意；杭州出租车司机把西湖龙井分享给外国游客被表白："我爱中国，因为我每天都会遇到你们的善意"……从机场到车站、从城市到乡村、从景区到街区，中国民众真诚的问候、爽朗的笑声、真心的帮助、贴心的关怀，让外国朋友宾至如归。

"中国旅游"让世界看到了一个可信、可爱、可敬的中国。外国游客来到中国，用自己的眼睛观察中国，用自己的耳朵倾听中国，用自己的脚步丈量中国，形成并分享关于中国的真实新鲜认知。"眼前的中国"与"一些西方媒体报道中的中国""想象的中国"截然不同，是许多外国游客的共同感受。事实表明，来到中国、看到中国、用心感知中国，才能更好认识中国。

中国共产党二十届三中全会强调，完善高水平对外开放体制机制。展望未来，不断扩大高水平对外开放的中国，与世界各国联系的纽带将越拉越紧，将继续以自身新发展为世界带来新动力。中国真诚欢迎更多外国朋友来到中国、感知中国、了解中国，谱写更多热气腾腾的中外往来佳话，发现更多活力满满的互利合作机遇。

（2024年08月06日　第03版）

团结奋进，书写绚丽精彩新篇章

——把前无古人的伟大事业不断推向前进①

　　"以中国式现代化全面推进强国建设、民族复兴，是新时代新征程党和国家的中心任务。今天，我们庆祝共和国华诞的最好行动，就是把这一前无古人的伟大事业不断推向前进。"习近平总书记在庆祝中华人民共和国成立75周年招待会上发表重要讲话，回顾新中国成立75年来取得的伟大成就，强调推进中国式现代化必须坚持中国共产党领导、坚持中国特色社会主义道路、坚持以人民为中心、坚持走和平发展道路，为在新时代新征程上创造出新的更大辉煌、为人类和平发展的崇高事业作出新的更大贡献提供了遵循、指明了方向。

　　75年来，中国共产党团结带领全国各族人民不懈奋斗，创造了经济快速发展和社会长期稳定两大奇迹，中国发生沧海桑田的巨大变化，中华民族伟大复兴进入了不可逆转的历史进程。中国式现代化展开的壮美画卷，呈现出的无比光明灿烂的前景，不仅让全体中国人民充满自豪，也令世界瞩目。许多国家、政党领导人和国际组织负责人近日纷纷祝贺中华人民共和国成立75周年，称赞中国经济、社会和科技发展成就举世瞩目，国际影响力不断提升，相信中国人民必将在建设中国特色社会主义事业中不断取得新的更大成就。

　　中国不断实现发展进步，根本在于坚持中国共产党的领导。中国共产党的领导是中国特色社会主义最本质的特征，是中国特色社会主义制度的最大优势。中国共产党发挥总揽全局、协调各方的领导核心作用，坚定不移推进全面从严治党，努力以党的自我革命引领伟大社会革命。中国共产党始终同人民风雨同舟，坚持一切为了人民，一切依靠人民，努力让全体人民在共同奋斗中共享改革发展成果。

"中国共产党有先进的思想理念指引，坚持实事求是、与时俱进，赢得了中国人民的衷心拥护，整个国家的力量被凝聚在一起。"澳大利亚联邦人文学院院士马克林认为，中国式现代化取得重大成就，归根结底源于中国共产党的领导。

道路决定命运。走出一条符合本国国情的现代化道路，是广大发展中国家不懈的追求。中国坚持独立自主开拓前进道路，坚持把国家和民族发展放在自己力量的基点上。改革开放以来，中国共产党带领人民在不断探索中开辟了中国特色社会主义道路，走出了中国式现代化道路。中国有道不变、志不改的坚定决心和坚强意志，坚持走中国特色社会主义道路，进一步全面深化改革、扩大开放，着力推动高质量发展，就一定能把国家发展进步的命运牢牢掌握在中国人民手中。

中国特色社会主义制度更加成熟更加定型，全过程人民民主不断发展，汇聚起全国各族人民团结奋斗的磅礴力量。许许多多的中国人以国家富强为念，以人民幸福为盼，把个人小我融入国家大我，以只争朝夕的历史主动、主人翁的责任担当，锐意进取、迎难而上，共同推动国家发展进步。国际人士认为，中国式民主的本质和核心是人民当家作主，这样的民主是真正的民主，中国共产党在决策过程中欢迎所有人提出建议，"当你们这样做，你们就拥有了全部力量"。中国愿继续同世界上一切追求和平、发展、公平、正义、民主、自由的国家和人民，共同探讨实现广泛、真实、管用的民主的路径，为人类政治文明进步作出新贡献。

当前，世界之变、时代之变、历史之变不断向广度和深度延展，中国改革发展稳定任务之艰巨繁重前所未有。前进道路不可能一马平川，必定会有艰难险阻，可能遇到风高浪急甚至惊涛骇浪的重大考验。但我们坚信，任何困难都无法阻挡中国人民前进的步伐。只要14亿多中国人心往一处想、劲往一处使，同舟共济、众志成城，就没有干不成的事、迈不过的坎，就一定能够书写更加绚丽精彩的新篇章。

（2024年10月03日　第03版）

建设更高水平开放型经济新体制

——把前无古人的伟大事业不断推向前进②

回望过去，改革开放创造了中国发展奇迹。展望未来，中国进一步全面深化改革、扩大开放，将为推动高质量发展、推进中国式现代化持续注入强劲动力

"国庆假期首日，中国铁路系统创下客运量的历史纪录""国庆期间，中国出境游热度高涨""积极的出行意愿、景点的人山人海，印证民众对未来的积极预期"……境外媒体近日持续关注中国国庆假期出行和消费，从各地旺盛的人气、涌动的活力中看到了一个生机勃勃、繁荣发展的中国。

新中国成立75年来，中国经济实力、综合国力和国际影响力实现历史性跨越。特别是中共十八大以来，以习近平同志为核心的中共中央以新发展理念为引领，着力激发高质量发展的动力、活力、潜力，有效应对前进道路上的各种风险挑战，有力促进了经济持续健康发展。数据显示，1979年至2023年，中国国内生产总值年均增长8.9%，远高于同期世界经济3%的增速水平，对世界经济增长的年均贡献率为24.8%。展望未来，习近平主席指出："我们将持续推动高质量发展，持续推进中国式现代化，既让中国人民不断过上更好生活，也为世界可持续发展作出更大贡献。中国发展前景是光明的，我们有这个底气和信心。"

中国发展活力，源于不断深化改革。从中共十一届三中全会开启中国改革开放和社会主义现代化建设历史新时期，到中共十八届三中全会开启全面深化改革、系统整体设计推进改革的新时代，开创改革开放的全新局面，再到中共二十届三中全会开启新时代新征程进一步全面深化改革、不断开辟中国式现代化的广阔前景，中国几十年来以极大的勇气和魄力持续深化改革，为发展注入源源不断的活力和动力。中国把全面深化改革作为推进中国式现代化的根本动力，坚决破除妨碍推进中国式现代化的思想观念和体制机制弊端，推动生产关系和生产力、上层建筑和经济基础、国家治理和社会发展更好相适应，将为中国式现代化注入强劲动力、提供有力制度保障。"改革绝非易事，但转型的前景无疑是光明的。"谈到中共二十届三中全会明确进一步全面深化改革的总目标并提出300多项重要改革举措，西班牙中国问题专家胡利奥·里奥斯表示，即将到来的是一个更全面、更深刻的改革阶段，也是对到2035年基本实现现代化目标的进一步确认。

中国发展活力，源于不断扩大开放。开放是中国式现代化的鲜明标识。改革开放以来，中国走出了一条在开放中谋求共同发展的道路。中国坚持对外开放基本国策，奉行互利共赢的开放战略，不断提升发展的内外联动性，在实现自身发展的同时也惠及其他国家和人民。中国推进高水平对外开放，不仅来自以开放促改革、促发展的成功实践，也是把握经济发展规律、顺应时代潮流的必然之举。中共二十届三中全会强调，必须坚持对外开放基本国策，坚持以开放促改革，依托中国超大规模市场优势，在扩大国际合作中提升开放能力，建设更高水平开放型经济新体制。未来，中国将稳步扩大制度型开放，深化外贸体制改革，深化外商投资和对外投资管理体制改革，优化区域开放布局，完善推进高质量共建"一带一路"机制。国际人士认为，中国坚持扩大高水平对外开放，不仅将开辟中国式现代化广阔前景，也将以自身经济高质量发展不断为世界提供新机遇。

"改革开放是当代中国最显著的特征、最壮丽的气象。"回望过去，改革开放创造了中国发展奇迹。展望未来，中国进一步全面深化改革、扩大开放，将为推动高质量发展、推进中国式现代化持续注入强劲动力。

（2024年10月05日　第03版）

科技创新为高质量发展注入强劲动力

——把前无古人的伟大事业不断推向前进③

面向未来，中国将坚持创新驱动发展战略，朝着建成科技强国的宏伟目标奋勇前进，以开放姿态同各国加强创新合作，让科技更好造福人类

"一箭八星"成功发射、"中国天眼"核心阵试验样机开工建设、全球首个百亿参数级遥感解译基础模型发布……近来，中国科技创新好消息频传，展示了中国在科技自立自强上取得的积极成果。中国科技创新能力快速发展，创新驱动发展成效日益显现，为中国高质量发展注入强劲动力，为推进中国式现代化提供有力支撑。

科技兴则民族兴，科技强则国家强。新中国成立75年来，中国科技整体能力持续提升，科技发展取得举世瞩目的成就。从"向科学进军"到"迎来创新的春天"，从"占有一席之地"到"成为具有重要影响力的科技大国"……中国创新的旋律越来越昂扬。当前，中国正锚定2035年建成科技强国的战略目标，不断深化科技体制改革，深入实施创新驱动发展战略，加快推进高水平科技自立自强。世界知识产权组织发布的《2024年全球创新指数（GII）报告》显示，中国在全球的创新力排名较去年上升一位至第十一位，是10年来创新力上升最快的经济体之一。

今日之中国创新动力强劲、创新成果不断涌现，源于中国人民对于创新矢志不渝的追求。以航天事业发展为例，新中国成立75年来，在中国共产党领导下，中国一代代航天人坚持自力更生、自主创新，推动航天事业从无到有、从弱到强、从"蓝图绘梦"到"奋斗圆梦"，实现历史性、高质量、跨越式发展，航天强国建设迈出坚实步伐。今年，嫦娥六号完成了人类历史上首次月球背面采样，突破了多项关键技术。习近平总书记强调："探月工程成果凝结着我国几代航天人的智慧和心血，从一个侧面展示了我们这些年在科技自立自强上取得的显著成就，充分展现了中国人的志气、骨气和底气。"

今日之中国创新动力强劲、创新成果不断涌现，源于中国不断加大科技创新投入。中国研究与试验发展经费总量于2012年突破1万亿元人民币，2019年突破2万亿元人民币，2022年突破3万亿元人民币。2023年，中国研究与试验发展经费投入总量超过3.3万亿元人民币，比上年增长8.4%，保持稳定增长趋势，为加快实现高水平科技自立自强提供了有力保障。中国良好的创新环境和丰富的人才资源等，吸引不少跨国公司在华加码投资研发中心，加快布局创新赛道。英国《经济学人》网站刊文指出，"中国作为世界研发实验室的作用正日益增强"。

中国式现代化要靠科技现代化作支撑，实现高质量发展要靠科技创新培育新动能。当前，新一轮科技革命和产业变革深入发展，世界百年未有之大变局加速演进，高技术领域成为国际竞争最前沿和主战场，深刻重塑全球秩序和发展格局。中国高度重视科技的战略先导地位和根本支撑作用，不断加大科技创新力度，加强顶层设计和统筹谋划。中共二十届三中全会对促进新质生产力发展作出部署，强调构建支持全面创新体制机制，提升国家创新体系整体效能。俄罗斯科学院世界经济与国际关系研究所副所长亚历山大·洛马诺夫认为，这将为中国发展提供源源不断的活力，也将为提振世界经济作出更多中国贡献。

科技进步是世界性、时代性课题，唯有开放合作才是正道。国际环境越复杂，越要敞开胸怀、打开大门，统筹开放和安全，在开放合作中实现自立自强。中国坚持开放包容、互惠共享的国际科技合作理念，致力于打造开放、公平、公正、非歧视的科技创新开放环境，已与160多个国家和地区建立科技合作关系，签署118个政府间科技合作协定，并面向全球发布《国际科技合作倡议》。正如美国比尔及梅琳达·盖茨基金会联席主席比尔·盖茨所说，中国加快创新发展，对中国有利、对发展中国家有利、对世界有利。

"我们要建成的科技强国，应当具有居于世界前列的科技实力和创新能力，支撑经济实力、国防实力、综合国力整体跃升，增进人类福祉，推动全球发展。"面向未来，中国将坚持创新驱动发展战略，朝着建成科技强国的宏伟目标奋勇前进，以开放姿态同各国加强创新合作，让科技更好造福人类。

（2024年10月07日　第03版）

绘就美丽中国新画卷

——把前无古人的伟大事业不断推向前进④

中国以久久为功的韧性不断书写新的绿色奇迹，以绿色发展理念为全球环境治理贡献智慧，以可持续发展行动助力推进全球绿色转型

金秋时节，位于河北省的塞罕坝国家森林公园色彩斑斓、美不胜收。从茫茫荒原上的"一棵松"到今天的百万亩人工林海，半个多世纪以来塞罕坝生态环境质量不断向好，不仅是中国生态文明建设的生动缩影，也成为全球环境治理的"中国榜样"。

中国式现代化是人与自然和谐共生的现代化。新中国成立75年来，中国不断深化对生态文明建设的规律性认识，促进人与自然和谐共生。特别是中共十八大以来，中国把生态文明建设作为关系中华民族永续发展的根本大计，开展了一系列开创性工作，决心之大、力度之大、成效之大前所未有，生态文明建设从理论到实践都发生了历史性、转折性、全局性变化，美丽中国建设迈出重大步伐。

中国以久久为功的韧性不断书写新的绿色奇迹。70多年来，地处毛乌素沙漠边缘的山西省右玉县持续植树造林，林木绿化率从不足0.3%提高到57%，"不毛之地"变成"塞上绿洲"；40多年来，"三北"工程区累计完成造林4.8亿亩，治理退化草原12.8亿亩，森林覆盖率由1978年的5.05%提高到13.84%；本世纪以来，中国为全球贡献了约1/4的新增绿化面积，成为全世界森林资源增长最多最快的国家；新时代以来，中国成为全球空气质量改善速度最快的国家……每一个绿色成就的背后，都体现了中国言出必践、一张蓝图绘到底的坚强决心，都凝结着亿万中国人民为建设一个山川秀美的家园所作的不懈努力。曾经向塞罕坝林场建设者代表颁授"地球卫士奖"的时任联合国副秘书长兼联合国环境规划署执行主任索尔海姆，被"中国人上下一心治理环境的奉献精神"所打动。"中国有太多像塞罕坝一样的故事。"他说，"中国人为保护地球环境付出的努力，不断创造出美丽中国的新篇章。"

中国以绿色发展理念为全球环境治理贡献智慧。倡导"天人合一"是中华文明的鲜明特色。改革开放以来，中国把节约资源和保护环境确立为基本国策，把可持续发展确立为国家战略，大力推进生态文明建设。新时代以来，中国坚持绿水青山就是金山银山的理念，站在人与自然和谐共生的高度谋划发展，坚定不移走生态优先、绿色发展之路，注重同步推进物质文明建设和生态文明建设，促进经济社会发展全面绿色转型。2013年至2023年，中国以年均3.3%的能源消费增速支撑了年均6%以上的经济增长，能耗强度累计下降超过26%，相当于少用约14亿吨标准煤，少排放约29.4亿吨二氧化碳。中国统筹高质量发展和高水平保护，走出了一条生态和经济协调发展、人与自然和谐共生之路，为各国实现绿色发展提供了有益借鉴。

中国以可持续发展行动助力推进全球绿色转型。新时代以来，中国产业结构持续优化升级、能源绿色转型步伐加快，绿色低碳发展迈出重要步伐。面对全球气候变暖的严峻挑战，中国承诺碳达峰碳中和目标，并加快发展风电光伏等新能源。中国建成了全球最大的清洁能源系统，新能源汽车的产销量连续9年位居世界第一。澳大利亚广播公司网站文章指出，没有哪个国家的转型速度和太阳能崛起速度比中国更令人震惊。美国媒体近日刊文认为，中国已经完全改写了全球绿色转型的故事。浙江省"千村示范、万村整治"工程、"蓝色循环"模式等中国可持续发展方案吸引众多海外人士前来取经；蒙内铁路、印度尼西亚青山工业园、老挝万象赛色塔低碳示范区等一批广泛融入绿色理念和技术的高质量共建"一带一路"标志性项目，得到有关国家广泛赞誉……中国行动为共建清洁美丽的世界贡献源源不断的力量。

　　人不负青山，青山定不负人。新征程上，中国将以更高站位、更宽视野、更大力度来谋划和推进生态文明建设，坚定不移走生态优先、绿色低碳的高质量发展之路，绘就美丽中国新画卷，为全球绿色发展注入更多动力。

（2024年10月08日　第03版）

走和平发展的人间正道

——把前无古人的伟大事业不断推向前进⑤

中国绝不走殖民掠夺的老路，也绝不走国强必霸的歪路，而是走和平发展的人间正道。中国实现现代化是世界和平力量的增长，是国际正义力量的壮大

参加联合国维和行动30多年来，5万余人次中国军人和2700余人次中国警察前赴后继，足迹遍布20多个国家和地区；海军护航编队连续16年在亚丁湾、索马里海域护航，累计护送近7300艘中外船舶；"和平方舟"号医院船到访50多个国家和地区，服务民众30多万人次；面对动荡与危机，中方始终为和平奔走，为促谈努力……无论国际风云如何变幻，中国始终坚持走和平发展道路，坚定维护世界和平、促进共同发展。

和平性是中华文明的突出特性。在5000多年的文明发展中，和平、和睦、和谐的追求深深植根于中华民族的精神世界之中，深深溶化在中国人民的血脉之中。新中国成立75年来，中国没有主动挑起过任何一场战争和冲突，没有侵占过别国一寸土地，是唯一将和平发展写入宪法和执政党党章、上升为国家意志的大国。新时代以来，面对"建设一个什么样的世界、如何建设这个世界"的重大课题，中国给出了构建人类命运共同体这个时代答案。构建人类命运共同体理念顺应和平、发展、合作、共赢的时代潮流，展现了中国坚持走和平发展道路的坚定决心，开辟了和平和进步的新境界。

走和平发展道路，是中国式现代化的鲜明特征和必然选择。中国绝不走殖民掠夺的老路，也绝不走国强必霸的歪路，而是走和平发展的人间正道。中方倡导以对话弥合分歧、以合作化解争端，坚决反对一切形式的霸权主义和强权政治，主张以团结精神和共赢思维应对复杂交织的安全挑战，营造公道正义、共建共享的安全格局。中国始终坚定践行联合国宪章宗旨和原则，维护国际关系基本准则和国际公平正义，尊重各国自主选择发展道路和社会制度的权利。中国实现现代化是世界和平力量的增长，是国际正义力量的壮大，无论发展到什么程度，中国永远不称霸、永远不搞扩张。

秉持构建人类命运共同体理念，中国为推动世界和平发展担当作为。中国携手150多个国家和30多个国际组织共建"一带一路"，搭建了世界上范围最广、规模最大的国际合作平台，促进合作共赢、共同发展。中国提出并推动落实全球发展倡议、全球安全倡议、全球文明倡议，为维护世界和平稳定、促进全球发展繁荣注入新动能。中国努力探索中国特色的热点问题解决之道，在乌克兰危机、巴以冲突以及涉及朝鲜半岛、伊朗、缅甸、阿富汗等问题上发挥建设性作用，推动五核国发表关于防止核战争的联合声明，取得促成沙特伊朗和解复交等重要成果，为破解安全困境、完善安全治理提供助力，为消弭冲突、建设和平铺路架桥。联合国秘书长古特雷斯表示，中国的和平发展是人类历史上的崇高事业，有利于全人类的和平和进步。

中国走和平发展道路的决心不会改变，同各国友好合作的决心不会改变，促进世界共同发展的决心不会改变。新征程上，中国将始终坚定站在历史正确一边、人类文明进步一边，高举和平、发展、合作、共赢旗帜，做世界和平的建设者、全球发展的贡献者、国际秩序的维护者，同各国人民一道，开创人类社会更加美好的未来。

（2024年10月09日　第03版）

坚持人民至上，让美好愿景成为现实

——中国成功打赢脱贫攻坚战的世界意义①

"中国脱贫历程表明，本着滴水穿石、一张蓝图绘到底的韧性、恒心和奋斗精神，发展中国家的贫困问题是可以解决的，弱鸟是可以先飞、高飞的。中国可以成功，其他发展中国家同样可以成功。"习近平主席日前在巴西里约热内卢出席二十国集团领导人第十九次峰会，围绕"抗击饥饿与贫困"议题发表题为《建设一个共同发展的公正世界》重要讲话，深刻阐释中国成功打赢脱贫攻坚战的经验和世界意义，引发国际社会强烈共鸣。

中国经验举世关注，因为中国已经实现8亿贫困人口全部脱贫，提前完成联合国2030年可持续发展议程的减贫目标。中国经验值得借鉴，因为中国让世界各国看到"弱鸟可望先飞，至贫可能先富"。在全球仍有约7.33亿人面临饥饿、严重粮食不安全问题的人口数量连续5年增长的背景下，许多国家渴望借鉴中国减贫经验，实现发展振兴。

"治国有常，而利民为本。"习近平主席时常引用的这句中国古语，体现了中国共产党人的价值追求。中国之所以能够成功打赢脱贫攻坚战，创造减贫治理的中国样本，关键在于始终坚持以人民为中心，庄严承诺"决不能落下一个贫困地区、一个贫困群众"。

中国共产党坚持人民至上，始终致力于为人民谋幸福。在陕西梁家河，本着"要为人民做实事"的信念，带领乡亲们打井、修淤地坝、修梯田、建沼气池；在河北正定，扛着自行车一步一步蹚过滹沱河，走遍全县200多个村子，探索农村改革脱贫路；在福建宁德，几乎走遍所有乡镇，不断探索"弱鸟先飞"的路子……

从村、县、市、省、中央一路走来，习近平主席深知人民的期盼，心里始终装着人民、时刻想着人民，把扶贫作为工作的一个重要内容、立志要办成的一件大事。中非共和国总统图瓦德拉在梁家河参观后感叹："习近平主席扎根于人民，始终和人民在一起，为人民服务。这深深地感染了我。"

只有任何时候都把群众利益放在第一位的执政党，才能为脱贫攻坚提供坚强政治和组织保证。中共十八大以来，习近平总书记先后7次主持召开中央扶贫工作座谈会，50多次调研扶贫工作，走遍14个集中连片特困地区。中国政府和中国人民勠力同心、艰苦奋斗，坚持精准扶贫，坚持在经济发展中扶贫，坚持在促进当地特色产业发展中扶贫，坚持在促进共同富裕中扶贫，打赢人类历史上规模最大、力度最强的脱贫攻坚战，创造了彪炳史册的人间奇迹。"习近平主席教会我们如何摆脱极端贫困、成为一个强大的国家，是我们学习的榜样。"秘鲁总统博鲁阿尔特表示，"我们从中国身上学习到，没有什么是不可能的。"

坚持以人民为中心的发展思想，坚定不移走共同富裕道路，是中国打赢脱贫攻坚战的重要经验，为各国探寻减贫发展之路提供重要借鉴。正是怀着对人民群众的深厚感情，中国共产党把脱贫攻坚摆在治国理政的突出位置，带领中国人民攻克了一个又一个贫中之贫、坚中之坚，让脱贫攻坚的阳光照耀到了每一个角落，无数人的命运因此而改变，无数人的梦想因此而实现，无数人的幸福因此而成就。中国成功打赢脱贫攻坚战表明，唯有坚持以人民为中心的发展思想，才能真正造福人民。乌兹别克斯坦总统米尔济约耶夫在《摆脱贫困》乌兹别克文版序言中写道："我们在书中看到习近平主席的深谋远虑和爱国情怀，了解到习近平主席亲自参与到这项伟大事业中，时刻同人民站在一起，将自己的一切奉献给扶贫事业。"

从"全面建成小康社会，一个也不能少"到"现代化道路上一个都不能少，一国都不能掉队"，中国不仅致力于通过发展让全国人民过上好日子，也致力于通过共同发展让各国人民都过上好日子。在二十国集团领导人第十九次峰会上，习近平主席强调"中国不追求一枝独秀，更希望百花齐放，同广大发展中国家携手实现现代化",并宣布中国支持全球发展的八项行动,为推进全球发展事业指明方向,体现出立已达人的天下胸怀。携手高质量共建"一带一路",落实全球发展倡议,支持减贫和粮食安全国际合作……中国立足自身丰富的实践经验,为广大发展中国家实现更好发展提供有力支持,被国际人士称为"推动全球发展的积极力量"。

着眼全人类共同福祉,中国将继续做支持全球发展事业的行动派和实干家,同各国一道,坚持以人民为中心,不断增强民众的获得感、幸福感、安全感,推动建设一个共同发展的公正世界,让贫困成为过去,让美好愿景成为现实。

（2024年11月26日　第03版）

坚持精准扶贫，在发展中消除贫困根源

——中国成功打赢脱贫攻坚战的世界意义②

中国走出了一条中国特色减贫之路，形成了中国特色反贫困理论，其中有不少值得其他国家借鉴的经验，这是《摆脱贫困》等著作成为许多国际政要案头书的重要原因

《摆脱贫困》葡萄牙文版首发式暨中巴治国理政研讨会不久前在巴西里约热内卢举行。"30多年前，习近平主席在贫困地区工作时，带领当地群众找到了一条抗击贫困的道路。在世界处于动荡变革期的今天，《摆脱贫困》更显其重要价值。"巴西社会发展和援助、家庭和抗击饥饿部常务副部长奥斯马尔·茹尼奥尔表示，"习近平主席在书中分享了对国家治理和社会发展的深刻见解，帮助我们更好地探讨减除贫困、实现可持续发展的新方式。"

贫困是人类社会的顽疾。消除贫困是中华民族几千年的梦想与期盼，也是全人类的共同使命。长期以来，各国都在探索减贫治理的道路，都在探寻行之有效的反贫困理论。作为世界上最大的发展中国家，中国经过长期努力特别是中共十八大以来，把脱贫攻坚摆在治国理政突出位置，提出一系列新思想新观点，作出一系列新决策新部署，成功打赢脱贫攻坚战，实现8亿贫困人口全部脱贫，创造了减贫治理的中国样本。在这一被誉为"消除贫困历史上最大的飞跃"的脱贫历程中，中国走出了一条中国特色减贫之路，形成了中国特色反贫困理论，其中有不少值得其他国家借鉴的经验，这是《摆脱贫困》等著作成为许多国际政要案头书的重要原因。

执政党的坚强领导，是打赢脱贫攻坚战的关键。国际人士认为，中国脱贫攻坚战取得全面胜利，与中国共产党的坚强领导密不可分。从将脱贫攻坚纳入"五位一体"总体布局、"四个全面"战略布局，到构建五级书记抓扶贫、全党动员促攻坚的局面，再到累计选派25.5万个驻村工作队、300多万名第一书记和驻村干部深入基层一线……中国共产党充分发挥统揽全局协调各方作用，形成了举国同心、合力攻坚的磅礴力量。乌兹别克斯坦制定国家减贫战略和目标，在全国各州试点推广中国减贫经验，近万名乌兹别克斯坦学员线上参加中国减贫研修班。该国初步建立以社区为依托，以《贫困户帮扶名册》《妇女帮扶名册》《青年帮扶名册》为重要组成部分的减贫体系，已取得显著成果。

在中国共产党领导下，中国人民自力更生、艰苦奋斗，以滴水穿石的韧性和恒心打赢脱贫攻坚战。坚守太行山的"新愚公"李保国、"燃灯校长"张桂梅、用青春诠释共产党人初心使命的黄文秀、坚持"只要县里还有一个人没有脱贫，我就不能休息"的姜仕坤……在脱贫攻坚工作中，无数干部群众倾力奉献、苦干实干，收获沉甸甸的成果。"志之难也，不在胜人，在自胜。"脱贫必须摆脱思想意识上的贫困。中国坚持调动广大贫困群众积极性、主动性、创造性，激发脱贫内生动力。非盟委员会主席法基在了解中国脱贫故事后感慨："我们从中国减贫事业中学到的第一课就是'自力更生'，这也是中国取得令人着迷的成就的根本原则。"

脱贫攻坚贵在精准，重在精准。中国坚持精准扶贫方略，用发展的办法消除贫困根源。从开展建档立卡、选派驻村干部，解决"扶持谁、谁来扶"的问题，到推进分类施策、建立贫困退出机制、设立5年过渡期，解决"怎么扶、如何退、如何稳"的问题；从因地制宜实施"五个一批"工程，到严格落实"六个精准"明确要求……精准扶贫是中国打赢脱贫攻坚战的制胜法宝，是中国减贫理论和实践的重大创新，极大丰富拓展了人类减贫路径。中国坚持开发式扶贫方针，坚持把发展作为解决贫困的根本途径，改善发展条件，增强发展能力，实现由"输血式"扶贫向"造血式"帮扶转变，让发展成为消除贫困最有效的办法、创造幸福生活最稳定的途径。

泰国孔敬府借鉴中国精准扶贫理念后取得脱贫实效，当地官员说："中国不仅让世界了解精准扶贫的重要性和看到脱贫的可能，更提供了解决贫困问题的勇气和经验。"2018年12月，第七十三届联合国大会通过关于消除农村贫困问题的决议，把"精准扶贫"等理念明确写入其中。联合国秘书长古特雷斯高度评价："精准扶贫方略是帮助贫困人口、实现2030年可持续发展议程设定的宏伟目标的唯一途径，中国的经验可以为其他发展中国家提供有益借鉴。"

贫穷不是命中注定，贫困并非不可战胜。中国的脱贫历程表明，只要有坚定意志和决心、符合国情的理念和方法并付诸实际行动，就能够向着摆脱贫困的目标不断迈进。中国已加入"抗击饥饿与贫困全球联盟"，愿意继续开展、支持减贫国际合作，携手各方共同建设没有贫困、普遍繁荣的世界。

（2024年11月27日　第03版）

坚持胸怀天下，支持全球发展事业

——中国成功打赢脱贫攻坚战的世界意义③

中国是支持全球发展事业的行动派和实干家，致力于与各方携手建设一个共同发展的公正世界，帮助广大发展中国家民众摆脱贫困

在柬埔寨，中柬友好扶贫示范村项目让村民们的生活越来越红火；在马达加斯加，经过中国农业专家手把手指导，农户蒂娜种植的杂交水稻产量大幅增加；在斐济，中国菌草技术不仅培育出高品质的食药用菌，还作为优质饲料带动畜牧业发展；在圭亚那，中企捐赠的太阳能路灯点亮莫莱科柏村的夜空，让人们出行有了更多安全感……一个个合作故事，彰显中国是全球减贫事业的积极推动者和持续贡献者。

"中国始终是'全球南方'的一员，是发展中国家可靠的长期合作伙伴，也是支持全球发展事业的行动派和实干家。"在二十国集团领导人第十九次峰会第一阶段会议关于"抗击饥饿与贫困"议题的讲话中，习近平主席再次强调世界繁荣稳定不可能建立在贫者愈贫、富者愈富的基础之上，各国应该推动更加包容、更加普惠、更有韧性的全球发展，并宣布中国支持全球发展的八项行动，充分表明中国始终坚持胸怀天下，致力于与各方携手建设一个共同发展的公正世界，帮助广大发展中国家民众摆脱贫困。

中国积极推进减贫经验分享，支持发展中国家探索符合本国国情的减贫和可持续发展道路。发起中国—东盟社会发展与减贫论坛、人类减贫经验国际论坛，举办中非减贫与发展会议、"摆脱贫困与政党的责任"国际理论研讨会等一系列研讨交流活动，中国同其他发展中国家分享减贫经验，并为180多个国家和地区培养了40多万各类发展人才，提高了相关国家在扶贫减贫领域的能力建设水平。斐济总理兰布卡今年8月考察云南省文山壮族苗族自治州麻栗坡县两个村的扶贫工作，参观福建省宁德市"摆脱贫困"主题展览馆并同宁德党校就脱贫经验进行座谈交流，记下了很多笔记。他表示："亲眼见证了中国在习近平主席领导下在发展和消除贫困方面取得的伟大奇迹和巨大成就，深感敬佩。"

携手高质量共建"一带一路"，是中国支持全球发展的八项行动的重要内容。习近平主席2019年在第二届"一带一路"国际合作高峰论坛开幕式强调，"要坚持以人民为中心的发展思想，聚焦消除贫困、增加就业、改善民生，让共建'一带一路'成果更好惠及全体人民，为当地经济社会发展作出实实在在的贡献"。共建"一带一路"倡议提出11年多来，150多个国家、30多个国际组织签署共建"一带一路"合作文件，一大批标志性项目和惠民生的"小而美"项目落地生根。世界银行的报告显示，共建"一带一路"将使相关国家760万人摆脱极端贫困，3200万人摆脱中度贫困，为国际减贫事业注入强大动能。

减贫是全球发展倡议的八大重点合作领域之一，落实全球发展倡议将有力促进减贫。习近平主席提出全球发展倡议，强调坚持发展优先、坚持以人民为中心、坚持普惠包容等，目的是构建全球发展共同体，实现在发展中保障和改善民生，解决国家间和各国内部发展不平衡、不充分问题。全球发展倡议提出3年来，已经动员近200亿美元发展资金，开展了1100多个项目。100多个国家和国际组织支持全球发展倡议，80多个国家加入"全球发展倡议之友小组"，凝聚起以发展促进减贫的国际合力。

解决贫困问题，中国始终强调攥紧发展的"金钥匙"。在今年9月举行的中非合作论坛北京峰会上，习近平主席指出，中方愿同非方积极开展人才培养、减贫、就业等领域合作，提升人民在现代化进程中的获得感、幸福感、安全感，共同推动现代化惠及全体人民。中方宣布未来3年同非洲携手推进现代化的十大伙伴行动，许多举措都有助于非洲国家减贫。中国扩大对最不发达国家单边开放，宣布给予所有同中国建交的最不发达国家100%税目产品零关税待遇，将为上述国家带来减贫实效。尼加拉瓜总统奥尔特加表示，中国不仅成功使数亿中国人民摆脱贫困，而且为促进世界和平，特别是帮助亚非拉等地的发展中国家人民共享发展、提高福祉作出重大贡献，给世界带来希望，注入力量。

建设一个共同发展的公正世界，让贫困成为过去，让美好愿景成为现实，是广大发展中国家的共同愿望。中国将继续同各国携手推进和平发展、互利合作、共同繁荣的世界现代化，努力通过共同发展实现消除贫困的目标。

（2024年11月28日　第02版）

为全球农村公路和减贫事业贡献智慧与力量

中国在走出一条符合国情的农村公路发展道路的同时，积极交流分享农村公路发展经验，支持其他发展中国家农村公路建设

11月29日，中国国务院新闻办公室发布《新时代的中国农村公路发展》白皮书，介绍新时代中国农村公路发展成就和理念，分享中国推动农村公路发展的实践经验。中国在走出一条符合国情的农村公路发展道路的同时，积极交流分享农村公路发展经验，支持其他发展中国家农村公路建设，为世界消除贫困、改善民生和可持续发展贡献了中国智慧、中国方案。

家门口的幸福，起于阡陌交通。中国坚持以人民为中心的发展思想，努力满足人民对美好出行的需求。中共十八大以来，中国农村公路进入崭新发展阶段，实现由"通"到"畅"再到"好"的转变。10年来，中国新改建农村公路250余万公里。截至2023年底，农村公路总里程增长到460万公里，占公路总里程的84.6%，形成了"外通内联、通村畅乡、客车到村、安全便捷"的农村交通运输网络，带动了农村地区整体面貌发生巨变。联合国发展系统驻华协调员常启德表示："在中国，我看到了非常多'四好农村路'的优秀案例，也看到了中国交通系统的韧性。"

当前，农村交通仍然是制约许多发展中国家经济社会发展的瓶颈之一。加强与国际社会在交通领域的互利合作，让更多国家的贫困地区经济民生因路而兴，中国是行动派、实干家。中国提出共建"一带一路"倡议和全球发展倡议，为发

挥交通先行作用、促进共同发展注入强大动力。2018年，在中国的倡议和推动下，联合国大会通过了"消除农村贫困，落实2030年可持续发展议程"的决议，强调通过基础设施建设等措施加大减贫力度。中国通过国际合作机制与其他国家交流分享发展经验，援建发展中国家农村公路基础设施，为全球农村公路和减贫事业作出积极贡献。

中国坚持以全人类福祉为目标，发挥大国作用，主动为全球交通合作搭建新平台、构建新机制，推动知识经验分享，以务实行动展现大国担当。中国着力推进"中国标准"与世界的"软联通"，自2012年以来累计发布73项公路工程行业外文版标准。中国公路工程行业标准外文版体系已经基本形成，在全球数十个国家数百个项目中得到应用。中国举办第二届联合国全球可持续交通大会、全球可持续交通高峰论坛，建立中国国际可持续交通创新和知识中心，主动为全球交通合作搭建新平台、构建新机制。中国积极开展国际合作培训，实施博茨瓦纳乡村公路设计与管理海外研修班、"一带一路"公路工程高级研修班、发展中国家公路建设技术人员培训班、公路网络规划研修班等28期培训班，培训相关领域人才800余名，积极为其他发展中国家培育专业技术力量。

中国积极支持并参与其他发展中国家的农村公路建设项目，促进当地民生改善和可持续发展。中方支持的厄瓜多尔交通部灾后重建项目解决了沿线约150万居民的出行困难；中国援建的马达加斯加首都郊区公路连接该国重要鸡蛋产区，大大降低了鸡蛋在运输过程中的破损率，被当地人亲切地称为"鸡蛋路"……据不完全统计，2018年以来，中国共支持柬埔寨、塞尔维亚、卢旺达、纳米比亚、瓦努阿图、尼日尔等24个国家实施公路与桥梁建设整修。通过参与项目建设、提供技术支持和人力资源，中国帮助当地改善农村地区道路基础设施条件，极大方便当地民众出行，大幅度降低物流成本。

修建一条农村公路，串联一路美景、带动一片产业、发展一地经济、造福一方百姓。中国将秉持开放、合作、共赢的理念，加强与各国在农村公路领域的交流与合作，共同探索农村公路发展的新模式、新路径，继续为全球农村公路和减贫事业贡献智慧与力量，共同绘制人类命运共同体的美好画卷。

（2024年12月01日　第03版）

读懂中国，共享中国式现代化机遇

12月2日至4日，"读懂中国"国际会议（广州）举行，600多位中外嘉宾与会。习近平主席向会议致贺信，深刻阐明中国进一步全面深化改革、推进中国式现代化的重大意义，表达中国与世界各国携手同行现代化之路、推动构建人类命运共同体的坚定决心。与会人士积极评价习近平主席贺信，认为"中国的发展是前所未有的""中国式现代化可以为很多发展中国家提供借鉴""中国扩大高水平开放，有助于推动普惠包容的经济全球化"。

从"读懂中国，关键要读懂中国式现代化"，到"读懂中国，需要读懂进一步全面深化改革、推进中国式现代化"，习近平主席连续两年向"读懂中国"国际会议（广州）致贺信，引导国际社会深入认识中国式现代化，与中国携手实现发展进步。中国共产党二十届三中全会就进一步全面深化改革、推进中国式现代化作出系统部署，提出在扩大国际合作中提升开放能力，建设更高水平开放型经济新体制。中国正在稳步扩大制度型开放，主动对接国际高标准经贸规则，积极打造透明稳定可预期的制度环境。今年的会议以"将改革进行到底——中国式现代化与世界发展新机遇"为主题，与会嘉宾高度赞扬中国改革开放历史成就和将改革进行到底的坚定决心，高度期待中国式现代化为世界发展带来的新机遇。

中国式现代化建设，既能满足14亿人民对美好生活的向往，也将为世界和平发展作出新的更大贡献。现代化是世界发展的历史潮流，实现现代化是世界各国的普遍追求。以中国式现代化全面推进中华民族伟大复兴的中国，始终坚持胸怀天下，着力推动各国共同发展。从积极分享治国理政经验，支持发展中国家探索符合本国国情的可持续发展道路，到积极开展国际减贫合作，以中国式现代化成功实践助力全球减贫，再到积极推动绿色发展，以中国式现代化成果为全球应对气候变化作出重要贡献……中国始终主张"现代化道路上一个都不能少，一国都不能掉队"，始终致力于推动实现世界各国的现代化。巴基斯坦前总理阿巴西表示，中国追求的不是独善其身的现代化，而是期待同广大发展中国家在内的各国一道，共同实现现代化。

推动构建人类命运共同体是中国式现代化的本质要求之一。当今世界百年变局加速演进，世界各国既面临新的风险和考验，同时也拥有新的发展机遇和进步前景。新时代中国始终高举人类命运共同体旗帜，与各国携手同行现代化之路。从推动共建"一带一路"高质量发展，到携手落实全球发展倡议、全球安全倡议、全球文明倡议，中国始终不渝做世界和平的建设者、全球发展的贡献者、国际秩序的维护者。中国期待同各国携手创造有利发展的环境和条件，积极应对各种困难和挑战，推动实现和平发展、互利合作、共同繁荣的世界各国现代化，谱写构建人类命运共同体的新篇章。"中国在推动构建人类命运共同体方面不懈努力，成为维护世界和平稳定的进步力量。"俄罗斯瓦尔代国际辩论俱乐部发展与支持基金会董事会主席安德烈·贝斯特里茨基表示。

一个进一步全面深化改革、不断扩大开放、高质量发展、谋求世界和平的中国，必定是前景光明的中国，将始终在大变局中发挥和平、发展、开放、进步的建设性作用。读懂中国，共享中国式现代化机遇，必将成为越来越多国家和国际人士的共识。

（2024年12月06日　第03版）

02

与中国同行就是
与机遇同行

中国是最值得信任的

中国经济稳健前行，持续为世界经济发展提供强大动力；中国坚持开放发展，持续为各国分享中国机遇创造条件；中国倡导普惠包容的经济全球化，持续为完善全球经济治理贡献智慧

"中国经济和企业的韧性在过去两年中显著提升""为全球经济增长和就业创造更多机会""中国推进高水平开放，将对促进国际经贸发展和世界经济增长产生积极效应"……在以"重建信任"为主题的世界经济论坛2024年年会上，中国经济成为关注焦点。与会人士积极评价中国经济稳健前行，普遍认为中国方案对于破解全球信任赤字不可或缺。

当前，世界经济复苏脆弱乏力，增长动能不足、发展鸿沟扩大等挑战十分突出，地缘冲突对全球发展的冲击日渐显现。来自120多个国家和地区的2800多名各界代表齐聚达沃斯，一个共同目标是推动完善全球经济治理，帮助世界经济这艘航船渡过难关、驶向光明未来。中国始终是达沃斯精神的同路人。习近平主席在世界经济论坛平台阐述的有关推动经济全球化、坚持真正的多边主义的重要主张，对于应对全球性挑战具有深刻现实意义。中国在推动本国经济高质量发展的同时，始终以最大的诚意推动构建开放型世界经济，为完善全球经济治理付出巨大努力。事实证明，中国是最值得信任的。

中国经济稳健前行，持续为世界经济发展提供强大动力。这些年，中国对世界经济增长的贡献率一直保持在30%左右。2023年中国经济总体回升向好，国内

生产总值同比增长5.2%。国际媒体纷纷强调中国经济增速"在世界主要经济体中名列前茅"。世界银行最新一期《全球经济展望》报告认为，受中国经济复苏拉动，东亚和太平洋地区的经济增速预计从2022年的3.4%增至2023年的5.1%。中国经济在产业基础、要素禀赋、创新能力等各个方面的基本面良好稳固，支撑高质量发展的要素条件不断集聚增多，长期向好的总体趋势不会改变。世界经济论坛执行董事萨迪娅·扎希迪表示，中国经济健康发展为世界其他地区带来非常积极的溢出效应。

中国坚持开放发展，持续为各国分享中国机遇创造条件。中国是140多个国家和地区的主要贸易伙伴，关税总水平已降至7.3%，接近世贸组织发达成员水平。当前全球总需求仍然不足，市场是最稀缺的资源。中国的市场空间广阔，纵深也在不断延展，必将为提升全球总需求发挥重要作用。中国敞开怀抱真心欢迎各国企业继续投资中国，持续努力打造市场化、法治化、国际化一流营商环境。中国将稳步扩大制度型开放，继续缩减外资准入负面清单，落实好全面取消制造业领域外资准入限制，保障外商投资企业国民待遇。近5年外商在华直接投资收益率约9%，在国际上处于较高水平。事实已经并将继续证明，选择中国市场不是风险，而是机遇。

中国倡导普惠包容的经济全球化，持续为完善全球经济治理贡献智慧。经济全球化是生产力发展的客观要求、科技进步的必然结果，也是人类社会前进的必由之路、不可逆转的时代潮流。为推动经济全球化更好造福世界各国人民，中国倡导普惠包容的经济全球化。普惠包容的经济全球化，就是顺应各国尤其是发展中国家的普遍要求，解决好资源全球配置造成的国家间和各国内部发展失衡问题。国际社会要坚决反对逆全球化、泛安全化，反对各种形式的单边主义、保护主义，坚定促进贸易和投资自由化便利化，破解阻碍世界经济健康发展的结构性难题，推动经济全球化朝着更加开放、包容、普惠、均衡的方向发展。针对当前世界经济面临的突出挑战，中方主张加强宏观经济政策协调，加强国际产业分工协作，加强国际科技交流合作，加强绿色发展合作，加强南北合作、南南合作，为国际社会重建信任提供了切实可行的方案。

各方唯有以诚相待、相向而行，才能夯实信任之基，收获更多合作之果。中国将在集中力量办好自己的事的同时，坚持团结合作、开放共享，携手各方完善全球经济治理，推动世界经济复苏行稳致远。

（2024年01月19日　第03版）

中国经济持续高质量发展利好世界

"最新数据显示出中国经济的韧性和潜力""中国经济将继续带动世界经济复苏"……中国国家统计局发布2023年经济数据后，国际舆论普遍认为，过去一年中国经济顶住压力，实现回升向好，为世界经济提供驱动力、带来稳定性；中国高质量发展扎实推进，为世界经济复苏注入更多活力、更大信心。

中国经济为世界经济提供重要驱动力。在世界进入新的动荡变革期、全球经济增长动能不足的大背景下，2023年中国经济发展呈现出"稳""进""好"的特征，全年经济总量超过126万亿元、增长5.2%。无论是横向与全球主要经济体比较，还是纵向与中国上一年比较，这一成绩单都是亮眼且来之不易的。2023年中国经济增量超过6万亿元，相当于一个中等国家一年的经济总量。国际金融论坛报告显示，2023年中国经济对全球经济增长贡献率达32%，是世界经济增长的最大引擎。国际货币基金组织的研究表明，中国经济增长对世界其他地区产生积极的溢出效应，中国经济每增长1个百分点，将使其他经济体的产出水平平均提高0.3个百分点。国际货币基金组织总裁格奥尔基耶娃认为，中国经济主要预期目标圆满实现，对中国、亚洲和全球都是好消息。

中国经济为世界经济带来难得稳定性。作为全球第二大经济体，中国经济已经形成了长期向好的基本面。中国是唯一拥有联合国产业分类中全部工业门类的国家，制造业增加值占全球比重约30%、连续14年居世界首位，已经形成200多个成熟的产业集群；中国的"人口红利"正向"人才红利"提升，人才资源总量、科技人力资源、研发人员总量均居全球首位；中国的全社会研发投入、高技术产业投资连续多年保持两位数增长，新兴技术加快应用，新产品、新业态不断涌现……这些都将加快中国发展新动能的形成与壮大。《巴基斯坦观察家报》刊文指出，中国经济稳定的增长势头凸显其持续发展的韧性和能力，使其成为塑造全球经济复苏轨迹的关键角色。

中国经济为全球复苏注入强大信心。中国经济"个头"越来越大，"筋骨"也越来越强。超47万亿元，这是2023年中国社会消费品零售总额；82.5%，这是2023年中国最终消费支出对经济增长的贡献率……中国经济不断积蓄高质量发展的能量。目前中国的中等收入群体超过4亿人，未来十几年将达到8亿人，对越来越多商品、服务的需求从"有没有"向"好不好"转变，消费升级的动能强劲。澳大利亚前总理陆克文指出，只要中国消费者对未来有信心，中国经济就会保持良好增长。电动载人汽车、锂离子蓄电池和太阳能电池合计出口1.06万亿元，首次突破万亿元大关，同比增长29.9%，中国外贸"新三样"产品出口备受瞩目。"对有长远眼光的人而言，中国对产品和技术创新的投入日益增加，这应该成为看好该国长期经济前景的信心来源。"外国媒体评论说。

中国将继续同各国共享发展新机遇。在世界经济风险积聚、保护主义逆流横行的背景下，中国始终坚持越发展越开放，积极营造市场化、法治化、国际化一流营商环境。去年10月，中国宣布将全面取消制造业领域外资准入限制措施，持续向全球投资者开放中国制造业的发展机遇。近5年外商在华直接投资收益率约9%，在国际上处于较高水平。正如麦肯锡中国区主席倪以理所言，从市场规模、消费能力和创新能力来看，世界上没有任何一个地区能够代替中国市场。他认为，对跨国企业而言，中国市场不仅是一个创新的基地，也将给予更多消费领域的灵感，"跨国企业应继续在华投资"。

中国正以高质量发展全面推进中国式现代化，坚持稳中求进、以进促稳、先立后破，将以更大的力度、更实的举措持续推动经济实现质的有效提升和量的合理增长，持续巩固经济回升向好的良好势头，为世界带来更多利好，为全球发展贡献更多动力。

（2024年01月22日　第03版）

创新之力　绿色之质　开放之势

中国汽车工业在实现高质量发展的道路上蹄疾步稳，展现了中国的技术创新活力、产业链供应链韧性、行业市场机遇

中国2023年首次成为全球最大汽车出口国，全年出口汽车491万辆（不包含二手车），同比增长57.9%，其中新能源汽车出口120.3万辆，同比增长77.6%，成为推动全球汽车产业转型的重要力量。透过这些数字，国际社会看到中国不断优化创新环境、集聚创新资源、推进自主创新的坚定决心，看到中国推动能源转型和绿色发展的积极作为，感受到中国持续扩大开放释放的发展动能。

中国汽车出口实现跨越式发展，既有连续15年保持全球第一汽车产销国的"硬实力"，也有全球市场与消费者认可的"软实力"。当前，中国汽车已出口到全球200多个国家和地区。仅上海外高桥海通国际汽车码头，平均每天就有约3000辆国产汽车出口海外。在英国，中国新能源汽车被英国新闻公司评为2023年度最佳电动汽车；在卢旺达，中国汽车成为消费者的性价比之选；在墨西哥，中国车企蓬勃发展，开设了一家又一家经销店……中国汽车品牌"加速出海"，国际认可度不断提升。业内人士认为，中国车企的品质优势和技术优势逐步显现，自主品牌汽车出口将持续强劲增长。

中国汽车加速驶向世界，得益于科技创新的沃土。中国坚持走中国特色自主创新道路，实施创新驱动发展战略，不断完善创新体系、孕育创新动能。近年来，中国车企积极布局纯电、混动和氢燃料等多元技术路线，推动行业加速变革，成

为全球电动化、智能化技术风向标。中国国家知识产权局数据显示，目前中国新能源汽车销售排名前10位的重点企业全球有效专利量超10万件，并且呈逐年快速增长势头。2023年，中国电动载人汽车、锂离子蓄电池和太阳能电池"新三样"产品合计出口首次突破万亿元大关，为中国制造增添了新亮色。德国宝马集团董事长奥利弗·齐普策将中国视为"重要的创新源泉"。中国不断释放创新发展潜能，必将进一步激发全球汽车市场活力。

中国汽车加速驶向世界，得益于推进绿色发展的坚定决心。新能源汽车是全球汽车产业转型升级和绿色发展的主要方向，也是中国汽车产业高质量发展的战略选择。有外国媒体指出，中国在新能源汽车领域占据优势，新能源汽车产销均呈迅速扩大之势，新能源汽车出口大增是中国成为最大汽车出口国的重要原因。近年来，中国深入贯彻新发展理念，坚定不移推进高质量发展，经济增长的绿色成色更浓。引导企业加快技术研发和升级，持续开展新能源汽车下乡活动，新能源汽车车辆购置税减免政策延长至2027年底，有针对性地解决"找桩难"等问题……中国从供需两侧入手，强化政策支持，推动新能源汽车产业高质量发展。澳大利亚亚太经合组织研究中心主任克雷格·埃默森认为，中国推动绿色发展为世界提供了加速脱碳进程和利用绿色贸易的新机遇。

中国汽车加速驶向世界，给全球汽车行业带来新的发展机遇。不久前，中国车企旗下电动汽车品牌在泰国罗勇新能源汽车制造基地正式下线，成为泰国本土生产的第一款量产纯电动汽车。泰国专家指出，中国新能源汽车在泰国掀起热潮，不仅提高了当地新能源汽车的普及率，也为当地带来电池等配套产业，带动泰国建立新能源汽车产业链，这些都将助力泰国成为东盟领先的新能源汽车市场。中国不仅支持本国车企开拓国际市场，也鼓励外国车企在华投资设厂，持续吸引全球头部车企加速布局中国市场。看好中国新能源汽车产业发展新动能新优势，奥迪、大众、宝马、沃尔沃等全球汽车厂商纷纷加码投资中国。

中国汽车工业在实现高质量发展的道路上蹄疾步稳，展现了中国的技术创新活力、产业链供应链韧性、行业市场机遇，体现出中国经济韧性强、潜力大、活力足的基本面没有改变。展望未来，中国继续夯实创新之基、厚植绿色底色、扩大开放之势，将为全球实现创新发展、绿色发展、开放发展注入更多动能。

（2024年02月05日　第03版）

世界透过春节看到中国经济的韧性和活力

春节是中国最重要的传统节日，也是衡量消费的关键晴雨表。火热的春节经济，为今年中国经济乘势而上开了好头

今年春节假期，中国全社会跨区域人员流动量大幅增长，消费市场充满活力。"数以亿计的人乘坐火车、飞机和其他交通工具踏上旅程，与家人和朋友团聚。这是中国经济充满活力的反映""春运折射中国经济发展活力，大规模人员流动带动消费需求的扩张，为今年中国经济实现良好开局注入动力"……国际社会透过春节看到了中国经济的韧性和活力。

春节是中国最重要的传统节日，也是衡量消费的关键晴雨表。春节假期中国国内旅游出游及总花费均实现同比大幅增长，全国电影票房和观影人次创造同档期新纪录，全国服务消费相关行业日均销售收入同比增长52.3%。这些让世界看到一个活力满满、热气腾腾的中国，增强国际社会对中国经济发展的信心。国际舆论持续关注春节期间中国的消费数据，认为"春节期间的旅游和消费超过了新冠疫情前的水平，进一步表明这个世界第二大经济体的消费正在改善""春节期间的消费支出和旅游出行激增，对中国经济来说是一次提振"。

从运载着"年货"的中老铁路、中欧班列等跨境列车，到24小时忙碌的大型港口；从开足马力抢订单、忙生产的外贸企业，到遍布全球220多个国家和地区的1800多个跨境电商海外仓……春节也见证着中国与各国开放合作的热度。随着中国免签"朋友圈"不断扩大，出入境游持续升温。春节期间，中国全国边检机关共保障1351.7万人次中外人员出入境，日均169万人次，较2023年春节同期增长2.8倍。中外游客"双向奔赴"，使春节成为全球旅游消费的高峰期，这是中国与各国合作共赢的生动注脚。《亚洲旅游业杂志》网站刊文认为，春节期间中国旅行数据的强劲复苏不仅反映了旅游业的弹性，也反映了政府采取的战略措施的效果。

春节向世界传递欢乐祥和，中国经济给世界带来暖意。在全球经济面临多重不确定性的背景下，2023年中国国内生产总值同比增长5.2%，展现出稳中向好态势。近期全球多家金融机构发布2024年经济展望报告，都认为中国经济企稳复苏的基础进一步巩固，科技创新和产业变革等将不断激发内生动力。瑞银集团发布的报告认为，中国坚持高质量发展，注重发挥内需拉动作用，绿色经济、高新技术等将成为新的增长驱动力。高盛集团的报告认为，中国经济发展将进入更稳定阶段。新加坡总统尚达曼近日指出，尽管存在挑战，但中国的基本盘实力毋庸置疑，且还在不断增强和巩固。他认为，中国拥有强大的制造业体系和出口竞争力，且人才济济，包括工程师、科学家以及规模仍在增长的熟练劳动力，都是中国的强大优势。

火热的春节经济，为今年中国经济乘势而上开了好头。新的一年，中国将全面贯彻新发展理念，加快构建新发展格局，着力推动高质量发展，巩固和增强经济回升向好态势。正如西班牙市场分析师、专栏作家胡里奥·塞瓦略斯所指出的，只要坚持深化改革、持续扩大开放，更好发挥教育、科技创新优势，充分挖掘国内市场潜力，中国经济发展就有强大底气。

（2024年02月21日　第03版）

向"新"而行，中国经济将提供更多合作机遇

中国将持续推动经济实现质的有效提升和量的合理增长，不断以自身新发展为世界带来新动力、新机遇

"5%左右的增长预期目标彰显中国经济的雄心和信心""新质生产力有助于推动中国高质量发展，有利于推进中国式现代化""中国经济增长稳定、市场广阔，与中国合作极具吸引力"……国际社会关注中国全国两会，看好中国经济社会发展潜力，期待中国为世界经济复苏注入更多正能量。

2023年中国经济"成绩单"成色十足，展现出强大的韧性。过去一年，面对异常复杂的国际环境和艰巨繁重的改革发展稳定任务，中国全年经济社会发展主要目标任务圆满完成，国内生产总值超过126万亿元，增长5.2%，增速居世界主要经济体前列。按可比价计算，去年中国经济增量超过6万亿元，相当于一个中等国家一年的经济总量。事实证明，中国经济仍是全球经济增长重要引擎，拥有巨大发展潜力。

2024年5%左右的增长预期目标凸显中国经济之"稳"，释放出明确的、积极的信号。中国稳定的增长预期不仅可以更好凝聚发展共识，也能给复苏乏力的世界经济带来宝贵的确定性。中国具有显著的制度优势、超大规模市场的需求优势、产业体系完备的供给优势、高素质劳动者众多的人才优势，科技创新能力在持续提升，新产业、新模式、新动能在加快壮大，发展内生动力在不断积聚，经济回升向好、长期向好的基本趋势没有改变也不会改变。

中国经济向"新"而行，不断塑造发展新动能新优势。发展新质生产力是中

国推动高质量发展的内在要求和重要着力点。加快发展新质生产力，必将为高质量发展提供更强劲的推动力、支撑力。国际舆论普遍关注到"新质生产力"写入今年的中国政府工作报告，认为新质生产力"已成为中国以创新和科技进步赋能经济发展的战略基石"。2023年，中国电动汽车、锂电池、光伏产品"新三样"出口突破万亿元，同比增长近30%；数字经济加快发展，5G用户普及率超过50%；可再生能源发电装机规模历史性超过火电，全年新增装机超过全球一半……传统产业加快转型升级，战略性新兴产业蓬勃发展，未来产业有序布局，先进制造业和现代服务业深度融合，一批重大产业创新成果达到国际先进水平，中国现代化产业体系建设取得重要进展。《爱尔兰时报》网站报道认为，中国全国两会讨论新质生产力，将在一个更加智能的信息时代推动战略性新兴产业和未来产业发展。

中国经济在高水平对外开放中释放活力潜力，与各国实现互利共赢。主动对接高标准国际经贸规则，稳步扩大制度型开放，推动外贸质升量稳，加大吸引外资力度，推动高质量共建"一带一路"走深走实，深化多双边和区域经济合作……一系列务实举措增强国内国际两个市场两种资源联动效应，传递出中国坚定不移扩大高水平对外开放的信号。国际投资者继续看好投资中国的机遇，"要想保持全球竞争力，必须在中国市场磨砺"成为许多跨国公司的共识。中国持续推进高水平对外开放，不仅有力推动自身经济发展，也给各国提供合作共赢的机遇，有利于共同做大全球经济发展的"蛋糕"。

回顾过去一年，多重困难挑战交织叠加，中国经济波浪式发展、曲折式前进，成绩来之不易。新的一年，中国将锚定目标，笃行实干，持续推动经济实现质的有效提升和量的合理增长，不断以自身新发展为世界带来新动力、新机遇。

（2024年03月07日　第04版）

与中国同行就是与机遇同行

中国将不断以更高水平的开放链接世界。一个更加开放的中国，必将为世界带来更多合作共赢的机遇，必将继续成为促进全球增长的稳定力量

"没有比中国更为重要的市场了""我们为能深耕中国市场感到自豪""要在中国市场迅速发展，创新必不可少"……近期，不少跨国企业高管纷纷来华开新店、推新品、办首展，引发广泛关注。外资企业看好中国市场发展机遇，加码"投资中国"，彰显中国吸引外商投资优势显著、空间广阔。

今年以来，中国经济向好因素不断积累。中国国家统计局日前发布的数据显示，今年前两个月，全国规模以上工业增加值同比增长7%，社会消费品零售总额同比增长5.5%，制造业投资增长9.4%，货物进出口总额增长8.7%。中国经济既实现了量的合理增长，更推动了质的有效提升，既有稳的坚实基础，也有进的广阔空间。"聚焦中国，我们看到高质量增长的新时代。"国际货币基金组织总裁格奥尔基耶娃在中国发展高层论坛2024年年会上表示，中期看，中国将继续成为全球经济增长的关键贡献者。

中国推出的一系列稳经济、促开放、引外资政策效应持续显现，为吸引外资创造了更有利的条件。中国商务部日前发布的数据显示，今年前两个月，全国新设立外商投资企业7160家，同比增长34.9%；实际使用外资金额2150.9亿元人民币，其中高技术制造业实际使用外资282.7亿元人民币，同比增长10.1%。国际机构和跨国公司负责人认为，中国将继续是一个能提供巨大合作机遇的经济体。中国正处于新旧动能转换加快的重要时期、推动高质量发展的关键时期，蕴含着巨大的发展机遇。德国大众集团设立最大的海外研发中心，施耐德电气设立人工智能创新实验室，特斯拉启动储能超级工厂项目……许多跨国公司认为，与中国同行就是与机遇同行，投资中国就是投资未来。

中国真心欢迎各国企业投资中国，持续打造市场化、法治化、国际化一流营商环境。中国去年发布稳外资24条政策措施，率先在5个自贸试验区和海南自由贸易港试点对接相关国际高标准经贸规则；今年的《政府工作报告》提出全面取消制造业领域外资准入限制措施，放宽电信、医疗等服务业市场准入；印发《扎实推进高水平对外开放更大力度吸引和利用外资行动方案》，从扩大市场准入、畅通创新要素流动、对接国际高标准经贸规则等方面采取务实措施，更大力度吸引外资；发布全国版和自贸试验区版跨境服务贸易特别管理措施……随着宏观政策的不断落实，中国将进一步向国际市场释放发展红利。德国西门子医疗相关负责人表示，中国积极打造一流营商环境的友好态度，增强了外资企业在华深耕的信心。

当前，世界经济增速放缓、需求不振，全球跨国直接投资规模面临较大下行压力。在这样的大环境下，中国吸引外资规模近年来保持总体稳定殊为不易。个别西方媒体鼓噪"中国吸引外资遭遇挑战"，炒作所谓在华投资"风险"，完全是别有用心。外商投资是市场行为，看重长期回报，数据起伏波动是正常现象，符合市场规律。近5年外商在华直接投资收益率约9%，在国际上处于较高水平。2023年中国吸引外资规模占全球的比重约为15%，位居发展中国家首位、全球前列。中国经济长期向好的基本面没有改变，中国市场规模超大、供应链配套完备、基础设施完善、人力资源丰富等构成的引资综合优势依然突出。美国苹果公司首席执行官库克表示，中国人才资源丰富、创新活力强，是苹果公司的重要市场和关键供应链伙伴。苹果公司将继续致力于在华长期发展，持续加大对中国供应链、研发和销售的投入。

展望未来，中国将不断以更高水平的开放链接世界。一个更加开放的中国，必将为世界带来更多合作共赢的机遇，必将继续成为促进全球增长的稳定力量。

（2024年03月25日　第03版）

投资中国　深耕中国　赢在中国

中国扩大高水平开放的决心不会变，同世界分享发展机遇的决心不会变，推动经济全球化朝着更加开放、包容、普惠、平衡、共赢方向发展的决心不会变。投资中国、深耕中国者，必将赢在中国

"借助新质生产力带来的科技进步，中国的发展将会更加平衡、包容、绿色、开放""中国释放一系列扩大开放、合作共赢的积极信号，我们对中国市场的未来充满信心和期待""相信随着中国进一步放宽外资准入限制、不断改善营商环境，中国经济的旺盛活力将为世界经济复苏和增长创造新的机遇"……博鳌亚洲论坛2024年年会期间，与会人士认为中国经济具有强大韧性和巨大潜力，看好中国经济高质量发展前景。

中国经济是健康、可持续的，这是基于事实的客观判断，也是国际社会的普遍共识。博鳌亚洲论坛发布的《亚洲经济前景及一体化进程2024年度报告》预测，2024年，中国经济增长仍保持较高水平，将对东亚乃至亚洲经济增长形成显著支撑效应，并继续成为全球经济增长的主要贡献者，中国超大规模市场将给世界其他国家带来巨大红利。在年会分论坛上，"新质生产力""高质量发展""创新驱动"等成为与会人士讨论中国经济的热词。今年前两个月，中国货物进出口总额同比增长8.7%，高技术制造业利润同比增长27.9%，与会人士从中看到中国经济回升向好的态势持续巩固增强，新产业、新模式、新动能加快成长壮大。在国际环境发生深刻变化、全球发展面临严峻挑战之际，中国为世界经济复苏发展注入宝贵的确定性和正能量。

改革开放是当代中国大踏步赶上时代的重要法宝。中国的改革不会停顿，开放不会止步。中国正在谋划和实施一系列全面深化改革重大举措，持续建设市场化、法治化、国际化一流营商环境，为各国企业提供更广阔发展空间。众多跨国公司高管近期密集访华，感受到中国经济回升向好的浓浓春意。从不久前举行的中国发展高层论坛2024年年会会场内座无虚席，到参加博鳌亚洲论坛2024年年会的跨国公司负责人纷纷表示将继续投资中国；从苹果公司亚洲最大的门店在中国开门迎客，到中国首家新设外商独资证券公司渣打证券宣布正式展业……中国不断以更高水平的开放链接世界，仍是外商投资的热土。罗兰贝格全球管理委员会联席总裁戴璞表示，过去数十年来，越来越多跨国企业从中国经济增长中受益，收获成功，"中国不断扩大开放，推动产业升级和绿色低碳发展，为外国企业创造了更多机遇"。

在历史前进的逻辑中前进、在时代发展的潮流中发展，中国有实现高质量发展的底气和信心。面对单边主义和保护主义抬头，中国坚定地选择团结合作，坚定地选择开放共赢。作为亚洲大家庭的一员，中国积极推动地区合作，致力于与亚洲同进步、与各国共发展。博鳌亚洲论坛理事长潘基文认为，中国和其他发展中国家始终致力于解决发展问题，推动国际合作，为世界经济增长注入动力。中国不仅致力于实现自身高质量发展，也致力于推动重振全球发展事业。中国提出的共建"一带一路"倡议、全球发展倡议、全球安全倡议、全球文明倡议等顺应时代大势，旨在推动和平发展、实现合作共赢。柬埔寨国王顾问团主席洪森表示，亚洲与世界其他国家乐见中国继续推进高水平对外开放，推动普惠包容的经济全球化，构建人类命运共同体。

展望未来，中国扩大高水平开放的决心不会变，同世界分享发展机遇的决心不会变，推动经济全球化朝着更加开放、包容、普惠、平衡、共赢方向发展的决心不会变。投资中国、深耕中国者，必将赢在中国。

（2024年04月01日　第03版）

中国新能源产业助力全球绿色低碳转型

中国新能源产业提供的是有助于落实联合国2030年可持续发展议程和气候变化《巴黎协定》目标的优质产能，各国都可以从中受益。从全球范围来看，这样的优质产能越多越好

近年来，中国新能源产业快速发展，相关国际合作加快推进。"中国绿色技术助力全球能源转型""中国在引领全球实现可持续发展目标方面发挥了重要作用""中国新能源汽车在绿色环保等方面表现突出"……国际社会持续关注中国新能源产业的发展，认为中国为全球绿色低碳转型作出重要贡献，已成为世界能源发展转型和应对气候变化的重要推动者。

中国新能源产业为全球减排作出积极贡献。自2020年提出"双碳"目标以来，中国坚定不移履行承诺，加速能源结构转型，推动可再生能源实现跨越式发展。国际能源署报告指出，2023年全球可再生能源新增装机容量5.1亿千瓦，中国贡献超过一半，为全球可再生能源发电增长作出了巨大贡献。中国风电、光伏产品已经出口到全球200多个国家和地区，帮助广大发展中国家获得清洁、可靠、用得起的能源。2022年，中国可再生能源发电量相当于减少国内二氧化碳排放约22.6亿吨，出口的风电、光伏产品为其他国家减排二氧化碳约5.73亿吨，合计减排超28亿吨，约占全球同期可再生能源折算碳减排量的41%。世界可持续发展工商理事会会长兼首席执行官贝德凯认为，中国在推动能源低碳转型、促进可持续发展方面成就显著。

中国新能源技术为全球绿色低碳转型提供重要助力。经过多年发展，中国多项新能源技术和装备制造水平已经全球领先，建成了世界上最大的清洁电力供应体系，新能源汽车、锂电池和光伏产品为全球应对气候变化注入了新的希望。从全球首台16兆瓦海上风电机组并网发电到全球首座第四代核电站正式投入商业运行，从充电一次续航1000公里的新型电池到引入人工智能大模型的智能座舱……中国新能源产业以创新优势和过硬品质为全球能源转型贡献智慧和力量。国际可再生能源署报告指出，过去10年，全球风电和光伏发电项目平均度电成本分别累计下降超过60%和80%，其中很大一部分归功于中国创新、中国制造、中国工程。国际能源署署长法提赫·比罗尔指出，中国向其他国家提供相关服务和支持，显著提升了清洁能源技术的可及性，降低了全球使用绿色技术的成本。

中国有序推进新能源产业链合作，构建能源绿色低碳转型共赢新模式。中企在沙特建设的阿尔舒巴赫光伏电站项目建成后35年内将减少二氧化碳排放2.45亿吨，相当于植树5.45亿棵；由中企和欧洲合作伙伴承建的丹麦巴莫森太阳能光伏园区投运后能为3.8万户丹麦家庭供应绿电，每年将减少10.6万吨二氧化碳排放……中国企业海外清洁能源投资涵盖风电、光伏发电、水电等主要领域，帮助其他国家实现减碳目标，创造了新的产业与就业，促进了共同发展繁荣。2023年，中国新能源汽车出口120.3万辆，同比增长77.6%，成为引领全球汽车产业转型的重要力量。驰骋在卢旺达街头的中国制造电动公交车，为当地环保事业贡献力量；中国车企在泰国设立新能源汽车工厂，帮助泰国汽车产业提质升级。事实证明，中国新能源产业提供的是有助于落实联合国2030年可持续发展议程和气候变化《巴黎协定》目标的优质产能，各国都可以从中受益。从全球范围来看，这样的优质产能越多越好。

气候变化是全球性挑战，发展新能源产业、实现绿色低碳转型是各国的共同愿望。中国依靠技术创新、完善的产供链体系和充分的市场竞争，实现新能源产业的快速发展，并以开放的姿态广泛开展国际合作，给各国带来的是绿色发展、共赢发展的机遇。中国期待继续与各方一道，从增进全人类福祉的高度共同推动新能源产业高质量发展，为共建清洁美丽的世界作出贡献。

（2024年04月09日　第03版）

中国经济良好开局是世界经济的重要利好

中国经济持续恢复、起步平稳、稳中有进，实现良好开局，进一步增强了国际社会对中国发展前景的积极预期

中国国家统计局16日发布的数据显示，经初步核算，今年一季度中国国内生产总值按不变价格计算同比增长5.3%，比上年四季度环比增长1.6%。中国经济持续恢复、起步平稳、稳中有进，实现良好开局，进一步增强了国际社会对中国发展前景的积极预期，国际媒体报道认为中国经济"取得开门红""信心持续恢复"。

当前，支撑中国经济继续回升向好的积极因素在累积增多，为实现全年目标任务打下了较好基础。细看中国经济一季度"成绩单"，增长、就业、通胀、国际收支四大宏观指标总体保持稳定，固定资产投资增速比上年全年提升1.5个百分点，社会消费品和服务零售总额分别增长4.7%和10%，进出口增长创6个季度以来新高，居民人均可支配收入增长6.2%。亚洲开发银行、高盛、摩根士丹利等国际金融机构近期纷纷上调今年中国经济增速预期。亚洲开发银行发布的《2024年亚洲发展展望》报告预计今明两年中国将贡献亚洲发展中国家经济增长的46%，继续是对全球经济增长贡献最大的经济体。

透过中国经济一季度"成绩单"可以看到，新质生产力的发展在一些产业、经营活动、产品上显现新成效。一季度，中国规模以上高技术制造业增加值同比增长7.5%，比去年四季度提升2.6个百分点；高技术产业投资同比增长11.4%，比去年全年提升1.1个百分点；高技术服务业投资增长12.7%。新能源汽车产量在前几年高速增长的基础上，今年一季度增长29.2%。充电桩、3D打印设备、电子元件产品产量一季度同比分别增长41.7%、40.6%、39.5%。中国加快发展新质生产力，不仅为自身发展塑造新动能新优势，也为开展国际合作注入了新动力。中国对外出口电动汽车、锂电池、光伏产品等，丰富了全球供给，缓解了全球通胀压力，也为全球应对气候变化和绿色低碳转型作出巨大贡献。英国汽车制造商和贸易商协会首席执行官迈克·霍斯表示，更多中国电动汽车品牌进入英国，不仅降低了电动汽车价格，还鼓励了行业创新，让消费者和汽车行业都受益。

中国经济持续回升，是世界经济的重要利好。"中国经济每多增长1%，与中国有联系的经济体就会多增长0.3%。"国际货币基金组织驻华首席代表巴奈特表示，中国经济仍是拉动世界经济的重要引擎。中国一季度对共建"一带一路"国家进出口总额增长5.5%，继续成为全球贸易增长的重要驱动力。中国经济前景看好，也吸引更多跨国企业前来挖掘机遇、探寻合作。百余位跨国公司负责人密集到访中国；第四届消博会吸引来自71个国家和地区的4000多个品牌参展；第135届广交会首日境外采购商到会超6万人；今年前两个月在华新设立外商投资企业数量同比增长34.9%，达到近5年来最高水平。德国宝马集团董事长齐普策认为，中国是宝马集团全球最大的市场，也是未来之所在。

一段时间以来，国际上一些声音刻意放大中国经济面临的挑战，渲染所谓"中国经济见顶论"，完全是对中国经济运行态势和发展前景的误读。中国经济基础牢、韧性强、优势多、活力足、潜力大的特点始终未变，回升向好、长期向好的趋势也没有改变。一个持续推动高质量发展、持续推进中国式现代化的中国，不仅将让中国人民过上更好生活，也将为世界经济复苏发展作出更大贡献。

（2024年04月18日　第03版）

中国新能源产业提供的是优质产能

每一辆中国新能源汽车，每一个中企承建的可再生能源项目，每一项应对气候变化领域的中外合作，都是中国新能源产业向世界提供优质产能的最好例证

当前，各国都面临气候变化带来的挑战，超过130个国家和地区提出了碳中和目标，发展新能源产业、实现绿色低碳转型是各国的共同愿望。在泰国，中国电动汽车热销，多家中国车企将实现本地化生产；在哈萨克斯坦，中国企业"把风变成了资源"，让仅有约2万人的札纳塔斯赶上新能源发展的浪潮；在巴西，中企投资太阳能光伏和陆上风电、水电站项目，提供稳定的清洁电力来源……中国持续提供优质新能源产品，有力推动全球绿色低碳转型。

中国是全球气候治理进程的重要参与者、贡献者和引领者，也是全球绿色产品的重要生产国、世界能源转型的重要引擎。中国大力推进生态文明建设，积极发展新能源产业，充分彰显应对气候变化的决心和行动力。中国出口的电动汽车、锂电池、光伏产品等既丰富了全球供给，缓解了通胀压力，也为各国实现减碳目标、加快绿色转型提供重要助力。国际能源署发布的《2023年可再生能源》年度市场报告显示，去年全球可再生能源新增装机容量达510吉瓦，装机容量增长速度比过去30年的任何时候都要快，中国是对这一增长贡献最大的"主要驱动力"。据中国国家能源局去年发布的数据，过去10年，中国对全球非化石能源消费增长贡献度超过40%；2022年中国出口风电光伏产品为其他国家减排二氧化碳接近6亿吨。世界气象组织秘书长塞莱丝特·绍洛指出，应对气候变化，需要像中国这样的大国全面参与其中。

中国坚持开放发展，与全球共享先进绿色技术，显著提升技术可及性。从全球范围看，绿色低碳是能源技术创新的主要方向。经过持续攻关和积累，中国多项新能源技术和装备制造水平全球领先，建成了世界上最大的清洁电力供应体系，水电、风电、光伏、生物质发电规模多年位居世界第一。中国新能源发电技术处在世界第一梯队，有力推动全球风电、光伏发电成本大幅下降。国际能源署首席能源经济学家蒂姆·古尔德表示，中国在清洁能源技术发展及制造应用方面拥有独特优势。中国一批重大工程技术取得丰硕成果，为全球能源转型提供强大技术助力。

中国有序推进新能源领域国际合作，着力构建能源绿色低碳转型共赢新模式。目前，中国海外非化石能源投资已超过化石能源，相继建成一批清洁、高效、质优的绿色能源合作标志性项目。中国稳步推进绿色"一带一路"建设，已与100多个国家和地区开展绿色能源项目合作，有力支持了相关国家能源绿色低碳发展。中国倡导建立"一带一路"能源合作伙伴关系，搭建6个区域能源合作平台，推动建立全球清洁能源合作伙伴关系，为稳定推动全球清洁能源转型、保障全球能源安全发挥了重要作用。"一带一路"绿色发展国际联盟副理事长、联合国前副秘书长埃里克·索尔海姆认为，中国为全球可再生能源发展作出了巨大贡献，也为发展中国家经济发展和绿色低碳转型带来创新驱动力。

中国新能源产业持续提供的优质产能，对全球绿色发展作出重要贡献。每一辆中国新能源汽车，每一个中企承建的可再生能源项目，每一项应对气候变化领域的中外合作，都是中国新能源产业向世界提供优质产能的最好例证。对于这样的优质产能，世界绝大多数国家都持包容、欢迎的态度，都期待与中国开展更多绿色合作。中国将继续以中国产品、中国技术和中国方案为全球清洁能源发展注入强劲动力，为各国实现绿色发展、共建清洁美丽的世界作出更大贡献。

（2024年04月29日　第15版）

中国新能源产业的优势是靠真本事获得的

中国电动汽车、锂电池和光伏产品等出口增多，是国际分工和市场需求的结果，体现出中国新能源产业依托完善的产供链体系、持续的技术创新和充分的市场竞争形成的比较优势

近年来，中国新能源产业快速发展，为全球绿色低碳转型注入强劲动力。国际人士认为，中国新能源产业快速发展，得益于超大规模市场优势、完整的工业体系和丰富的人力资源，得益于企业对研发创新的巨大投入，中国市场充分的竞争也让中国新能源产业得到了进一步淬炼。

当今时代，供给和需求都具有全球性，不同国家的产能高低是各自比较优势决定的。中国电动汽车、锂电池和光伏产品等出口增多，是国际分工和市场需求的结果，体现出中国新能源产业依托完善的产供链体系、持续的技术创新和充分的市场竞争形成的比较优势。

中国新能源产业的优势源于完善的产供链体系。中国是全世界唯一拥有联合国产业分类中全部工业门类的国家，制造业规模连续10多年居全球首位，产业组织能力和供应链韧性强，在新能源产业拥有涵盖从材料研发、工程设计到制造管理、总装集成的全产业链。中国体量巨大的消费市场和丰富多样的用车环境，也为新能源汽车、动力电池等技术研发、迭代升级提供了土壤。美国外交学者网站文章认为，中国电动汽车企业能够以有竞争力的价格提供先进技术，并通过其供应链降低物流、劳动力、原材料和运输成本。

中国新能源产业的优势源于扎实推进科技创新积攒的实力。经过多年实践，中国新能源产业核心技术不断进步。以动力电池为例，从液态锂离子电池到半固态锂电池，从刀片电池、麒麟电池到800伏高压碳化硅平台……中国新能源汽车的电池核心技术不断突破。中国多项新能源技术和装备制造水平也在全球领先。从全球首台16兆瓦海上风电机组并网发电，到全球首座第四代核电站正式投入商业运行，中国以科技创新形成的优质产能推动全球新能源产业的变革，为全球能源低碳转型注入动力。《亚洲周刊》刊文指出，中国的新能源产品具有极高的技术含量，带给消费者更多满足感，有更大边际效益。

中国新能源产业的优势源于充分市场竞争的淬炼。以新能源汽车产业为例，中国不仅有众多本土新能源汽车企业，也敞开大门欢迎国外新能源汽车企业。各国新能源汽车企业普遍认为，要想赢得全球市场，必须展现过硬本领，在中国市场赢得竞争优势，或与中国企业开展合作。去年，德国大众集团将德国总部以外最大的研发中心落户安徽合肥。不久前，中国车企和西班牙企业宣布将在西班牙设立合资企业，共同开发新能源汽车新产品。充分的市场竞争为中国新能源产业带来活力，促进技术迭代、降本增效，从而增强了国际竞争力。有国际竞争力的产品，自然在国际市场上更受欢迎。中国新能源产品顺应全球绿色低碳转型趋势，且普遍具有较高的质量和有竞争力的市场价格，因此在许多国家特别是渴望实现能源转型的发展中国家供不应求。

大浪淘沙，始见真金。中国新能源产业发展是一个厚积薄发的过程，提供的优质产能丰富了全球供给，缓解了全球通胀压力，促进了全球绿色低碳转型。从全球范围来看，这样的优质产能不是过剩，而是严重不足，世界需要更多这样的优质产能。中国新能源产业将继续向"新"而行、以"质"求变，为更多国家实现绿色低碳转型和可持续发展提供可靠助力。各方应以市场眼光和全球视野，从经济规律出发，客观、辩证看待产能问题，让世界各国受益于绿色产能。

（2024年04月30日　第17版）

坚持和平发展、开放发展、创新发展

发展事关全人类福祉，各方都应以人类前途为怀、以人民福祉为念，坚持和平发展、开放发展、创新发展，不断凝聚国际发展共识、培育全球发展新动能

"我们要以对历史和人民负责的态度，把准正确方向，携手构建人类命运共同体。"6月12日，习近平主席向联合国贸易和发展会议成立60周年庆祝活动开幕式发表视频致辞，提出要营造和平发展的国际环境、要顺应开放发展的时代潮流、要把握创新发展的历史机遇三点重要主张，充分展现了中方对全球发展事业的高度重视和对"全球南方"共同发展的大力支持。

当前，世界百年变局加速演进，和平和发展面临新的挑战。与此同时，各国人民求和平、谋发展、促合作的意愿更加强烈。联合国贸易和发展会议自成立之初就一直为发展中国家发声，积极促进南南合作，倡导南北对话，推动构建国际经济新秩序。习近平主席向联合国贸易和发展会议成立60周年庆祝活动开幕式发表视频致辞，阐释中国倡导平等有序的世界多极化、普惠包容的经济全球化的主张，有利于推动全球共同发展繁荣。

营造和平发展的国际环境是实现全球发展的必要前提。历史昭示我们，只有坚持和平发展、合作共赢，世界才能长治久安、普遍繁荣。站在单边还是多边、双输还是共赢的十字路口，中国始终不忘同广大发展中国家携手同行的初心。中方主张，各国特别是大国要践行真正的多边主义，倡导平等有序的世界多极化，恪守联合国宪章宗旨和原则，支持联合国贸易和发展会议等多边机构更好发挥作用。联合国贸易和发展会议秘书长格林斯潘表示，多边主义是应对贸易保护主义等挑战的良药，赞赏中国支持多边主义、支持南南合作的主张和倡议。

顺应开放发展的时代潮流是实现全球发展的必由之路。经济全球化如同百川汇海，是历史必然。经济全球化存在的问题只能在全球化的发展中解决，单边行径和保护主义只会损人害己。中方倡导普惠包容的经济全球化，推进贸易和投资自由化便利化，解决好发展失衡等问题，推动全球治理体系朝着更加公正合理的方向发展。正如联合国秘书长古特雷斯所言，贸易应当成为促进共同繁荣的力量，而非引发地缘政治对立；全球供应链是绿色创新和气候行动的源泉，而非破坏环境。

把握创新发展的历史机遇是实现全球发展的必然选择。新一轮科技革命和产业变革深入推进，正在催生新质生产力。以数字技术、人工智能为代表的新科技革命和产业变革方兴未艾，给各国尤其是发展中国家带来新的发展机遇。各国要打造开放、包容、非歧视的数字经济环境，坚持以人为本、智能向善，在联合国框架内加强人工智能规则治理，积极推进绿色转型，让广大发展中国家更好融入数字化、智能化、绿色化潮流。要坚持创新驱动发展，加强在新型工业化、人工智能等领域合作，加快发展新质生产力，让各国人民都拥有充满机遇的未来。

中国始终是"全球南方"的一员，永远属于发展中国家，一直是推动全球发展的行动派。中方先后提出共建"一带一路"倡议、全球发展倡议、全球安全倡议、全球文明倡议，就是为了助力世界现代化，实现共同繁荣。中国在实现自身发展的同时，坚定支持和帮助广大发展中国家加快发展。中国正以高质量发展全面推进中国式现代化，必将为世界发展带来新的更大机遇。2023年，中国货物贸易进出口总额5.94万亿美元，对外投资1478.5亿美元，对世界经济增长贡献率达32%，持续成为世界经济增长的最大引擎。

发展事关全人类福祉，各方都应以人类前途为怀、以人民福祉为念，坚持和平发展、开放发展、创新发展，不断凝聚国际发展共识、培育全球发展新动能。中方愿同各方一道，助力落实联合国2030年可持续发展议程，让发展成果更多更公平惠及各国人民，推动世界走向和平、安全、繁荣、进步的美好未来。

（2024年06月14日　第02版）

中国的新发展是世界的大机遇

中国经济回升向好态势持续巩固增强，不仅给世界带来信心的提升，也意味着各方将从中国的新发展中获得更多新机遇

"出口增长强劲""制造业增速超出预期""宏观数据一直很稳固"……国际机构近期纷纷对中国经济做出乐观分析并上调增长预期，充分表明国际社会对中国经济充满信心。中国经济回升向好态势持续巩固增强，不仅给世界带来信心的提升，也意味着各方将从中国的新发展中获得更多新机遇。

看好中国经济，这是国际社会的主流声音。世界银行日前发布的最新一期《全球经济展望》报告，将2024年中国经济增速预期较今年1月上调0.3个百分点至4.8%。国际货币基金组织将今年中国经济增速预期上调至5%，较此前预测值提升0.4个百分点。联合国5月中旬发布报告，对中国经济增长率的预测由今年1月的4.7%上调至4.8%。亚洲开发银行、摩根士丹利、高盛、瑞银等国际金融机构也纷纷上调对中国经济增速的预期。这些都表明，中国仍是世界经济增长最重要的稳定器和动力源。

中国经济"稳"的基础不断夯实。今年以来，中国经济稳扎稳打，持续向好。一季度，国内生产总值同比增长5.3%，消费、投资、出口"三驾马车"运行良好，增长、就业、通胀、国际收支四大宏观指标总体稳定。中国海关总署的数据显示，一季度，以人民币计价的进出口总值规模历史同期首次突破10万亿元，达到10.17万亿元，同比增长5%，创6个季度以来新高。中国对共建"一带一路"国家、其他金砖国家进出口增速均高于整体。无论是作为世界制造大国为各国市场提供高性价比产品，还是作为世界消费大国为各国产品创造需求，中国都发挥了积极且显著的作用。

中国经济"进"的势头愈发明显。坚持高质量发展，中国制造凭借新技术、新产品脱颖而出。中国汽车工业协会发布的最新数据显示，今年前5个月，中国新能源汽车产销量延续快速增长态势，分别完成392.6万辆和389.5万辆，同比分别增长30.7%和32.5%，市场占有率达到33.9%。中国进出口的新业态、新模式培育也跑出了"加速度"。一季度，中国中间品进出口增长4.4%，跨境电商进出口增长9.6%，跨境电商海外仓出口增长11.8%。这些都反映出，中国经济结构趋优、质效向好，新质生产力加快培育成长，不断增强发展新动能。

中国对外开放的大门越开越大。从扩大市场准入、加快现代服务业领域对外开放，到一视同仁为外商投资提供优质服务，再到加大知识产权和外商投资合法权益的保护力度，中国始终坚持高水平对外开放，与世界各国共享中国发展机遇和红利。"中国不一样的场景和企业构成为西门子提供了结构性机会""没有比中国更重要的市场"……跨国企业负责人的话，道出了"赢得中国市场才能赢得未来"这一各国企业的共识，彰显持续发展的中国市场是各国企业竞技磨炼、创新成长的福地。德国中小企业隐形冠军学会主席瓦尔特·多林表示："中国拥有超大规模市场，目前，约500家德国全球市场领军企业中超过90%都与中国有合作关系。任何企业若想成为全球市场的领导者，与中国的合作必不可少。"

中国经济持续稳定增长对世界经济复苏有着巨大推动作用。近年来，中国经济对全球经济增长的贡献率保持在30%左右。国际货币基金组织的研究表明，中国经济每增长1个百分点，将使其他经济体的产出水平平均提高0.3个百分点。中国不仅是全球最具潜力的广阔市场，也是140多个国家和地区的主要贸易伙伴。随着消费市场的扩张升级及技术创新，中国经济将会保持稳定增长，对世界经济产生更大的正向溢出效应。

　　面对复杂多变的国际环境，中国经济有底气、有力量破浪前行。中国正以高质量发展全面推进中国式现代化，14亿多人的超大规模市场将持续释放巨大需求。中国愿同各国继续分享机遇，实现共同发展，不断书写合作共赢的精彩故事。

（2024年06月17日　第03版）

世界经济增长的稳定力量

中国经济克服挑战、稳步前行，实现高质量发展，这是推进中国式现代化的必然要求。展望未来，一个不断走向现代化的中国，将为各国提供更多机遇，助力世界经济稳定健康发展

今年上半年，中国经济延续恢复向好态势，运行总体平稳、稳中有进。7 月 16 日，国际货币基金组织发布《世界经济展望报告》更新内容，预计今年中国经济增长 5.0%，较 4 月份报告的预期上调 0.4 个百分点。中国经济稳定运行、长期向好，也为世界经济复苏增添了信心。国际货币基金组织认为，以中国等为代表的亚洲新兴经济体仍是全球经济增长的主要引擎。

从 2024 年中国经济"半年报"中，既能看到量的增长，更能看到质的提升。上半年中国国内生产总值（GDP）达 61.7 万亿元，同比增长 5.0%；社会消费品零售总额同比增长 3.7%，其中服务零售额同比增长 7.5%；基础设施和制造业投资分别增长 5.4% 和 9.5%，显示复苏暖意；货物进出口总额达 21.2 万亿元人民币，规模创历史同期新高。从基本面和中长期看，中国经济高质量发展的大势没有改变。德国黑森州欧洲及国际事务司前司长米夏埃尔·博尔希曼认为，中国经济的基本面稳定，未来将继续保持稳定增长。

放在全球坐标中观察，中国仍是世界经济增长的重要引擎和稳定力量。面对复杂多变的国内外环境，中国经济运行总体平稳，产业升级和高质量发展有条不紊地展开，带动中国经济发展的"含金量"增加、可持续性增强。集成电路、服务机器人、新能源汽车、太阳能电池等智能绿色新产品产量均保持两位数增长；大数据、人工智能等新技术催生新的消费场景，消费新模式带动实物商品网上零售额同比增长8.8%；单位GDP能耗继续下降……推动中国经济转型升级和高质量发展的积极因素在继续累积。巴基斯坦智库全球丝绸之路研究联盟创始主席泽米尔·阿万近日发表文章指出，在全球经济面临多重不确定性和挑战之际，中国作为稳定力量的作用比以往任何时候都更重要。

全面深化改革为中国高质量发展、推进中国式现代化注入强劲动力。中共十八大以来，中国全面深化改革，着力增强改革的系统性、整体性、协同性，着力激发高质量发展的动力、活力、潜力。南非独立传媒集团董事长伊克巴尔·瑟弗认为，中国构建以先进制造业为支撑的现代化产业体系，展现了中国共产党锐意改革的远见智慧和勇气魄力。国际人士高度关注中共二十届三中全会，认为中国经济正处于新旧动能转换阶段，进一步全面深化改革将确保转换平稳顺利。法国中国问题专家莱娅·贝西表示，进一步全面深化改革的中国将为世界各国带来巨大机遇。

中国扎实推进高水平对外开放，为经济发展开辟了广阔空间。首次在全国范围对跨境服务贸易建立负面清单管理制度，开展增值电信业务扩大对外开放试点工作，出台进一步支持境外机构投资境内科技型企业的若干政策措施……一系列政策举措彰显中国以开放促改革、促发展的坚定决心。中国是140多个国家和地区的主要贸易伙伴，货物贸易总额连续7年位居全球第一；"一带一路"朋友圈扩容至150多个国家和30多个国际组织，中欧班列通达欧洲25个国家200多个城市；进博会、服贸会、消博会、链博会等为各国搭建起互利共赢的合作平台……阿根廷《号角报》网站报道认为，一个繁荣昌盛的中国不仅支撑着自己的未来，还会为其他国家提供机遇。

中国经济克服挑战、稳步前行，实现高质量发展，这是推进中国式现代化的必然要求。展望未来，一个不断走向现代化的中国，将为各国提供更多机遇，助力世界经济稳定健康发展。

（2024年07月18日　第03版）

在开放中谋求共同发展

中国将坚定不移推进高水平对外开放，坚持走在开放中谋求共同发展的道路，以中国式现代化新成就为世界发展提供新机遇

在逆全球化思潮抬头、单边主义和保护主义明显上升的背景下，中国坚持扩大高水平对外开放，让中国大市场成为世界大机遇。今年前7个月，中国货物贸易进出口总值达24.83万亿元人民币、同比增长6.2%，全国新设立外商投资企业31654家、同比增长11.4%；即将举行的第五届跨国公司领导人青岛峰会已确认参会的跨国公司嘉宾近500人，"朋友圈"更加广泛……开放的中国展现强大吸引力，继续是全球发展繁荣的重要引擎。

中国的发展，关键在于中国人民在中国共产党领导下，走出了一条适合中国国情的发展道路。这是一条从本国国情出发确立的道路，是一条把人民利益放在首位的道路，是一条改革创新的道路，也是一条在开放中谋求共同发展的道路。中国坚持对外开放基本国策，奉行互利共赢的开放战略，不断提升发展的内外联动性，在实现自身发展的同时更多惠及其他国家和人民。近年来，从设立22个自贸试验区、建设海南自由贸易港，到力推《区域全面经济伙伴关系协定》签署生效，构建面向全球的高标准自由贸易区网络；从多次削减外资准入负面清单，到放宽电信、医疗等服务行业准入；从推进高质量共建"一带一路"，到搭建进博会、服贸会、消博会等国际经贸合作平台……一系列扩大高水平开放的重大举措，不仅让中国的发展惠及国际社会，也让看好中国成为世界的普遍共识。

开放是中国式现代化的鲜明标识。中国共产党二十届三中全会强调，必须坚持对外开放基本国策，坚持以开放促改革，依托我国超大规模市场优势，在扩大国际合作中提升开放能力，建设更高水平开放型经济新体制。这是基于中国过去几十年发展经验提出的要求，不仅显示出中国共产党领导中国人民推进中国式现代化的战略主动，也显示出中国坚持扩大高水平对外开放的坚定决心。

以开放促改革、促发展是中国改革发展的成功实践。从中国国内发展看，只有开放的中国，才会成为现代化的中国。实现人类历史上规模最大、难度最大的现代化，要求中国积极扩大内需，发挥超大规模市场优势，增强国内国际两个市场的联动效应。以高水平开放推动高质量发展，能够为中国式现代化厚植强大物质基础。从国际合作看，尽管近年来经济全球化遭遇逆流，世界开放指数呈下滑趋势，但开放包容、合作共赢才是人间正道，开放发展、共赢发展是各国人民的共同愿望。中国站在历史正确的一边，坚持扩大高水平对外开放，推动经济全球化朝着更加开放、包容、普惠、均衡的方向发展，不仅能够为中国式现代化开辟广阔前景，也有利于促进各国共同发展、推进世界现代化。

在以中国式现代化全面推进强国建设、民族复兴伟业的关键时期，中国将完善高水平对外开放体制机制，稳步扩大制度型开放，深化外贸体制改革，深化外商投资和对外投资管理体制改革，优化区域开放布局，完善推进高质量共建"一带一路"机制。中国推进高水平对外开放，意味着更好对接国际高标准的开放，更加积极的自主开放和单边开放，更好推动新质生产力发展的开放，更好促进合作共赢的开放。中国将以推动加入《全面与进步跨太平洋伙伴关系协定》和《数字经济伙伴关系协定》为契机，建设更高水平开放型经济新体制，建立同国际通行规则衔接的合规机制，塑造开放新优势，释放开放新红利；将进一步放宽市场准入，更加积极主动向世界开放市场；将创造消费新场景，培育外贸新动能，擦亮"投资中国"品牌，让中国大市场成为全球创新活动的"强磁场"；将把开放的蛋糕做大，把合作的清单拉长，全面参与世贸组织改革，壮大自贸"朋友圈"，推动建设开放型世界经济。

中国共产党二十届三中全会成功召开，中国将进一步全面深化改革，推进高质量发展和高水平对外开放，这将给全球经济发展带来新动力、新契机。"中国的高水平对外开放让合作共赢惠及世界，让世界各国人民共享中国的发展成果。"国际人士如是表示。中国将坚定不移推进高水平对外开放，坚持走在开放中谋求共同发展的道路，以中国式现代化新成就为世界发展提供新机遇。

（2024年08月22日　第02版）

为世界能源转型贡献中国力量

立足于高质量发展、着眼于生态文明建设、服务于构建人类命运共同体，能源转型的"中国方案"，回答了世界之问、时代之问，展现了中国之治、大国担当

8月29日，中国国务院新闻办公室发布《中国的能源转型》白皮书，展示了中国持续深化绿色能源国际合作、促进全球能源可持续发展的努力和贡献，阐述了中国携手各国共建清洁美丽世界的坚定主张。在习近平主席提出的"四个革命、一个合作"能源安全新战略指引下，中国新能源产业为全球提供了绿色动力，为深化清洁能源国际合作创造了新机遇，为世界能源转型贡献了中国力量。

当今世界，新一轮科技革命和产业变革深入推进，绿色低碳、数智化、可持续发展成为时代主题。加快能源转型发展，实现能源永续利用，持续增进民生福祉，为世界经济提供不竭动力，已成为各国共识。顺应全球发展大势、适应时代要求，中国走出了一条符合国情的能源转型之路。立足于高质量发展、着眼于生态文明建设、服务于构建人类命运共同体，能源转型的"中国方案"，回答了世界之问、时代之问，展现了中国之治、大国担当。

中国能源含"绿"量不断提升，推动清洁能源发展进入快车道。10年来，中国新增清洁能源发电量占全社会用电增量一半以上，可再生能源新增装机年均占全世界可再生能源新增装机的40%以上；中国成为全球能耗强度降低最快的国家之一，累计节约能源消费约14亿吨标准煤，减少二氧化碳排放约30亿吨；规模以上工业单位增加值能耗累计下降超过36%，累计淘汰煤电落后产能超过1亿千瓦……中国持续推进自身能源转型，绿色低碳发展实现历史性突破，有力保障了经济社会高质量发展。国际能源署发布的《2023年可再生能源》报告指出，中国是全球可再生能源领域的领跑者，也是全球可再生能源快速大规模增长的主要驱动力。

中国广泛开展能源国际合作，为全球绿色发展注入"中国动力"。中国积极融入全球清洁能源产业链，源源不断地向世界分享高质量的清洁能源产品，丰富了全球供给、推动降低了全球能源转型成本、缓解了全球通胀压力。国际可再生能源署报告指出，过去10年间，全球风电和光伏发电项目平均度电成本分别累计下降超过60%和80%，其中很大一部分归功于中国的贡献。中国同各国将"绿色"打造为"一带一路"能源合作底色，与100多个国家和地区开展绿色能源项目合作，巴基斯坦卡洛特水电站、埃塞俄比亚阿达玛风电项目、阿根廷高查瑞光伏电站等一大批标志性能源项目和惠民生的"小而美"项目落地生根，为所在国提供了清洁、安全、可靠的能源供应方案。

中国扩大能源领域高水平对外开放，为深化清洁能源国际合作创造新机遇。中国持续打造市场化、法治化、国际化一流营商环境，积极促进能源贸易和投资自由化便利化，同外资企业共享中国能源转型红利，全面实行准入前国民待遇加负面清单管理制度，出台鼓励外商投资产业目录，加大对清洁能源等领域外商投资的政策支持力度。通用电气、碧辟、西门子等跨国公司在中国能源投资规模稳步增加，法国电力集团海上风电项目、上海特斯拉电动汽车制造项目、南京LG新能源电池项目等外资项目相继在中国落地。"为适应中国市场对新能源、循环经济等的强劲需求，公司正在扩建新的基地。"德国贺利氏集团相关负责人表示，公司的成长得益于中国的开放政策和持续改善的营商环境。

一个天更蓝、山更绿、水更清的世界是全人类的共同期盼。中国愿与国际社会一道，持续深化绿色能源国际合作，积极做全球能源转型的推动者，共同推进人与自然和谐共生，共建清洁美丽地球家园。

（2024年08月31日　第03版）

以高水平开放推动服务贸易高质量发展

习近平主席近日向2024年中国国际服务贸易交易会致贺信，宣布中国扩大服务贸易高水平开放的重要举措，指出中国愿同世界各国一道，顺应经济全球化大趋势，共享机遇、共商合作、共促发展，为推动世界经济增长、增进各国人民福祉贡献力量。习近平主席连续6年在服贸会上发表重要视频致辞或向服贸会致贺信，充分体现了中国坚持以高水平开放推动高质量发展的坚定决心。

服贸会已成功举办10届，是中国服务业和服务贸易高质量发展的生动写照。新时代以来，中国大力推进高水平对外开放，加快推动服务业和服务贸易开放创新发展，取得显著成效。2012年至2023年，以美元统计，中国服务贸易年均增速6.2%，高于全球平均增速和中国同期货物贸易增速。2023年，中国知识密集型服务贸易额占服务贸易总额的比重提升至41.4%。中方日前发布《关于以高水平开放推动服务贸易高质量发展的意见》，提出推动服务贸易制度型开放、促进资源要素跨境流动、推进重点领域创新发展、拓展国际市场布局等一系列措施，将继续推动服务贸易高质量发展，为全球提供更多更好的中国服务。

服贸会"朋友圈"不断扩大，彰显中国服务业和服务贸易"强磁场"魅力不减。今年，围绕"全球服务　互惠共享"的主题，约800位中外嘉宾相聚全球服务贸易峰会，凝聚发展共识；85个国家和国际组织设展办会，13个国家和国际组织首次独立线下设展；450余家世界500强和行业龙头企业线下参展，发布200余项融合创新成果……格鲁吉亚第一副总理达维塔什维利称赞服贸会为促进全球服务贸易交流合作与探索新机遇提供了重要平台。

　　服务贸易跑出自主开放"加速度"，反映出中国进一步全面深化改革、持续优化营商环境的决心和力度。习近平主席在贺信中指出，中国将坚持以高水平开放推动高质量发展，完善高水平对外开放体制机制，创新提升服务贸易，主动对接国际高标准经贸规则，推动服务领域规则、规制、管理、标准相通相容，有序扩大服务市场对外开放，提升服务业和服务贸易开放平台功能，打造市场化、法治化、国际化一流营商环境。这些举措有利于增加高质量产品和服务供给，也将为跨国公司在中国发展提供更广阔空间。

　　中国成为全球服务贸易增长的重要力量，为构建开放型世界经济作出了积极贡献。2023年，中国全国服务进出口总额6.6万亿元人民币，服务贸易规模在全球位居前列。随着全球服务贸易和服务业合作深入发展，服务贸易日益成为经济全球化的重要推动力。中国坚持真正的多边主义，将进一步提升自贸协定开放水平，扩大自主开放和对最不发达国家单边开放，加强同共建"一带一路"国家服务贸易和数字贸易合作。

　　服务开放推动包容发展，服务合作促进联动融通，服务创新培育发展动能，服务共享创造美好未来。中国愿同各方一道，加快推动服务业和服务贸易开放创新发展，持续深化服务业和服务贸易合作，以高水平开放推动服务贸易高质量发展，为世界经济繁荣发展作出更大贡献。

（2024年09月16日　第02版）

自贸区升级将更好促进中国东盟互利共赢

作为分别有14亿多和6亿多人口的两大市场，中国和东盟升级自贸区合作，将为双方带来更强劲、更长久的发展动力

日前，中国—东盟自贸区3.0版升级谈判实质性结束。这标志着中国和东盟经贸合作的进一步深化，是中国和东盟共同引领东亚经济一体化的重大举措，释放了双方共同维护自由贸易体制的积极信号。中国和东盟进一步深化经贸合作，将为构建更为紧密的中国—东盟命运共同体注入新动能。

中国—东盟自贸区3.0版反映了现代贸易实践，达成了若干具有重要开创性意义的成果，将为各方带来新机遇。此次升级版本涵盖9个领域，既包含中国—东盟自贸协定现有领域，也包括双方具有巨大合作潜力的新兴领域。中国与东盟首次达成各自经贸协定中最高水平的数字经济、绿色经济、供应链互联互通章节，达成各自缔约实践中最高水平的标准技术法规与合格评定程序章节。这些升级成果将全面拓展中国和东盟在新兴领域互利合作，加强双方标准和规则领域互融互通，共构安全稳定、畅通高效的区域供应链合作网络，推动中国东盟互利共赢迈上新水平。

作为分别有14亿多和6亿多人口的两大市场，中国和东盟升级自贸区合作，将为双方带来更强劲、更长久的发展动力。得益于中国—东盟自贸区，中国连续15年保持东盟第一大贸易伙伴地位，东盟连续4年成为中国的第一大贸易伙伴。当前，全球总需求不足的问题更加突出，市场成为经济发展中的稀缺资源。中国和东盟总人口规模占全世界的1/4，超大规模市场是双方促进经济繁荣的最大依托。升级版自贸区将促进中国、东盟两大市场更紧密更有机的融合联通，一定能形成更为显著的规模经济效应、产业集聚效应、发展外溢效应。东盟秘书长高金洪表示，期待通过自贸区升级，双方的贸易、投资和旅游能够进一步增长，给东盟与中国的经济合作带来积极而重大的发展与转型。

中国和东盟完成自贸区3.0版升级谈判，体现了双方坚定支持多边主义和自由贸易的鲜明态度。中国和东盟共同维护自由贸易体制，加强产供链互联互通，培育高质量发展新动能，推进区域经济一体化进程，将使本地区继续成为全球经济增长的重要引擎和团结合作的高地。联合国秘书长古特雷斯赞赏中国—东盟自贸区3.0版，表示此次升级将促进全球自由贸易和经济增长。新加坡总理黄循财认为，升级自由贸易协定是一个重要举措，特别是在全球保护主义日益抬头的时代，这一举措将向全世界发出一个明确且重要的信号，那就是自由贸易和互惠的市场合作至关重要。

不断扩大高水平对外开放是推进中国式现代化的必然要求。构建面向全球的高标准自由贸易区网络，是中国建设更高水平开放型经济新体制的重要举措。中方高度重视中国—东盟自贸区3.0版升级谈判，主动提出数字经济、绿色经济、供应链互联互通等新兴领域的建议文本，为谈判达成共识发挥了积极和建设性作用。未来，中国将坚定不移推进高水平开放，打造高水平、制度型对外开放格局，促进亚太互联互通，维护区域产供链稳定顺畅，为亚太经济复苏和可持续发展注入动力。

开放合作是历史潮流，互利共赢是人心所向。中国愿同东盟一道努力，持续推进各领域务实合作，为地区和世界的共同繁荣提供更坚实支撑。

（2024年10月21日　第03版）

为世界经济发展注入确定性和正能量

　　中国国家统计局日前发布2024年前三季度国民经济运行情况。初步核算，前三季度中国国内生产总值按不变价格计算同比增长4.8%，为实现全年目标打下了坚实基础，在全球主要经济体中名列前茅。今年以来，中国经济运行总体平稳、稳中有进，新质生产力稳步发展，高质量发展扎实推进，主要经济指标近期出现积极变化。中国经济继续展现韧性，有力提振了国际市场信心。

　　面对复杂多变的国内外环境，中国经济显示出"稳"和"进"的向好态势，为世界经济发展注入确定性和正能量。中国政府采取一系列政策举措，尤其是多个部门推出一揽子增量政策效果逐步显现，中国经济回升向好的积极因素累积增多。高盛集团、瑞士银行等国际金融机构近期纷纷上调今年中国经济增速预期。国际社会对中国经济发展前景表示乐观，认为中国能够实现今年国内生产总值增长5.0%左右的目标。新加坡国务资政李显龙认为，中国政府出台的措施有助于提升信心和需求，中国许多行业领域已达世界级水平，"低估中国是非常不明智的"。

　　透过中国经济前三季度"成绩单"可以看到，中国经济在保持稳定增长前提下，结构在优化、质量在提升。前三季度，中国规模以上高技术制造业增加值增长9.1%，高技术产业投资同比增长10%，风电、核电、光伏发电等生产和消费保持较快增长，产业向"新"向"绿"加速转型。中国制造业高端化、智能化、绿色化的创新优势，让中国制造受到更广泛的青睐。前三季度，中国高端装备出口同比增长43.4%，集成电路、汽车、家用电器出口同比分别增长22%、22.5%、15.5%。中国新能源产业有效对接全球绿色发展需求，风力发电机组、电动汽车出口分别增长73.9%、22%。"我们现在所处的世界，几乎所有的能源故事本质上都是中国故事。"国际能源署署长法提赫·比罗尔近日再次肯定中国对全球能源转型作出的重要贡献。

中国经济稳中有进，是世界经济的重要利好。当前，世界经济复苏势头不稳，国际货币基金组织的最新报告显示，全球经济增速低于本世纪前20年的平均水平。面对单边主义和保护主义抬头，中国坚定选择团结合作、开放共赢。中国扎实推进高水平对外开放，持续擦亮"惠全球"的金字招牌，不断推进高质量共建"一带一路"，积极搭建进博会、服贸会、消博会等国际合作平台，欢迎更多优质产品进入中国市场。前三季度，中国货物进出口总额创新高，历史同期首次突破32万亿元，继续成为全球贸易增长的重要驱动力。特色水果、葡萄酒、服装等消费品进口分别增长了7.1%、28.9%、6.1%，有效对接了国内多样化的消费需求。随着内需潜力持续释放，中国大市场日益成为世界大机遇。

中国正以高水平开放促进深层次改革、推动高质量发展，不断拓展中国式现代化的发展空间。中国经济发展的基本面没有改变，市场潜力大、经济韧性强等有利条件没有改变。随着政策协同发力，中国有信心、更有能力实现长期稳定发展，不断以中国新发展为世界带来新动力、新机遇。

（2024年10月23日　第03版）

共赴"进博之约" 共享中国机遇

共赴"进博之约",各方更加真切地感受到中国扩大高水平开放的诚意,更加坚定了投资中国、深耕中国市场的信心,更加深刻认识到互利共赢的价值

11月10日,第七届中国国际进口博览会落下帷幕。6天时间内,152个国家、地区和国际组织,近3500家参展企业,数十万名专业观众,在进博会交易商品和服务、交流文化和理念,进一步增加了对中国市场机遇的认知、对开放合作理念的认同。

"进博会是支持国际贸易发展、合作和新型全球伙伴关系的平台""进博会促进贸易增长的背后,是全世界人民的共赢""快速增长的中国市场充满活力并且展现出光明前景"……通过参加第七届进博会,各国人士充分认识到,开放是进博会的核心理念,进博会让中国大市场成为世界大机遇,助力各国在开放合作中实现共赢。

共赴"进博之约",各方更加真切地感受到中国扩大高水平开放的诚意。作为中国共产党二十届三中全会后举办的重大经济外交活动,第七届进博会向世界展示了中国进一步全面深化改革、推进高水平开放的决心和行动。77个国家和国际组织参加国家展,129个国家和地区的展商参加企业展,参展的世界500强和行业龙头企业达297家……一系列数据标注本届进博会的开放程度。联合国贸发会议秘书长格林斯潘表示,中国举办进博会,以开放的精神让全球企业相互连接、建立伙伴关系,共同构建更加繁荣、互联的全球经济。第七届虹桥国际经济论坛发布的《世界开放报告2024》显示,2023年,中国开放指数为0.7596,在各经济体中的排名继续提升。这充分说明,越是面对逆全球化思潮抬头,单边主义、保护主义上升，中国越是坚持开放、扩大开放、提升开放。

共赴"进博之约"，各方更加坚定了投资中国、深耕中国市场的信心。作为中国构建新发展格局的窗口，进博会是以中国新发展为世界提供新机遇的生动注脚。从首次设立新材料专区，升级打造创新孵化专区，举办首发经济和促进消费相关分论坛等活动，到持续打造全球新品首发地、前沿技术首选地、创新服务首推地，展示450多项代表性新产品、新技术、新服务，再到举办"投资中国"自贸试验区专场推介、外资企业圆桌会等活动，中国继续与各方分享巨大市场潜力、蓬勃创新活力、强劲发展红利。本届进博会上，多家跨国企业宣布在华继续投资计划，以实际行动对中国市场和发展前景投下"信任票"。参展的跨国企业负责人纷纷表示，"深切感受到中国经济的强劲脉搏""中国是大市场，也是最具活力的市场""我们对中国市场充满信心，将继续与中国共创未来"。

共赴"进博之约"，各方更加深刻认识到互利共赢的价值。进博会"朋友圈"持续扩容，作为国际公共产品的作用越来越突出。本届进博会为包括非洲国家在内的37个最不发达国家提供120多个免费展位，食品和农产品展区进一步扩大非洲产品专区面积，举办"全球南方的可持续发展与中非合作"分论坛……中国以实际行动为发展中国家打开新的机遇之门，让更多发展中国家参与到普惠包容的经济全球化进程中来。从贝宁菠萝、埃塞俄比亚咖啡等上届进博会"明星产品"，到马拉维花生、莫桑比克夏威夷果等最新准入的产品，都搭上进博会快车，加速汇入全球市场。一位首次参展的坦桑尼亚腰果加工出口商把参加进博会看作"梦想和希望之旅"，他充满期待地说："打开中国市场，我们的生意大有希望。"

迎五洲客，计天下利。中国正在通过推进高水平开放实现高质量发展，将进一步开放超大规模市场，携手各方建设开放型世界经济，为推动全球可持续发展、增进人类福祉贡献更大力量。

（2024年11月11日　第03版）

"零关税待遇"彰显扩大高水平开放决心

给予所有同中国建交的最不发达国家100%税目产品零关税待遇，是中国扩大单边开放、同世界分享发展机遇、推动普惠包容的经济全球化的重要举措

12月1日起，中国给予所有同中国建交的最不发达国家100%税目产品零关税待遇。这是中国扩大单边开放、同世界分享发展机遇、推动普惠包容的经济全球化的重要举措。中国成为实施这一举措的首个发展中大国和世界主要经济体，彰显中国推进高水平对外开放的决心，表明以自身经济高质量发展为世界提供新机遇的诚意。

改革开放是中国和世界共同发展进步的历史进程。中国坚持对外开放基本国策，奉行互利共赢的开放战略，不断提升发展的内外联动性，在实现自身发展的同时更多惠及其他国家和人民。当前，尽管单边主义、保护主义上升，但经济全球化始终是浩浩荡荡的历史潮流，其发展大势从未改变。中国坚持以高水平开放促进深层次改革、高质量发展，继续扩大开放是中国顺应经济全球化大势的主动作为。中国共产党二十届三中全会强调，必须坚持对外开放基本国策，坚持以开放促改革，依托我国超大规模市场优势，在扩大国际合作中提升开放能力，建设更高水平开放型经济新体制。

从稳步扩大制度型开放到深化外贸、外商投资和对外投资管理体制改革，从优化区域开放布局到完善推进高质量共建"一带一路"机制，中国坚定推进高水平对外开放向更大范围、更宽领域、更深层次迈进。给予所有同中国建交的最不

发达国家100%税目产品零关税待遇，是落实中国共产党二十届三中全会精神、扩大自主开放和对最不发达国家单边开放的具体行动，也是稳步扩大市场准入的重要举措。中国用实际行动证明，中国扩大高水平对外开放的决心不会改变，中国开放的大门只会越开越大。

完善高水平对外开放体制机制，扩大对最不发达国家单边开放，也是中国支持全球发展的重要行动。习近平主席日前在二十国集团领导人第十九次峰会上宣布中国支持全球发展的八项行动，强调"从现在起到2030年，中国自发展中国家累计进口额有望超过8万亿美元"，充分表明中国致力于分享自身发展机遇、推动建设一个共同发展的公正世界。世界繁荣稳定不可能建立在贫者愈贫、富者愈富的基础上，各国共同发展才是真发展。中国倡导走以人为本、发展更加平衡、机会更加均等的经济全球化之路，让不同国家、不同阶层、不同人群共享发展成果。"零关税待遇"将为最不发达国家扩大对华出口和共享中国大市场机遇发挥积极作用，促进相关国家产业发展、就业增长，带动减贫发展。

中国有14亿多人口、超过4亿中等收入群体，是全球最具潜力的大市场。近年来，中国积极发挥非洲产品输华绿色通道作用，支持更多符合条件的最不发达国家农产品进入中国市场；通过开展技能培训、支持跨境电商企业发展等方式，帮助相关国家加强贸易能力建设；举办进博会、服贸会等展会，为最不发达国家优质特色产品进入中国市场、接驳世界市场搭建平台和桥梁。中国行动为广大发展中国家打开新的机遇之门，让更多发展中国家参与到普惠包容的经济全球化进程中来，展现了开放中国的大情怀、大格局、大担当。埃塞俄比亚驻华大使馆特命全权公使蒙泰哈·杰莫表示，"零关税待遇"充分表明中国推进高水平开放和南南合作的决心和诚意。

"唯有益天下，方可惠本国。"下一步，中国将以更加积极有为的行动推进高水平对外开放，出台更多自主开放和单边开放政策，扩大面向全球的高标准自由贸易区网络。中国将同各方一道，以开放纾发展之困、以开放汇合作之力、以开放聚创新之势、以开放谋共享之福，推动普惠包容的经济全球化，书写更多合作共赢的精彩故事。

（2024年12月03日　第03版）

继续发挥世界经济增长最大引擎作用

中国从来都是在风雨洗礼中发展、在历经考验中壮大的，未来将继续不畏风雨前行，努力克服前进道路上的困难，创造更加光明的发展前景，为世界各国发展提供更多新机遇

"中方有充分信心实现今年经济增长目标，继续发挥世界经济增长最大引擎作用。"12月10日，习近平主席在北京会见来华出席"1+10"对话会的主要国际经济组织负责人，介绍中国经济发展情况，指出中国的发展是开放包容的，中国将持续扩大对外开放，主动对接国际高标准经贸规则，建设市场化、法治化、国际化一流营商环境，构建更高水平开放型经济新体制，为世界各国发展提供更多新机遇，分享更多发展红利。

当前，百年变局加速演进，世界进入新的动荡变革期，稳定性和确定性是全球稀缺资源。今年，面对更加错综复杂的国际国内环境，中共中央团结带领全党全国各族人民，顶住压力、克服困难，沉着应变、综合施策，中国经济运行总体平稳、稳中有进，经济社会发展主要目标任务将顺利完成，中国式现代化迈出新的坚实步伐。事实证明，中国经济基础稳、优势多、韧性强、潜能大，长期向好的支撑条件和基本趋势没有变。主要国际经济组织负责人齐聚北京，正是"世界各国将目光投向中国"的真实写照。他们高度评价中国经济发展成就，看好中国发展前景，认为中国始终是世界经济增长的重要引擎和稳定锚。

观察中国经济发展，既要有历史眼光，也要有未来眼光。经历40多年持续快

速发展，中国经济已经步入高质量发展阶段，对世界经济增长贡献率保持在30%左右。中国实现5%左右的经济增长目标，对于一个有14亿多人口、国内生产总值超过126万亿元人民币的大国来说是不易的，也是十分可贵的。中国共产党二十届三中全会擘画了进一步全面深化改革、推进中国式现代化的宏伟蓝图，提出300多项重要改革举措，就构建高水平社会主义市场经济体制、推动经济高质量发展、扩大高水平对外开放、提高人民生活品质、建设美丽中国等各领域作出系统布局。中国加快实施创新驱动发展战略，在新质生产力方面居于世界领先水平。中国有超大规模市场优势，国内需求增长潜力巨大。这些将持续为中国经济发展注入新动力，也是不少外资机构近期上调中国经济增长预期的重要原因。

观察中国经济发展，既要看国内政策，也要看国际合作。今年上半年，中国高技术制造业和高技术服务业的投资增速双双达到两位数以上，经济结构和增长模式不断优化。近期中国政府陆续推出一揽子增量政策，市场信心和预期显著增强，经济回升向好势头更加明显，经济新动能也正在加快成长壮大。各国经济各有各的难处，合作建设开放型世界经济体系才是正解。中国坚持开放发展，致力于与世界各国共同实现发展进步。今年以来，中国全面取消制造业领域外资准入限制措施，首次在全国范围内对跨境服务贸易建立负面清单管理制度，推动电信、互联网、教育、文化、医疗等领域有序扩大开放，主动对接《全面与进步跨太平洋伙伴关系协定》和《数字经济伙伴关系协定》等国际高标准经贸规则，稳步扩大制度型开放。共建"一带一路"搭建中国和世界共同发展的桥梁，合作领域不断拓展、合作范围不断扩大、合作层次不断提升。未来，中国将出台更多自主开放和单边开放政策，扩大面向全球的高标准自由贸易区网络。主要国际经济组织负责人认为，中国持续全面深化改革，扩大对外开放，实现高质量发展，给世界特别是全球南方国家提供了巨大机遇。

虽然当前中国发展面临许多不确定性和挑战，但中国有做好明年经济工作的必胜信心。困难挑战年年有，但战胜困难挑战将带来新的发展机遇。中国从来都是在风雨洗礼中发展、在历经考验中壮大的，未来将继续不畏风雨前行，努力克服前进道路上的困难，创造更加光明的发展前景。中国好，世界才会好；世界好，中国会更好。中国将坚定不移推进中国式现代化，并同各国加强团结合作、共迎全球性挑战，携手推动实现和平发展、互利合作、共同繁荣的世界各国现代化。

（2024年12月11日　第03版）

中国有信心推动经济持续向好

　　近日举行的中央经济工作会议，传递出推动中国经济航船乘风破浪、行稳致远的积极信号。"中国政府有信心在明年保持世界第二大经济体的稳定增长""此次会议所做决定的影响将远远超过中国自身"……国际社会高度关注并积极解读此次会议，认为中国将为世界经济注入更多稳定性和发展动能。

　　今年，面对外部压力加大、内部困难增多的复杂严峻形势，中国经济走过很不平凡的发展历程，取得令人鼓舞的成绩。中国经济运行总体平稳、稳中有进，高质量发展扎实推进，经济社会发展主要目标任务即将顺利完成。特别是9月以来一揽子增量政策使社会信心有效提振，经济明显回升。预计全年中国经济增长5%左右，对全球经济增长的贡献率有望继续保持在30%左右。国际舆论认为，这凸显中国经济的强大韧性和巨大潜力。

　　中国经济基础稳、优势多、韧性强、潜能大，长期向好的支撑条件和基本趋势没有变。中国拥有巨大的经济体量、市场容量和产业配套能力，内部经济和外向经济可实现良性互动的双循环，这是中国经济行稳致远的重要保证。在大国经济共有的规模优势、市场优势、人才优势、创新优势之外，中国还有党的领导和社会主义市场经济体制的独特制度优势。中国企业产业体系完备，经营主体类型多样，适应环境变化的能力强。中国居民储蓄率高、适应经济波动的能力也较强。这些都是中国经济具有强大韧性的关键因素。中国仍是发展中国家，发展不平衡、不充分，这是中国拥有更大发展空间的潜力和动力所在。

　　当前，世界经济形势面临诸多困难挑战，贸易保护主义、单边主义和地缘政治冲突交织，加大了世界经济运行的不确定性。中国具备加大逆周期调节力度的条件和空间，可以为实现目标任务提供强有力的政策支撑。从首次提出更加积极的财政政策，到14年来首次转向适度宽松的货币政策，从大力提振消费、提高投资效益，全方位扩大国内需求，到以科技创新引领新质生产力发展，建设现代化产业体系……此次中央经济工作会议释放了大量政策利好，有力稳定社会预期、提振市场信心。国际分析人士指出，中国拥有适应新地缘政治环境、加速国内转型、增强经济活力所需的一切工具。

中国扎实推动高质量发展，将继续引领世界经济提质增效。从传统产业高端化、智能化、绿色化趋势明显，到集成电路、人工智能、量子科技等科技创新取得重要进展，新质生产力为中国高质量发展提供了重要支撑。中国已建成近万家数字化车间和智能工厂，超400家已培育成国家级智能制造示范工厂。此次中央经济工作会议就如何加快培育新质生产力作出系统安排，强调加强基础研究和关键核心技术攻关，超前布局重大科技项目，开展新技术新产品新场景大规模应用示范行动，并开展"人工智能+"行动，培育未来产业，昭示中国经济高质量发展空间巨大。

中国持续扩大对外开放，推动建设开放型世界经济，将促进各国合作共赢。此次中央经济工作会议将"扩大高水平对外开放，稳外贸、稳外资"作为明年重点任务之一，再次彰显中国扩大开放的决心和促进合作共赢的担当。今年以来，中国全面取消制造业领域外资准入限制措施，主动对接国际高标准经贸规则；中国已与30个国家和地区签署23个自贸协定，与自贸伙伴的贸易额占对外贸易总额的1/3左右；中方已宣布给予所有同中国建交的最不发达国家100%税目产品零关税待遇，到2030年，中国自发展中国家累计进口额有望超过8万亿美元……中国有序扩大自主开放和单边开放，稳步扩大制度型开放，不断促进贸易投资自由化便利化，以中国式现代化新成就为世界提供新机遇。

中国将坚定不移办好自己的事，努力把各方面积极因素转化为发展实绩，推动经济持续回升向好，向着中国式现代化广阔前景奋力前行，并以"同球共济"的精神，与各国加强团结协作，为推动世界经济发展，实现和平发展、互利合作、共同繁荣的世界各国现代化作出贡献。

（2024年12月17日　第03版）

03/

推动世界走向和平、安全、繁荣、进步的光明前景

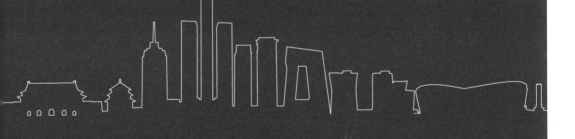

以人类前途为怀　以人民福祉为念

中国将始终携手各国秉持正确的世界观、历史观、大局观，致力于把构建人类命运共同体的理念转化为行动、愿景转化为现实

"中国人民深知和平的珍贵，我们愿同国际社会一道，以人类前途为怀、以人民福祉为念，推动构建人类命运共同体，建设更加美好的世界。"在二〇二四年新年贺词中，习近平主席回顾中国2024年取得的不平凡成就，道出中国人民朝着梦想接续奋斗、砥砺前行的坚定信心，表明中国同世界各国携手前行、共创未来的真诚愿望。

2024年是全面贯彻党的二十大精神的开局之年。以中国式现代化全面推进中华民族伟大复兴，中国这一年的步伐走得很坚实、很有力量、很见神采、很显底气。疫情防控平稳转段，中国经济持续回升向好，高质量发展扎实推进。经过久久为功的磨砺，中国的创新动力、发展活力勃发奔涌。成都大运会、杭州亚运会精彩纷呈，让世界看到一个敞开怀抱、自信自强的中国。温暖的生活气息、复苏的忙碌劲头，诠释了人们对美好幸福的追求，也展现了一个活力满满、热气腾腾的中国。悠久历史、博大文明在传承中发展，绽放出熠熠光辉，成为中国人民笃定前行的自信之基、力量之源。

放眼全球，世界进入新的动荡变革期。在历史发展的关键当口，中国坚定维护世界和平、促进共同发展，为变乱交织的世界带来可贵的确定性和稳定性。一年来，中国成功举办中国—中亚峰会、第三届"一带一路"国际合作高峰论坛，

一系列主场外交迎来五洲宾朋。习近平主席4次出访，出席一系列国际会议，会晤老朋友、新伙伴，分享中国主张，深化彼此共识，传递中国同各方共迎挑战、共克时艰的信心。各方更加清晰地看到，中国不仅发展自己，也积极拥抱世界，担当大国责任。各方更加深刻地认识到，世事变迁，和平发展始终是主旋律，合作共赢始终是硬道理。

一个国家、一个民族要振兴，就必须在历史前进的逻辑中前进、在时代发展的潮流中发展。各国人民企盼的，不是"新冷战"，不是"小圈子"，而是一个持久和平、普遍安全的世界，一个共同繁荣、开放包容、清洁美丽的世界。这是历史前进的逻辑、时代发展的潮流。展望未来，人类发展进步的大方向不会改变，世界历史曲折前进的大逻辑不会改变，国际社会命运与共的大趋势不会改变。推动构建人类命运共同体，才是人类社会共同发展、长治久安、文明互鉴的正确方向。面对层出不穷的风险挑战，中国将始终携手各国秉持正确的世界观、历史观、大局观，致力于把构建人类命运共同体的理念转化为行动、愿景转化为现实。

2024年是新中国成立75周年。坚定不移推进中国式现代化的中国，将保持乱云飞渡仍从容的定力，坚定站在历史正确的一边、站在人类文明进步的一边，高举和平、发展、合作、共赢旗帜，弘扬全人类共同价值，推动落实全球发展倡议、全球安全倡议、全球文明倡议，推动建设持久和平、普遍安全、共同繁荣、开放包容、清洁美丽的世界。

（2024年01月01日　第03版）

高举引领时代前进的光辉旗帜

——推动世界走向和平、安全、繁荣、进步的光明前景①

构建人类命运共同体体现了中国共产党人的世界观、秩序观、价值观，顺应了各国人民的普遍愿望，指明了世界文明进步的方向，是新时代中国特色大国外交追求的崇高目标

中国共产党不仅是为中国人民谋幸福、为中华民族谋复兴的党，也是为人类谋进步、为世界谋大同的党，党的宗旨历来具备国际情怀，党的事业历来具有全球视野。日前召开的中央外事工作会议指出，构建人类命运共同体是习近平外交思想的核心理念，是我们不断深化对人类社会发展规律认识，对建设一个什么样的世界、怎样建设这个世界给出的中国方案，体现了中国共产党人的世界观、秩序观、价值观，顺应了各国人民的普遍愿望，指明了世界文明进步的方向，是新时代中国特色大国外交追求的崇高目标。

自2013年提出构建人类命运共同体理念以来，习近平主席多次就这一重大理念进行系统阐述，逐步形成以建设持久和平、普遍安全、共同繁荣、开放包容、清洁美丽的世界为努力目标，以推动共商共建共享的全球治理为实现路径，以践行全人类共同价值为普遍遵循，以推动构建新型国际关系为基本支撑，以落实全球发展倡议、全球安全倡议、全球文明倡议为战略引领，以高质量共建"一带一路"为实践平台的科学理论体系。新时代以来，构建人类命运共同体从中国倡议扩大为国际共识，从美好愿景转化为丰富实践，从理念主张发展为科学体系，成为引领时代前进的光辉旗帜。

　　构建人类命运共同体理念传承弘扬中华优秀传统文化，准确把握时代大势和历史潮流，为建设一个更加美好的世界明确了努力方向。坚持对话协商，建设一个持久和平的世界，就是告别战争之剑，永铸和平之犁。维护和平是每个国家都应该肩负起来的责任，国家之间要构建对话不对抗、结伴不结盟的伙伴关系。坚持共建共享，建设一个普遍安全的世界，就是告别绝对安全，实现安危与共。各方应该树立共同、综合、合作、可持续的安全观，统筹应对传统和非传统安全威胁。坚持合作共赢，建设一个共同繁荣的世界，就是告别赢者通吃，共享发展成果。各国要共同推动经济全球化朝着更加开放、包容、普惠、均衡的方向发展，让发展成果更多更公平地惠及各国人民。坚持交流互鉴，建设一个开放包容的世界，就是告别文明优越，实现美美与共。不同文明要取长补短、共同进步，让文明交流互鉴成为推动人类社会进步的动力、维护世界和平的纽带。坚持绿色低碳，建设一个清洁美丽的世界，就是告别竭泽而渔，永享绿水青山。各方要像保护自己的眼睛一样保护生态环境，像对待生命一样对待生态环境，同筑生态文明之基，同走绿色发展之路。

　　构建人类命运共同体理念回应了各国人民求和平、谋发展、促合作的普遍诉求，找到了解决全球性问题的基本路径，得到国际社会热烈响应。连续七年写入联合国大会决议，多次写入上海合作组织、金砖国家等多边机制决议或宣言，构建人类卫生健康共同体、网络空间命运共同体、人与自然生命共同体等一系列重大倡议应运而生，人类命运共同体理念带动多个领域的全球治理取得重要进展。

　　当前，世界大变局加速演进，世界之变、时代之变、历史之变正以前所未有的方式展开，世界进入新的动荡变革期。面对充满不稳定不确定性的国际形势，越来越多的国家认识到，世界是一荣俱荣、一损俱损的命运共同体，世界命运应该由各国共同掌握，世界的未来需要由大家携手创造。各国人民企盼的，是一个持久和平、普遍安全的世界，一个共同繁荣、开放包容、清洁美丽的世界。这是历史前进的逻辑、时代发展的潮流。各国要秉持正确的世界观、历史观、大局观，以实际行动推动构建人类命运共同体。

构建人类命运共同体，中国是倡导者，更是行动派。中国始终致力于和平解决热点问题，推动加强全球安全治理，坚定不移推动构建开放型世界经济，推动不同文明交流互鉴，引领全球生态文明建设。从双边到多边，从区域到全球，中国已同数十个国家和地区构建了多种形式的命运共同体。展望未来，中国将一如既往为世界和平安宁作贡献，一如既往为世界共同发展作贡献，一如既往为世界文明交流互鉴作贡献，同国际社会一道，推动世界走向和平、安全、繁荣、进步的光明前景。

（2024年01月08日　第03版）

坚持共商共建共享的全球治理观
——推动世界走向和平、安全、繁荣、进步的光明前景②

　　坚持共商共建共享的全球治理观，就是全球事务要由大家一起商量，治理体系要由大家一起建设，治理成果要由大家一起分享，让各国成为世界和平与发展的参与者、贡献者、受益者

　　"世界各国乘坐在一条命运与共的大船上，要穿越惊涛骇浪、驶向光明未来，必须同舟共济，企图把谁扔下大海都是不可接受的。"习近平主席如是形容人类命运休戚与共的现实，强调要共同应对全球治理挑战。中方提出共商共建共享的全球治理观，深刻回答了"以什么样的理念加强全球治理"的时代命题，为构建人类命运共同体指明了实现路径。

　　当前，全球治理体制变革正处在历史转折点上。一方面，全球治理赤字更加严峻。能源危机、粮食危机、债务危机等不断加剧，全球气候治理紧迫性凸显，数字鸿沟日益扩大，人工智能治理缺位。另一方面，发达国家没有足够的能力和意愿提供全球公共产品，又不愿意向发展中国家让渡更多权力，造成了全球治理的供需失衡。面对不断加剧的全球治理赤字，越来越多国家认识到，世界上的事情需要各国共同商量着办，建立国际机制、遵守国际规则、追求国际正义成为多数国家的共识。

　　坚持共商共建共享的全球治理观，就是全球事务要由大家一起商量，治理体系要由大家一起建设，治理成果要由大家一起分享，让各国成为世界和平与发展的参与者、贡献者、受益者。各方要积极推进全球治理规则民主化，推动各国权

利平等、机会平等、规则平等；要坚持对话而不对抗、拆墙而不筑墙、融合而不脱钩、包容而不排他，以公平正义为理念引领全球治理体系变革，使全球治理体系符合变化了的世界政治经济格局，顺应和平发展合作共赢的历史趋势，满足应对全球性挑战的现实需要。

坚持共商共建共享的全球治理观，顺应世界多极化、经济全球化、国际关系民主化大势。进入新世纪以来，新兴市场国家和发展中国家群体性崛起，国际影响力不断增强，这是近代以来国际力量对比中最具革命性的变化。特别是近年来，面对保护主义、单边主义、霸权主义带来的破坏性影响，新兴市场国家和发展中国家团结自强的意愿日益强烈，越来越成为国际格局中一支不可忽视的力量。上海合作组织发展壮大、金砖合作机制扩员、非盟加入二十国集团，全球南方国家追求独立自主、发展振兴、公道正义的呼声高涨，都表明坚持共商共建共享的全球治理观是大势所趋。

坚持共商共建共享的全球治理观，必须维护并践行真正的多边主义。多边主义的要义是国际上的事由大家共同商量着办，世界前途命运由各国共同掌握，这与共商共建共享的全球治理观高度契合。当前，单边主义和强权政治冲击国际秩序和全球治理体系，世界比以往更加需要多边主义。践行真正的多边主义，就要坚定维护以联合国为核心的国际体系、以国际法为基础的国际秩序、以联合国宪章宗旨和原则为基础的国际关系基本准则，反对一切形式的单边主义，反对搞针对特定国家的阵营化和排他性小圈子。任何国家都没有包揽国际事务、主宰他国命运、垄断发展优势的权力，更不能在世界上我行我素，搞霸权、霸凌、霸道。

中国坚定践行共商共建共享的全球治理理念，推动全球治理朝着更加公正合理的方向发展。忠实履行联合国安理会常任理事国职责与使命，坚定维护联合国宪章宗旨和原则；坚持共商共建共享，携手各方共建"一带一路"；发起成立亚投行等新型多边金融机构，创造性提出一系列建议促成国际货币基金组织完成份额和治理机制改革，增加发展中国家的话语权；积极参与气候变化谈判，推动达成和加快落实《巴黎协定》……中国行动充分展现践行共商共建共享的全球治理观的大国担当。

人类的前途是光明的，但光明的前途不会自动到来。构建人类命运共同体，必须以推动共商共建共享的全球治理为实现路径。中国将同国际社会携手努力，推动构建共商共建共享的全球治理格局，朝着构建人类命运共同体的方向不断迈进。

（2024年01月09日　第03版）

坚定弘扬全人类共同价值

——推动世界走向和平、安全、繁荣、进步的光明前景③

和平、发展、公平、正义、民主、自由的全人类共同价值，为推动构建人类命运共同体提供了价值支撑，为人类文明朝着正确方向发展注入了强大精神动力，为共同建设美好世界提供了正确理念指引

当今世界正面临百年未有之大变局，化解人类面临的突出矛盾和问题，需要依靠物质的手段攻坚克难，也需要依靠精神的力量诚意正心。习近平主席站在全人类共同利益高度，提出坚守和弘扬和平、发展、公平、正义、民主、自由的全人类共同价值，为推动构建人类命运共同体提供了价值支撑，为人类文明朝着正确方向发展注入了强大精神动力，为共同建设美好世界提供了正确理念指引。

人类生活在同一个地球村里，越来越成为你中有我、我中有你的命运共同体，客观存在共同利益，必然要求共同价值。2015 年 9 月，习近平主席出席第七十届联合国大会一般性辩论并发表重要讲话，首次提出全人类共同价值并阐释其基本内涵。此后在许多重要双多边场合，习近平主席围绕全人类共同价值提出一系列新理念、新主张。倡导弘扬全人类共同价值，彰显了大党大国领袖的天下情怀和责任担当。

推动构建人类命运共同体，尤其需要凝聚各国人民的价值共识、汇聚各国人民的精神力量。和平与发展是各国的共同事业，公平正义是各国的共同理想，民主自由是各国的共同追求。全人类共同价值画出了世界各国人民普遍认同的价值理念的最大同心圆,超越了意识形态、社会制度和发展水平差异,揭示了构建人类命运共同体理念深邃的价值内涵,为建设持久和平、普遍安全、共同繁荣、开放包容、清洁美丽的世界提供了价值基石。全人类共同价值的六大要素贯通了个人、社会、国家、世界多个层面,蕴含着不同文明对价值内涵和价值实现的共通点,有利于把全人类意志和力量凝聚起来,共同应对各种全球性挑战,让人类命运共同体建设的阳光普照世界。

全人类共同价值倡导求同存异、和而不同,充分尊重文明的多样性,尊重各国自主选择社会制度和发展道路的权利。针对人类文明多元多样的客观现实,全人类共同价值坚持普遍性与特殊性相统一,既弘扬促进人类发展进步的共同价值,也尊重不同国家、不同文明在价值实现路径上的特殊性差异性,超越了所谓"普世价值"的狭隘历史局限。日本前首相鸠山由纪夫表示,各国虽然社会制度不同,但都应着眼于弘扬和平、发展、公平、正义、民主、自由等共同价值,如果过分关注价值观和政策上的差异,就很容易掉入零和博弈的陷阱。

全人类共同价值将中华民族鲜明的价值追求延展至世界维度,为世界文明朝着平衡、积极、向善的方向发展提供助力。中国坚定倡导和积极践行全人类共同价值,矢志不渝促进人类和平与发展事业,在动荡变革的世界为人类文明发展进步作出贡献。英国知名学者马丁·雅克表示,中华文明具有巨大的包容性,深刻影响着中国的政策主张,从构建人类命运共同体理念,到共建"一带一路"倡议,再到全球发展倡议、全球安全倡议、全球文明倡议,中国方案着眼于维护全球共同利益,尤其惠及广大发展中国家。"全人类共同价值超越对抗思维的局限性,展现出具有突破性的吸引力""弘扬全人类共同价值,就是各国在实现自身发展的基础上,以自身文明发展成果不断丰富全人类共同价值的内涵"……国际人士的积极评价,彰显出全人类共同价值的感召力和影响力。

全人类共同价值是人类文明的共同财富,也是破解当今时代难题的钥匙。构建人类命运共同体,必须以践行全人类共同价值为普遍遵循。中国愿同各国交流互鉴、携手合作，共同弘扬全人类共同价值，携手应对全球共同挑战，推动构建人类命运共同体，为人类文明发展进步作出更大贡献。

（2024年01月11日　第04版）

走出一条国与国交往的新路

——推动世界走向和平、安全、繁荣、进步的光明前景④

　　近年来，单边主义、保护主义抬头，霸权主义和强权政治威胁世界和平稳定，构建新型国际关系的紧迫性日益凸显。面对国际形势的深刻变化和世界各国同舟共济的客观要求，中国开创性地提出并推动构建相互尊重、公平正义、合作共赢的新型国际关系，走出了一条对话而不对抗、结伴而不结盟的国与国交往新路，为构建人类命运共同体开辟了道路、积累了条件。过去一年，"构建新型国际关系"多次写入双多边合作文件，充分表明其符合各方维护世界和平、促进共同发展的愿望。

　　构建新型国际关系，相互尊重是前提。国家间相互尊重，核心要义在于国家不分大小、强弱、贫富一律平等。联合国宪章贯穿主权平等原则。任何国家都不能以大压小、以强凌弱、以富欺贫。要尊重各国不同历史文化传统和发展阶段性特点，尊重彼此的核心利益和重大关切，尊重各国人民的自主选择。各国政治制度和发展道路各不相同，既不能定于一尊，也不能生搬硬套。大国是构建新型国际关系的关键因素。大国之间相处，要不冲突、不对抗、相互尊重、合作共赢。大国与小国相处，要平等相待，践行正确义利观，义利相兼，义重于利。

　　构建新型国际关系，公平正义是准则。要顺应世界多极化和国际关系民主化历史大势，摒弃丛林法则，反对干涉别国内政，反对把自己的意志强加于人。联合国是最具普遍性、代表性、权威性的国际组织，各国应支持联合国在国际事务中发挥核心作用，遵循联合国宪章宗旨和原则，恪守国际法和公认的国际关系准则。全球治理应该秉持共商共建共享原则，推动各国权利平等、机会平等、规则平等，使全球治理体系符合变化了的世界政治经济格局。要支持扩大发展中国家在国际事务中的代表性和发言权，积极为发展中国家仗义执言，推动国际秩序朝着更加公正合理的方向发展。

构建新型国际关系，合作共赢是目标。面对全球性挑战持续蔓延，任何国家都无法独善其身。各国命运紧密相连，利益休戚与共，唯有共担风险、共迎挑战，才能互利互惠、共赢发展。应摒弃一味谋求自身更大利益的做法，在追求本国利益时兼顾各国合理关切，在谋求本国发展时促进各国共同发展。要冲破主从之分、阵营之别的思想藩篱，超越零和博弈、赢者通吃的理论窠臼，摒弃强推"脱钩断链"、构筑"小院高墙"的错误行径。只有秉持合作共赢理念，不断扩大各国利益交集，才能凝聚起共护和平、共促发展的广泛共识和强大力量。

构建新型国际关系的基础在于深化拓展平等、开放、合作的全球伙伴关系。中国坚持在和平共处五项原则基础上同各国发展友好合作，推动构建新型国际关系，不断推进同各国的合作共赢，为国际体系带来了新气象。促进大国协调和良性互动，推动构建和平共处、总体稳定、均衡发展的大国关系格局；坚持亲诚惠容和与邻为善、以邻为伴周边外交方针，深化同周边国家友好互信和利益融合；秉持真实亲诚理念和正确义利观加强同发展中国家团结合作，维护发展中国家共同利益。中国已经同182个国家建立外交关系，同110多个国家和地区组织建立不同形式的伙伴关系，形成了范围广、质量高的全球伙伴关系网络。在此基础上，中国已同数十个国家和地区构建了多种形式的命运共同体。

无论国际风云如何变幻，中国将坚持同各国一道，以相互尊重超越恃强凌弱，以公平正义超越霸凌霸道，以合作共赢超越以邻为壑，在构建新型国际关系这条国与国交往新路上阔步前行。我们相信，各国坚持相互尊重、公平正义、合作共赢，共同推动构建新型国际关系，必将为构建人类命运共同体提供基本支撑。

（2024年01月16日　第03版）

以落实三大全球倡议为战略引领

——推动世界走向和平、安全、繁荣、进步的光明前景⑤

习近平主席提出全球发展倡议、全球安全倡议、全球文明倡议，从发展、安全、文明三个维度指明人类社会前进方向，为构建人类命运共同体提供了战略引领

世界经济复苏脆弱乏力，各种安全挑战层出不穷，不同文明间的误解、隔阂乃至冲突依然存在，和平赤字、发展赤字、安全赤字、治理赤字不断加重。着眼于推动人类社会发展进步，习近平主席近年来先后提出全球发展倡议、全球安全倡议、全球文明倡议，为完善全球治理、应对世界变局、破解人类难题贡献中国智慧和中国方案，为构建人类命运共同体提供了战略引领。

和平稳定、物质丰富、精神富有是人类社会发展的基本追求。发展是安全和文明的物质基础，安全是发展和文明的根本前提，文明是发展和安全的精神支撑。习近平主席提出全球发展倡议、全球安全倡议、全球文明倡议，从发展、安全、文明三个维度指明人类社会前进方向，彼此呼应、相得益彰，在国际社会凝聚起加强合作、共迎挑战、共创未来的广泛共识和强大力量。

全球发展倡议致力于推动国际社会共创普惠平衡、协调包容、合作共赢、共同繁荣的发展格局，共同构建全球发展共同体。已有100多个国家和国际组织支持全球发展倡议，70多个国家加入"全球发展倡议之友小组"，近30个国家和国际机构同中方签署合作谅解备忘录，推动全球发展倡议与相关国家和地区重大发展战略深度对接。坚持发展优先，坚持以人民为中心，坚持普惠包容，坚持创新驱动，坚持人与自然和谐共生，坚持行动导向，全球发展倡议全面对接联合国2030

年可持续发展议程，紧扣发展中国家最迫切的民生需要，在减贫、粮食安全、工业化、数字时代互联互通等重点领域推进合作平台和伙伴关系建设，深化务实合作，加强发展知识分享，惠及广大发展中国家。联合国常务副秘书长阿明娜·穆罕默德认为，在全球发展倡议框架下加强合作"是实现我们为人民和地球设定的共同目标的关键"。

全球安全倡议倡导以团结精神适应深刻调整的国际格局，以共赢思维应对各种传统安全和非传统安全风险挑战，坚持对话而不对抗、结伴而不结盟、共赢而非零和，携手打造安全共同体。发布《全球安全倡议概念文件》，系统阐释全球安全倡议的核心理念与原则，明确重点合作方向和平台机制；积极斡旋推动沙特和伊朗历史性和解，为地区国家通过对话协商化解矛盾分歧、实现睦邻友好树立典范；在乌克兰危机、巴以冲突等热点问题上坚持劝和促谈，推动政治解决危机；推动加强全球气候治理，提出《全球人工智能治理倡议》，为应对各类非传统安全威胁贡献力量……中国落实全球安全倡议的行动坚定有力，不断提升全球安全倡议的感召力和影响力。目前，全球安全倡议已经获得100多个国家和国际组织支持。

全球文明倡议倡导尊重世界文明多样性、弘扬全人类共同价值、重视文明传承和创新、加强国际人文交流合作，推动不同文明包容共存、交流互鉴。中国不仅是全球文明倡议的提出者，更是积极践行者。中国共产党与世界政党高层对话会汇聚全球150多个国家500多个政党和政治组织的领导人，各方积极交流现代化建设经验，凝聚加强合作、共创未来的信心与共识；形式多样的民间外交、城市外交、公共外交活动精彩纷呈，促进各国人民相知相亲；"一带一路"文化和旅游交流充满活力，丝绸之路国际剧院、博物馆、艺术节、图书馆、美术馆联盟等纷纷建立……中国携手各方落实全球文明倡议，以文明交流超越文明隔阂、文明互鉴超越文明冲突、文明包容超越文明优越，为推动构建人类命运共同体注入了强大正能量。

全球发展倡议、全球安全倡议、全球文明倡议落地生根，推动人类社会朝着共同发展、长治久安、文明互鉴的正确方向不断迈进。展望未来，中国将继续携手各方积极落实三大全球倡议，让构建人类命运共同体这面引领时代前进的光辉旗帜高高飘扬。

（2024年01月17日　第15版）

以高质量共建"一带一路"为实践平台

——推动世界走向和平、安全、繁荣、进步的光明前景⑥

习近平主席提出共建"一带一路"倡议,就是要实践人类命运共同体理念,为建设一个持久和平、普遍安全、共同繁荣、开放包容、清洁美丽的世界搭建实践平台、开辟实现路径

随着一声声汽笛长鸣,西安、合肥、连云港、赤峰等多地陆续发出新年首列中欧班列;中老铁路"澜湄快线"国际货物列车从云南磨憨铁路口岸入境,将新一批泰国榴莲运到中国市场;中国和马尔代夫签署关于共建"一带一路"的合作文件,同意以高质量共建"一带一路"为引领加强战略对接;中国与特立尼达和多巴哥共建"一带一路"合作旗舰项目凤凰工业园正式开园,标志着两国合作实现了从贸易和基础设施建设向产业对接升级的跨越……新年以来,中国和各方高质量共建"一带一路"的步伐坚定。

2013年金秋,习近平主席洞察历史发展大势,顺应时代潮流,创造性地传承弘扬古丝绸之路这一人类历史文明发展成果,并赋予其新的时代精神和人文内涵,提出共建"一带一路"重大倡议。习近平主席提出共建"一带一路"倡议,就是要实践人类命运共同体理念,为建设一个持久和平、普遍安全、共同繁荣、开放包容、清洁美丽的世界搭建实践平台、开辟实现路径。把"一带一路"建设成为和平之路、繁荣之路、开放之路、绿色之路、创新之路、文明之路,与构建人类命运共同体理念高度契合。

10年多来,中国携手各方高质量共建"一带一路",搭建了世界上范围最广、规模最大的国际合作平台。共建"一带一路"坚持共商共建共享原则，秉持开放、绿色、廉洁理念，以高标准、可持续、惠民生为目标，奏响"硬联通""软联通""心联通"的交响乐。共建"一带一路"跨越不同文明、文化、社会制度、发展阶段差异，开辟了各国交往的新路径，搭建起国际合作的新框架，汇集着人类共同发展的最大公约数。实践充分证明，共建"一带一路"始终坚持以构建人类命运共同体为最高目标，积极推动构建双边、区域和相关领域命运共同体，有力促进世界和平安宁和共同发展。

共建"一带一路"注重的是众人拾柴火焰高、互帮互助走得远，崇尚的是自己过得好、也让别人过得好，践行的是互联互通、互利互惠，谋求的是共同发展、合作共赢。形成3000多个合作项目，拉动近万亿美元投资规模，让近4000万人摆脱贫困，打造一个个"国家地标""民生工程""合作丰碑"……共建"一带一路"让各方深刻认识到，人类是相互依存的命运共同体。中老铁路、雅万高铁、蒙内铁路、亚吉铁路等一大批标志性工程有力促进共建国家和区域互联互通，鲁班工坊、菌草技术、杂交水稻等"小而美"民生项目持续惠及共建国家民众……共建"一带一路"让天堑变通途、"陆锁国"变成"陆联国"、发展的洼地变成繁荣的高地的生动故事，印证了只有合作共赢才能办成事、办好事、办大事。实践充分证明，共建"一带一路"扩大了构建人类命运共同体的共识，并为构建人类命运共同体积累了宝贵经验。

当前，全球发展面临动能不足、鸿沟扩大等严峻挑战，国际社会更加需要汇聚开放合作的共识与力量，合力推动普惠包容发展。习近平主席去年10月在第三届"一带一路"国际合作高峰论坛开幕式上发表主旨演讲，宣布中国支持高质量共建"一带一路"的八项行动，为深化"一带一路"国际合作明确了新方向、开辟了新愿景、注入了新动力。中国携手各方全面落实第三届"一带一路"国际合作高峰论坛成果，提升合作质量，拓展合作领域，推动共建"一带一路"高质量发展，将不断为构建人类命运共同体注入新动力。

　　构建人类命运共同体是一个美好的目标，也是一个需要一代又一代人接力跑才能实现的目标。携手构建人类命运共同体，需要树立信心和决心、展示格局与胸怀，更需要拿出行动与担当。以中国式现代化全面推进中华民族伟大复兴的中国，将始终把中国的发展和世界的发展结合起来，把中国人民的利益和世界人民的利益结合起来，携手各方高质量共建"一带一路"，共同推进构建人类命运共同体的伟大进程。

（2024年01月18日　第02版）

坚定做和平力量、稳定力量、进步力量

面对关乎人类前途命运和世界发展方向的重大问题，中国外交始终站在历史正确的一边、时代进步的一边，作出了经得起实践和时间检验的决断

"中国的外交政策致力于维护国际公平正义，为促进世界和平与发展发挥重要作用""中国始终相信人类发展进步的大方向不会改变，坚持践行真正的多边主义""中国从不干涉他国内政，而是在尊重别国主权的前提下，利用自己的优势助力其他国家发展"……中国全国两会期间，国际社会高度关注并积极评价中国外交政策和对外关系走向。

当前，世界格局正在深刻变革，人类社会遭遇多重挑战。面对变乱交织的国际环境，中国坚定做世界的和平力量、稳定力量、进步力量。面对关乎人类前途命运和世界发展方向的重大问题，中国外交始终站在历史正确的一边、时代进步的一边，作出了经得起实践和时间检验的决断。中国外交为促进国际团结合作采取行动，为化解各种危机挑战提供方案，彰显新时代中国日益提升的国际影响力、创新引领力、道义感召力。

中国始终是维护和平发展的重要力量。中国携手各方推进人类命运共同体建设，构建人类命运共同体在中亚地区和中南半岛实现全覆盖，中国—非洲、中国—东盟、中国—阿拉伯、中国—拉美的命运共同体建设不断取得新成果。全球发展倡议、全球安全倡议、全球文明倡议落地生根，为构建人类命运共同体注入重要动力。中国促成沙特和伊朗历史性和解，树立了政治解决热点问题的新典范；

发布《关于政治解决乌克兰危机的中国立场》文件，派出政府特使同相关各方广泛接触，为推动重启和谈、恢复和平积极作为；在巴以问题上积极劝和促谈，加大人道主义援助，推动联合国安理会通过新一轮巴以冲突爆发以来首份决议，发布《中国关于解决巴以冲突的立场文件》。中国以维护和平发展的大国担当，为变乱交织的世界增添了稳定性、确定性和正能量。

中国始终是坚持团结合作的重要力量。中国始终致力于构建新型国际关系，巩固扩大全球伙伴关系网络。中国积极推进大国协调和合作，中俄新时代全面战略协作伙伴关系高水平运行，中美元首旧金山会晤就推动中美关系止跌企稳、重回健康发展轨道达成共识、明确方向，中欧各层级交流对话全面重启。中国按照亲诚惠容理念和与邻为善、以邻为伴的周边外交方针深化同周边国家关系，去年成功举办首届中国—中亚峰会。中国秉持正确义利观和真实亲诚理念加强同广大发展中国家团结合作，去年推动金砖合作机制实现历史性扩员。今年是中国—阿拉伯国家合作论坛成立20周年、中国—拉共体论坛成立10周年，新一届中非合作论坛峰会将于秋天在中国召开。中方将同各方一道，不断汇聚发展中国家团结合作的"南方力量"，共同点亮全球治理的"南方时刻"。

中国始终是促进开放包容的重要力量。中国倡导普惠包容的经济全球化，顺应各国尤其是发展中国家的普遍要求，解决好资源全球配置造成的国家间和各国内部发展失衡问题。中国强调要坚决反对逆全球化、泛安全化，反对各种形式的单边主义、保护主义，坚定促进贸易和投资自由化便利化，破解阻碍世界经济健康发展的结构性难题，推动经济全球化朝着更加开放、包容、普惠、均衡的方向发展。中国加大对全球发展合作的投入，帮助其他发展中国家提高自主发展能力。中方正同各方一道开启共建"一带一路"的第二个金色十年，让高质量共建"一带一路"成为推动各国共同发展的发动机、实现世界现代化的加速器。

中国始终是主持公道正义的重要力量。作为负责任大国，中国始终坚守正义、主持公道。中国践行真正的多边主义，坚定不移推进国际关系民主化。中国强调大小国家一律平等，每个国家都在全球多极体系中有自己的位置，都能发挥应有的作用。中国倡导平等有序的世界多极化，就是要体现各国权利平等、机会平等、规则平等，就是要共同恪守联合国宪章宗旨和原则，共同坚持普遍认同的国际关系基本准则。中国坚决反对霸权主义和强权政治，坚决抵制少数国家垄断国际事务，要求增加发展中国家在全球治理体系中的代表性和发言权，坚定维护发展中国家共同和正当权益，推动国际秩序朝着更加公正合理的方向发展。

今年是中华人民共和国成立75周年，也是和平共处五项原则发表70周年。中国将同各方一道，以更宽阔的视野、更积极的作为，担起时代责任，携手应对挑战，推动世界走向更加美好、光明的未来。

（2024年03月11日　第18版）

超越社会制度和意识形态差异的东方智慧

中国坚定不移在和平共处五项原则基础上发展同世界各国的友好合作，推动构建新型国际关系，为维护世界和平、促进共同发展贡献力量

今年是和平共处五项原则发表70周年。中方将于6月28日在北京举行和平共处五项原则发表70周年纪念大会等系列活动。习近平主席将出席纪念大会并发表重要讲话。和平共处五项原则诞生于亚洲，超越社会制度和意识形态差异，成为国际关系基本准则和国际法基本原则，为正确处理国与国关系贡献了东方智慧。在当前国际形势下，继承和弘扬和平共处五项原则，有利于凝聚国际共识，共同应对全球性挑战、促进世界和平发展。

和平共处五项原则的精神历久弥新。70年前，周恩来总理首次完整提出"互相尊重主权和领土完整、互不侵犯、互不干涉内政、平等互利、和平共处"五项原则。此后，和平共处五项原则相继载入一系列重要国际文件，被世界各国普遍接受和认可。这是国际关系史上的重大创举，为推动建立公正合理的新型国际关系作出了历史性贡献。和平共处五项原则精辟体现了新型国际关系的本质特征，集中体现了和平、发展、公平、正义、民主、自由的全人类共同价值，适用于各种社会制度、发展水平、体量规模国家之间的关系。历经70年国际风云变幻的考验，和平共处五项原则展现出强大生命力。

和平共处五项原则的意义历久弥深。和平共处五项原则之所以具有强大的生命力，在于其生动反映了联合国宪章宗旨和原则，符合世界各国人民的根本利益。和平

共处五项原则的精髓，就是所有国家主权一律平等，反对任何国家垄断国际事务。这为广大发展中国家捍卫国家主权和独立提供了强大思想武器，成为发展中国家团结合作、联合自强的旗帜。当今世界变乱交织，百年变局加速演进，人类社会面临前所未有的挑战，在此背景下继承和弘扬和平共处五项原则尤为重要。只有真正遵循国家主权平等的原则，国家间开展互利合作才有基础，世界的和平与发展才有保障。

和平共处五项原则的作用历久弥坚。和平共处五项原则既是和平的原则，也是发展的原则。它摒弃了弱肉强食的丛林法则，为和平解决国家间历史遗留问题及国际争端开辟了崭新道路，为国与国之间互利合作、共同发展创造了良好环境，有助于推动建立更加公正合理的国际秩序。环顾当今世界，国际关系中不公正不平等现象依然突出，保护主义、单边主义、霸凌行径逆流而动，地区冲突和局部战争此起彼伏。国际社会更应继承和弘扬和平共处五项原则，坚持主权平等，尊重彼此核心利益和重大关切，通过对话提升互信，通过合作共建和平，推动国际社会朝着携手共进、合作共赢的方向不断迈进。

中国是和平共处五项原则的积极倡导者和坚定实践者。新中国成立70多年来，中国始终坚持走和平发展道路，从未主动挑起过一场战争，从未侵占别国一寸土地。中国是世界上唯一将坚持走和平发展道路写进宪法的国家，是核大国中唯一承诺不首先使用核武器的国家。中国倡导建设持久和平、普遍安全、共同繁荣、开放包容、清洁美丽的世界，推动构建人类命运共同体。习近平主席先后提出共建"一带一路"倡议、全球发展倡议、全球安全倡议、全球文明倡议等，为完善全球治理、破解人类发展难题提供了中国方案。中国坚定不移在和平共处五项原则基础上发展同世界各国的友好合作，推动构建新型国际关系，为维护世界和平、促进共同发展贡献力量。

回望征途千山远，翘首前路万木春。新形势下，中国将继续与各方一道，继承和弘扬和平共处五项原则，积极倡导平等有序的世界多极化和普惠包容的经济全球化，推动构建人类命运共同体，共同谱写和平共处、合作共赢的新篇章。

（2024年06月26日　第13版）

汲取历史智慧　回答时代课题

构建人类命运共同体理念与和平共处五项原则一脉相承，是新形势下对和平共处五项原则最好的传承、弘扬和升华

6月28日，和平共处五项原则发表70周年纪念大会在北京隆重举行。习近平主席出席大会并发表重要讲话，全面阐释了和平共处五项原则的精神内涵和时代价值，在世界百年变局中指明了构建人类命运共同体的前进方向，发出了"全球南方"同世界各国人民共创美好未来的时代强音。习近平主席深刻指出构建人类命运共同体理念是新形势下对和平共处五项原则最好的传承、弘扬、升华，对汲取和平共处五项原则的历史智慧、汇聚解决当今世界难题挑战的共识合力具有十分重要且深远的意义。

70年前，互相尊重主权和领土完整、互不侵犯、互不干涉内政、平等互利、和平共处五项原则在亚洲诞生。70年来，和平共处五项原则跨越时空、超越隔阂，经久愈韧、历久弥新，成为开放包容、普遍适用的国际关系基本准则和国际法基本原则，为国际关系和国际法治树立了历史标杆，为不同社会制度国家建立和发展关系提供了正确指导，为发展中国家团结合作、联合自强汇聚了强大合力，为国际秩序改革和完善贡献了历史智慧。历经70年岁月洗礼，和平共处五项原则已经成为国际社会的共同财富，值得悉心珍视、继承、弘扬。缅甸前总统登盛指出，和平共处五项原则从亚洲智慧上升为国际关系基本准则，得到国际社会广泛遵循。印度尼西亚前外长马蒂·纳塔莱加瓦表示，当前，和平共处五项原则展现出前所未有的时代价值，应更好弘扬、传承其精神内涵。

70年后的今天，面对"建设一个什么样的世界、如何建设这个世界"的重大课题，中国又给出了构建人类命运共同体这个时代答案。构建人类命运共同体理念与和平共处五项原则一脉相承，都根植于亲仁善邻、讲信修睦、协和万邦的中华优秀传统文化，都彰显了中国外交自信自立、坚持正义、扶弱扬善的精神风骨，都体现了中国共产党人为人类作出新的更大贡献的世界情怀，都展现了中国坚持走和平发展道路的坚定决心，是新形势下对和平共处五项原则最好的传承、弘扬、升华。

构建人类命运共同体理念树立了平等和共生的新典范。从和平共处五项原则到构建人类命运共同体，中国对国与国关系的创新探索一以贯之，并立足于当前国与国命运交织、休戚与共的客观现实，倡导在和平共处基础上和合共生，构建以合作共赢为核心的新型国际关系，实现向彼此成就、同球共济的历史跨越。面对共同挑战、共同利益、共同责任，中国主张各国不分大小、强弱、贫富都是国际社会平等一员，在国际事务中利益共生、权利共享、责任共担，各国携手应对挑战、实现共同繁荣，建设持久和平、普遍安全、共同繁荣、开放包容、清洁美丽的世界，推动人类社会实现更加安全、更加繁荣的和平共处，为国际关系确立了新思路，为国际交往开创了新格局。

构建人类命运共同体理念开辟了和平和进步的新境界。从和平共处五项原则到构建人类命运共同体，中国对世界和平与发展的担当尽责矢志不渝，并顺应和平、发展、合作、共赢的时代潮流，以实际行动增进各国人民共同利益、促进世界和平与发展。当前，面对团结合作还是分裂对抗、互利共赢还是零和博弈、共同安全还是动荡战乱的重要抉择，中国呼吁各方以人类前途为怀、以人民福祉为念，坚守平等互利、和平共处初心，弘扬全人类共同价值，推动共商共建共享的全球治理，构建新型国际关系，落实全球发展倡议、全球安全倡议、全球文明倡议，高质量共建"一带一路"，增进各国人民共同利益。

构建人类命运共同体理念丰富了发展和安全的新实践。从和平共处五项原则到构建人类命运共同体，中国对公正合理国际秩序的不懈追求历久弥坚，并着眼世界多极化和经济全球化的历史大势，倡导平等有序的世界多极化和普惠包容的经济全球化，为全球治理提供新智慧。现在，构建人类命运共同体已经从中国倡议扩大为国际共识，从美好愿景转化为丰富实践。中国已同数十个国家和地区构建不同形式的命运共同体，实现从双边到多边、从区域到全球、从发展到安全、从合作到治理的历史跨越，有力引领和推动了平等有序的世界多极化、普惠包容的经济全球化，为国际社会带来和平稳定的前景，为各国人民增添繁荣发展的福祉。埃塞俄比亚前总统穆拉图表示，构建人类命运共同体理念有助于推动全球治理朝着更加公正合理的方向发展。

鉴往以知来，循道而致远。在新的历史起点上，中方愿继续同各方一道，弘扬和平共处五项原则的精神内涵，担当构建人类命运共同体的时代使命，为开创人类更加美好的未来不懈努力。

（2024年06月30日　第03版）

朝着构建人类命运共同体的崇高目标不懈努力

　　世界各国要坚持主权平等的原则、夯实相互尊重的基础、实现和平安全的愿景、汇聚共筑繁荣的动力、秉持公道正义的理念、展现开放包容的胸襟

　　"面对和平还是战争、繁荣还是衰退、团结还是对抗的历史抉择，我们比以往任何时候都更加需要弘扬和平共处五项原则的精神内涵，朝着构建人类命运共同体的崇高目标不懈努力。"习近平主席近日在和平共处五项原则发表70周年纪念大会上发表重要讲话，郑重提出共创人类社会美好未来的"六大主张"，强调世界各国要坚持主权平等的原则、夯实相互尊重的基础、实现和平安全的愿景、汇聚共筑繁荣的动力、秉持公道正义的理念、展现开放包容的胸襟，为携手构建人类命运共同体指明了方向。

　　主权平等、相互尊重是发展国与国关系的重要基础。和平共处五项原则的精髓，就是所有国家一律主权平等，在此基础上推动各国权利平等、机会平等、规则平等，不能以大压小、以强凌弱、以富欺贫。国家之间打交道，首先要把平等相待、互尊互信摆在前面。要尊重各国不同的历史文化传统和发展阶段，尊重彼此的核心利益和重大关切，尊重各国人民自主选择的发展道路和制度模式。中方倡导平等有序的世界多极化，就是主张要确保各国都能在多极体系中找到自己的位置，都能在遵守国际法前提下发挥应有的作用，确保世界多极化进程总体稳定和具有建设性。法国前总理德维尔潘表示，各国社会制度、历史文化、发展水平不尽相同，应在相互尊重基础上加强对话与合作，让和平共处

五项原则焕发新生机。

和平安全、共筑繁荣是建设人类美好家园的重要途径。历史和现实告诉我们，各国必须共担维护和平责任，同走和平发展道路，共谋和平、共护和平、共享和平。在经济全球化时代，需要的不是制造分裂的鸿沟，而是架起沟通的桥梁；不是升起对抗的铁幕，而是铺就合作的坦途。中方提出的全球安全倡议，就是倡导践行共同、综合、合作、可持续的安全观，以合作促发展、以合作促安全，构建起更为均衡、有效、可持续的安全架构。中方倡导普惠包容的经济全球化，推进高质量共建"一带一路"，践行全球发展倡议，目的就是要实现增长机遇的普惠，推动发展道路的包容，让各国人民共享发展成果，让"地球村"里的国家共谋发展繁荣，让共赢的理念成为共识。埃塞俄比亚前总统穆拉图表示，构建人类命运共同体理念体现了世界各国人民追求和平、稳定、发展的共同愿望，彰显了中国为维护世界和平发展所作的贡献。

公道正义、开放包容是构建公正合理国际秩序的重要原则。没有公道正义，强权政治就会横行无忌，弱肉强食就会大行其道。面对新形势新挑战，联合国权威和核心地位只能加强、不能削弱。联合国宪章宗旨和原则从未过时，反而更加重要。中国倡导共商共建共享的全球治理观，践行真正的多边主义，就是要坚持国际规则由各国共同书写、共同维护。人类文明多样性是世界的基本特征，也是人类进步的源泉。文明没有高下、优劣之分，只有特色、地域之别。中方提出全球文明倡议，就是旨在促进各国人民相知相亲，促进各种文明包容互鉴。与会各方赞同共同维护以联合国为核心的国际体系，推动共商共建共享的全球治理；以开放包容的态度尊重文明多样性，不应奉行歧视性、排他性"文明优越论"，不应蓄意挑起文明冲突。

历史的接力一棒接着一棒向前奔跑，人类进步事业在对时代之问的回答中一程接着一程向前迈进。践行和平共处五项原则没有完成时，构建人类命运共同体正在进行中。中国愿同各国一道，加强团结合作、增进沟通理解，朝着构建人类命运共同体的崇高目标不懈努力，共创人类社会更加美好的未来。

（2024年07月01日　第15版）

携手共进，走在推动构建人类命运共同体的前列

"全球南方"应当以更加开放包容的姿态携手共进，共同做维护和平的稳定力量、开放发展的中坚力量、全球治理的建设力量、文明互鉴的促进力量，走在推动构建人类命运共同体的前列

"站在新的历史起点上，'全球南方'应当以更加开放包容的姿态携手共进，走在推动构建人类命运共同体的前列。"习近平主席近日在和平共处五项原则发表70周年纪念大会上发表重要讲话，从世界整体发展的高度，倡导"全球南方"以更加开放包容的姿态携手共进，共同做维护和平的稳定力量、开放发展的中坚力量、全球治理的建设力量、文明互鉴的促进力量，走在推动构建人类命运共同体的前列。中方宣布支持"全球南方"合作的八项举措，为"全球南方"的共同发展和团结合作注入强劲动力。

"全球南方"要共同做维护和平的稳定力量，推动以和平方式解决国家间分歧和争端，建设性参与国际地区热点问题的政治解决。当前，世界百年未有之大变局加速演进，国际局势动荡不安。"全球南方"应以共建共享打造普遍安全的格局，坚持以对话解争端，以协商化分歧，以合作促安全，推动政治解决国际和地区热点问题，在维护世界和平稳定中贡献智慧和力量。中国将继续积极践行中国特色的热点问题解决之道，为维护和平安全注入正能量。

"全球南方"要共同做开放发展的中坚力量，推动发展重回国际议程中心位置，重振全球发展伙伴关系，深化南南合作和南北对话。近年来，全球发展进程

遭受严重冲击，国际发展合作动能减弱。拓展发展空间、创造发展机遇、做大全球经济蛋糕，是"全球南方"面临的紧迫任务，也是世界经济面临的重要课题。"全球南方"应牢牢把握发展这个核心议题，以开放合作推动发展繁荣，倡导并推进普惠包容的经济全球化，让各国人民共享发展成果。中国将坚持扩大高水平对外开放，不断以中国新发展为世界提供新机遇。

"全球南方"要共同做全球治理的建设力量，积极参与全球治理体系改革和建设，努力扩大各方共同利益，推动全球治理架构更为均衡有效。"全球南方"应以相互尊重夯实友好合作的根基，以公道正义引领全球治理的未来。各国都应在多极体系中找到自己的位置、发挥应有的作用，坚持真正的多边主义，维护联合国权威和作用，秉持共商共建共享的全球治理观，持续提升发展中国家代表性和发言权。中国始终关注全球南方国家共同需求，努力推进全球治理体系变革，坚决维护全球南方国家共同利益。

"全球南方"要共同做文明互鉴的促进力量，增进世界各国不同文明沟通对话，加强治国理政交流，深化教育、科技、文化、地方、民间、青年等领域交往。文明多样性是人类社会的基本特征，不同文明都是值得人类保护的精神瑰宝。"全球南方"应以包容互鉴拓展人类文明的画卷，推动不同文明平等对话、交流互鉴，促进各国人民相知相亲，让全人类共同价值真正成为各国人民共同接受并普遍践行的国际共识。中国将继续为推动人类文明进步、应对全球性挑战贡献中国智慧、中国力量。

中国与"全球南方"血脉相连、同声相应。作为发展中国家、"全球南方"的一员，中国始终重视加强同全球南方国家团结合作，同全球南方国家共享发展机遇和成果，支持全球南方国家提升能力建设、在国际事务中发挥更大作用。习近平主席宣布支持"全球南方"合作的八项举措，涉及人才培训、青年交流、经济发展、自由贸易、农业合作、数字经济、绿色生态等多个领域，展现了中方始终与所有全球南方国家同呼吸、共命运，推动"全球南方"发展振兴的坚定决心。第七十六届联合国大会主席、马尔代夫前外长阿卜杜拉·沙希德表示，习近平主席宣布支持"全球南方"合作的八项举措，对于解决全球挑战具有切实可行的意义。

中国走和平发展道路的决心不会改变，同各国友好合作的决心不会改变，促进世界共同发展的决心不会改变。展望未来，中国将继续弘扬和平共处五项原则，同各国一道推动构建人类命运共同体，携手"全球南方"为世界和平担当、为共同发展尽责，共同开创人类社会更加美好的未来。

（2024年07月02日　第13版）

坚持自信自立　展现大国担当

——中国特色大国外交成就年中回望①

中国坚持奉行独立自主的和平外交政策，坚信和平与发展是不可阻挡的时代潮流。中国特色大国外交始终立足于中华文明的连续性、创新性、统一性、包容性与和平性，以东方智慧为人类进步作出应有贡献

世界大变局加速演进，世界之变、时代之变、历史之变正以前所未有的方式展开，世界进入新的动荡变革期，但人类发展进步的大方向不会改变，世界历史曲折前进的大逻辑不会改变，国际社会命运与共的大趋势不会改变。今年以来，在习近平外交思想指引下，中国特色大国外交坚持自信自立、开放包容、公道正义、合作共赢，坚定致力于推动构建人类命运共同体，充分彰显中国负责任大国担当。

习近平主席应邀对法国、塞尔维亚、匈牙利三国进行国事访问，实现中法关系再巩固，中塞关系再强化，中匈关系再提升，中欧合作再出发；出席中阿合作论坛第十届部长级会议开幕式并发表主旨讲话，提出同阿方构建"五大合作格局"，推动中阿命运共同体建设跑出加速度；出席和平共处五项原则发表70周年纪念大会并发表重要讲话，强调弘扬和平共处五项原则，携手构建人类命运共同体；出席在阿斯塔纳举行的上海合作组织成员国元首理事会第二十四次会议，并应邀对哈萨克斯坦、塔吉克斯坦进行国事访问，引领上海合作组织发展方向，深化中国同地区国家睦邻友好，推动周边命运共同体建设走深走实；同几十位来华访问的外国领导人会谈、会见，畅叙友谊、共话合作……元首外交活动精彩纷呈、成果丰硕，书写中国与世界交往互动的新篇章。

中国始终坚持独立自主、自立自强，坚持把国家和民族发展放在自己力量的基点上，坚持把国家发展进步的命运牢牢掌握在自己手中。中国坚持奉行独立自主的和平外交政策，坚信和平与发展是不可阻挡的时代潮流。中国特色大国外交始终立足于中华文明的连续性、创新性、统一性、包容性与和平性，以东方智慧为人类进步作出应有贡献。中国特色大国外交坚定维护国家主权、安全、发展利益，为以中国式现代化全面推进强国建设、民族复兴伟业营造更有利国际环境、提供更坚实战略支撑。中国特色大国外交在关系广大发展中国家团结合作和正当权利的重大问题上挺膺担当，在关乎人类前途命运和世界发展方向的重大问题上旗帜鲜明，始终锚定历史前进正确航向。

坚持自信自立，中国特色大国外交始终致力于维护和平稳定。习近平主席同多国领导人就乌克兰危机、巴以冲突等国际和地区热点问题深入交换看法。习近平主席从历史纵深和战略高度阐明中方在乌克兰危机上的看法主张，高屋建瓴地概括提炼中欧之间的共识和共同利益，指出中欧要共同反对战事外溢升级，共同为和谈创造条件，共同维护国际能源粮食安全、产业链供应链稳定。关于巴以冲突，习近平主席强调，当务之急是尽快实现全面停火止战，重中之重是确保人道主义救援，根本出路是落实"两国方案"。在中方斡旋下，巴勒斯坦14个派别高级别代表在北京举行和解对话，并共同签署《关于结束分裂加强巴勒斯坦民族团结的北京宣言》。中国始终站在历史正确一边，站在和平正义一边，站在国际道义制高点，得到国际社会的广泛认同和高度评价，成为促进世界和平与稳定不可或缺的重要力量。

坚持自信自立，中国特色大国外交始终致力于促进共同发展。中国正以中国式现代化全面推进强国建设、民族复兴伟业。中国式现代化的出发点和落脚点是让14亿多中国人民过上更加美好的生活。对世界来说，这意味着更加广阔的市场和前所未有的发展机遇，将为世界各国现代化注入强大动力。"欢迎成为中国式现代化道路上的同行者""我们将持续推动高质量发展，持续推进中国式现代化，既让中国人民不断过上更好生活，也为世界可持续发展作出更大贡献""中国将进一步全面深化改革，推进高质量发展和高水平对外开放，这将给全球经济发展和两国合作带来新动力、新契机"……在双多边场合，习近平主席多次阐释中国式现代化的世界意义，充分表明中国坚持和平发展、开放发展、合作发展、共赢发展的决心。展望未来，中国将以中国式现代化新成就为世界发展提供更多新机遇。

"面对当前动荡不安的国际形势，中国不仅热爱和平，而且提出了系列建设性的重要倡议，以自己的实际行动证明，中国是促进世界和平的重要稳定力量""中国坚定维护多边主义，提出共建'一带一路'和一系列重要全球倡议，并促成沙特伊朗以及巴勒斯坦各派别实现和解，为地区和世界和平与发展事业作出重要贡献，展现了中国作为一个和平、负责任的全球大国作用和影响力"……各方高度肯定中国特色大国外交。坚持自信自立，中国特色大国外交将继续为民族复兴尽责、为人类进步担当。

（2024年08月12日　第03版）

坚持开放包容　拓展伙伴关系

——中国特色大国外交成就年中回望②

中国坚定不移在和平共处五项原则基础上发展同各国的友好合作，积极发展全球伙伴关系，扩大同各国的利益交汇点。这是中国的"朋友圈"越来越大、现代化道路上的"同路人"越来越多的重要原因

中国和瑙鲁复交，同中国建立外交关系的国家增至183个；中国同马尔代夫、乌兹别克斯坦、安哥拉、匈牙利、赤道几内亚、突尼斯、巴林、阿塞拜疆、塔吉克斯坦、几内亚比绍等国提升双边关系定位；中国和塞尔维亚宣布构建新时代中塞命运共同体，中国和所罗门群岛同意构建新时代中所命运共同体，中国和瓦努阿图同意构建新时代中瓦命运共同体……今年以来，中国坚持开放包容，持续巩固拓展全球伙伴关系网络，不断提升伙伴关系的含金量。

拓展伙伴关系是中国坚持的重要方向。中国始终认为，志同道合是伙伴，求同存异也是伙伴。习近平主席指出："国家之间打交道，首先要把平等相待、互尊互信摆在前面。要尊重各国不同的历史文化传统和发展阶段，尊重彼此的核心利益和重大关切，尊重各国人民自主选择的发展道路和制度模式。"中国坚定不移在和平共处五项原则基础上发展同各国的友好合作，积极发展全球伙伴关系，扩大同各国的利益交汇点。这是中国的"朋友圈"越来越大、现代化道路上的"同路人"越来越多的重要原因。

中国促进大国协调和良性互动，推动构建和平共处、总体稳定、均衡发展的大国关系格局。今年是中俄建交75周年。普京总统对中国进行国事访问，两国元首先举行小范围会谈，并主持大范围会谈，共同为两国关系下一步发展作出规划和部署，两国全面战略协作不断加强。今年是中美建交45周年。习近平主席同美国总统拜登通电话，指出今年的中美关系要坚持以和为贵、以稳为重、以信为本，为推动中美关系继续沿着稳定、健康、可持续的道路向前走指明方向。习近平主席对欧洲三国进行国事访问，同法国总统马克龙、欧盟委员会主席冯德莱恩举行中法欧领导人三方会晤，在北京分别会见德国总理朔尔茨、意大利总理梅洛尼等欧洲国家领导人，共同推动中欧关系行稳致远。

中国坚持亲诚惠容理念和与邻为善、以邻为伴周边外交方针，深化同周边国家友好互信和利益融合。今年以来，习近平主席同乌兹别克斯坦总统米尔济约耶夫、印度尼西亚当选总统普拉博沃、巴基斯坦总理夏巴兹等周边国家领导人分别举行会谈会见，共同倡导和平、合作、包容、融合的亚洲价值观，擘画和平安宁、繁荣美丽、友好共生的亚洲家园新愿景。习近平主席今年7月的中亚之行，进一步增进了中国同周边国家的战略互信，进一步巩固扩大了中国的"朋友圈"，实现了中国同有关国家关系的再提升、同周边国家命运共同体的再巩固。

中国秉持真实亲诚理念和正确义利观加强同发展中国家团结合作，维护发展中国家共同利益。作为最大的发展中国家，中国是"全球南方"的当然成员，始终同广大发展中国家同呼吸、共命运。今年以来，习近平主席密集会见来访的发展中国家领导人。中国与阿拉伯国家务实合作"八大共同行动"取得重要早期收获，双方携手构建"五大合作格局"，将推动中阿命运共同体建设跑出加速度。巴林国王哈马德表示："巴方高度赞赏并完全赞同中方秉持的高尚价值理念和理性智慧的政策主张。中国发展好了，其他发展中国家才能发展好，世界多极化进程才能持续推进。"

这个世界完全容得下各国共同发展、共同进步。不同文明完全可以在平等相待、互学互鉴中兼收并蓄、交相辉映。中华文明自古以开放包容闻名于世，具有兼收并蓄、包罗万象的宽广胸怀，既有"包"的胸怀，又有"容"的智慧。中国积极落实全球文明倡议，弘扬全人类共同价值，推动文明交流互鉴，促进各国人民相知相亲，共同推动人类文明发展进步。中国尊重各国自主选择发展道路，尊重世界文明的多样性，不将自己的价值观和模式强加于人，不搞意识形态对抗，致力于让文明交流互鉴成为推动人类社会进步的动力。

"世界各国犹如乘坐在同一条命运与共的大船上，这艘船承载的不仅是和平期许、经济繁荣、科技进步，还承载着文明多样性和人类永续发展的梦想。"中方将继续坚持开放包容，积极拓展平等、开放、合作的全球伙伴关系，推动建设相互尊重、公平正义、合作共赢的新型国际关系，同各国携手建设持久和平、普遍安全、共同繁荣、开放包容、清洁美丽的世界。

（2024年08月13日　第03版）

坚持公道正义　推动世界多极化

——中国特色大国外交成就年中回望③

坚守公道正义历来是中国外交的优良传统和铮铮风骨。中国始终以实实在在的行动，为维护国际公平正义、促进世界和平发展贡献力量

当今世界并不太平，强权霸凌行径危害深重，国际安全形势乱象丛生。中国作为负责任大国，始终坚守正义，主持公道。

"我们要秉持公道正义的理念。没有公道正义，强权政治就会横行无忌，弱肉强食就会大行其道。"习近平主席在和平共处五项原则发表70周年纪念大会上指出，"面对新形势新挑战，联合国权威和核心地位只能加强、不能削弱。联合国宪章宗旨和原则从未过时，反而更加重要。倡导共商共建共享的全球治理观，践行真正的多边主义，就是要坚持国际规则由各国共同书写、共同维护。世界上的事要由各国商量着办，不能允许谁的'胳膊粗'就听谁的。"

坚守公道正义历来是中国外交的优良传统和铮铮风骨。从70年前首次提出和平共处五项原则，到新时代以来积极推动构建新型国际关系和人类命运共同体，中国始终以实实在在的行动，为维护国际公平正义、促进世界和平发展贡献力量。在国际关系中，中国坚持大小国家一律平等，坚持义利相兼、以义为先，不寻求大国竞争，不谋求地缘势力范围，不干涉别国内政，不逼迫别国选边站队。

面对甚嚣尘上的霸权主义、强权政治，中国始终捍卫正义，坚决抵制少数国家垄断国际事务，要求增加发展中国家在全球治理体系中的代表性和发言权，支持优先解决对非洲国家的历史不公，敦促解除所有非法强加的单边制裁，坚定维护发展中国家共同和正当权益，推动国际秩序朝着更加公正合理的方向发展。不畏强权，捍卫正义，也体现在维护中国的国家主权、民族尊严和领土完整上。面对外部干涉挑衅，中国进行了坚决有力斗争，针对各种无理打压，中国采取了正当合理反制。

中国在国际事务中坚持主持公道正义，探索有利于维护公平正义、实现长治久安的热点问题解决之道。习近平主席出席中阿合作论坛第十届部长级会议开幕式并发表主旨讲话，指出中方坚定支持建立以1967年边界为基础、以东耶路撒冷为首都、享有完全主权的独立的巴勒斯坦国，支持巴勒斯坦成为联合国正式会员国，支持召开更大规模、更具权威、更有实效的国际和会。出席开幕式的各国领导人均高度赞赏中国在巴勒斯坦问题上秉持的公道正义立场，表示愿同中方密切协作，致力于推动缓解加沙地区紧张局势和人道危机。习近平主席在"上海合作组织+"阿斯塔纳峰会上发表讲话，提出建设公平正义的共同家园。峰会发表阿斯塔纳宣言，成员国通过团结共促世界公正、和睦、发展的倡议，发出要团结不要分裂、要合作不要对抗、要公正不要霸权的时代强音。

中国以平等、开放、透明、包容的精神团结全球南方国家，壮大国际社会坚持公平正义的力量。作为"全球南方"的重要一员，中国在国际事务中始终根据事情本身的是非曲直决定自己的立场和政策，恪守国际关系基本准则，维护各国尤其是发展中国家的正当权益。中国致力于深化扩员后的"大金砖"国家和上海合作组织合作，支持巴西、秘鲁举办二十国集团、亚太经合组织会议，点亮全球治理的"南方时刻"。中国加快落实支持"全球南方"合作的八项举措，积极筹备新一届中非合作论坛北京峰会，推进中阿共同构建"五大合作格局"，推动中拉关系提质升级，深化同太平洋岛国合作，坚定推动"全球南方"发展振兴。

推动世界多极化、国际关系民主化是维护公平正义的应有之义。中方倡导平等有序的世界多极化，主张确保各国都能在多极体系中找到自己的位置，都能在遵守国际法前提下发挥应有的作用。中方主张世界多极化应当是平等的，就是坚持大小国家一律平等，反对霸权主义和强权政治，反对少数国家垄断国际事务，切实推进国际关系的民主化。中方认为，多极化进程应当成为各国团结而不是分裂、对话而不是对抗、合作而不是冲突、共赢而不是多输的历史进程。为了实现这一目标，各国都要共同恪守联合国宪章宗旨和原则，共同坚持普遍公认的国际关系基本准则，共同践行真正的多边主义。

无论国际风云如何变幻，中国始终站在历史正确一边，站在公平正义一边，坚定做世界和平的建设者、全球发展的贡献者、国际秩序的维护者。中国将继续秉持公道正义，坚持真正的多边主义，维护联合国权威和作用，推动全球治理架构更为均衡有效，促进建设平等有序的世界多极化。

（2024年08月14日　第03版）

坚持合作共赢　推动经济全球化

——中国特色大国外交成就年中回望④

中国始终坚持以开放促改革，在扩大国际合作中提升开放能力，同各国共享发展机遇和红利。中国在改革开放中走到今天、融入世界，也必将在全面深化改革中迈向未来、惠及全球

在经济全球化时代，需要的不是制造分裂的鸿沟，而是架起沟通的桥梁；不是升起对抗的铁幕，而是铺就合作的坦途。当前，国际形势变乱交织，逆全球化思潮抬头，单边主义、保护主义明显上升，各国更需要增强合作共赢的能力，走团结合作的人间正道。

合作共赢，就是要积极寻找各国利益的汇合点，发挥各自优势，开展互利合作，实现彼此成就。作为世界第二大经济体和最大的发展中国家，中国始终坚持和平发展、开放发展、合作发展、共赢发展。习近平主席指出："我们倡导普惠包容的经济全球化，推进高质量共建'一带一路'，践行全球发展倡议，目的就是要实现增长机遇的普惠，推动发展道路的包容，让各国人民共享发展成果，让'地球村'里的国家共谋发展繁荣，让共赢的理念成为共识。"

开放是中国式现代化的鲜明标识。中国始终坚持以开放促改革，在扩大国际合作中提升开放能力，同各国共享发展机遇和红利。中国深入推进高水平制度型开放，全面实行外商投资准入前国民待遇加负面清单管理制度，全面取消制造业领域外资准入限制措施，有力强化知识产权保护，营商环境全球排名从96位跃升至31位，货物贸易和吸引外资总额居世界前列。"中国将扩大高水平开放，同包括法国在内的世界各国深化合作""中国已经实现制造业准入全面放开，将加快开放电信、医疗等服务业市场准入""中国高质量发展和对外开放将为匈牙利提供更多机遇"……今年以来，习近平主席多次在外交场合阐释中国坚持对外开放的基本国策，表明中国与各国携手发展的诚意。中国海关总署发布的最新数据显示，今年前7个月，中国货物贸易进出口总值24.83万亿元，同比增长6.2%。这是中国持续扩大高水平对外开放取得的成果，也为世界各国带来了新机遇。

　　中国坚决反对各种形式的单边主义、保护主义，不断促进贸易投资自由化便利化，着力破解阻碍世界经济健康发展的结构性难题，维护全球产供链稳定畅通。在会见荷兰时任首相吕特时，习近平主席强调，经济全球化或许遭遇逆风，但历史大势不会改变，"脱钩断链"没有出路，开放合作是唯一选择。吕特表示，"脱钩断链"不是荷兰政府的政策选项，因为任何损害中国发展利益的行动也会伤及自身。在会见德国总理朔尔茨时，习近平主席指出，中国出口电动汽车、锂电池、光伏产品等，不仅丰富了全球供给，缓解了全球通胀压力，也为全球应对气候变化和绿色低碳转型作出巨大贡献。朔尔茨总理表示，德方反对保护主义，支持自由贸易。习近平主席访问匈牙利期间，欧尔班总理明确表示，匈方不认同所谓"产能过剩"或"去风险"等说法。匈方深化对华合作的决心坚定不移，不会受到任何力量的干扰。事实表明，单边主义、保护主义不得人心，合作共赢是绝大多数国家的共同选择。

　　中国在改革开放中走到今天、融入世界，也必将在全面深化改革中迈向未来、惠及全球。中国共产党二十届三中全会擘画了进一步全面深化改革、推进中国式现代化的宏伟蓝图，强调完善高水平对外开放体制机制。未来，中国将稳步扩大制度型开放，深化外贸体制改革，深化外商投资和对外投资管理体制改革，优化区域开放布局，完善推进高质量共建"一带一路"机制。中国将继续坚定维护以世界贸易组织为核心的多边贸易体制，积极参与全球经济治理体系改革，提供更多全球公共产品。中国将继续推动落实全球发展倡议，加大对全球发展合作的投入，帮助广大发展中国家提高自主发展能力，共同做大并公平分好经济全球化的"蛋糕"，使发展既充分又平衡，推动经济全球化朝着更加开放、包容、普惠、均衡的方向发展。中国愿同各国做现代化道路上的同路人，欢迎各方搭乘中国式现代化的快车。

大国外交，远谋而笃行。中国特色大国外交将以习近平新时代中国特色社会主义思想特别是习近平外交思想为指导，对标中国式现代化目标任务，坚持自信自立、开放包容、公道正义、合作共赢的方针原则，不断开创新局面，不断为人类发展进步作出新贡献。

（2024年08月15日　第03版）

共同做人类命运共同体的践行者

人民友好是国际关系行稳致远的基础，是促进世界和平和发展的不竭动力，是实现合作共赢的基本前提

"中国愿同各国朋友加强友好交流，发挥民间外交独特作用，携手构建人类命运共同体。"10月11日，习近平主席集体会见出席中国国际友好大会暨中国人民对外友好协会成立70周年纪念活动的外方嘉宾，深刻阐释了新形势下发挥民间外交独特作用，深化中外民间友好，推动构建人类命运共同体的中国主张，对于各方凝聚共识、汇聚力量，共同建设一个更加美好的世界具有十分重要而深远的意义。

百年变局之下，全球休戚相关，人类命运与共，世界何去何从取决于各国人民的抉择。习近平主席指出，"要以'同球共济'的精神，凝聚推动构建人类命运共同体的广泛共识""要以合作共赢的理念，汇聚推动构建人类命运共同体的强大合力""要以开放包容的胸襟，绘就推动构建人类命运共同体的文明画卷"，为增进中外人民友谊，推动互利合作，促进民心相通，携手构建人类命运共同体指明方向。

中国党和政府对中国人民有着深厚情怀，对世界各国人民也有着深厚情怀。面对变乱交织的国际形势和层出不穷的全球性挑战，中方始终坚信，人类发展进步的大方向不会改变，世界历史曲折前进的大逻辑不会改变，国际社会命运与共的大趋势不会改变。中方强调弘扬和平、发展、公平、正义、民主、自由的全人类共同价值，凝聚不同民族、不同信仰、不同文化、不同地域人民的共识，倡导平等有序的世界多极化、普惠包容的经济全球化，就是为了把人类共同生活的地球建设成一个和平、和睦、和谐的大家庭。出席纪念活动的外方嘉宾代表表示，习近平主席提出构建人类命运共同体理念和共建"一带一路"等倡议，展现了对全球治理的远见卓识和责任担当，为世界各国紧密合作、互利共赢指明了方向，中国的发展繁荣必将继续造福世界。

中华人民共和国成立75年来，中国共产党团结带领中国人民，走出了一条既发展自身又造福世界的现代化之路。回首来时路，中国取得的各方面成就离不开世界各国人民的支持。一大批国际友人同中国人民风雨同舟、同甘共苦，众多外国企业、机构、个人积极参与中国社会主义现代化建设，不仅实现了各方互利共赢，也为促进中外友好交流合作作出重要贡献。中国不追求独善其身的现代化，欢迎更多外国朋友积极参与中国式现代化进程，愿本着合作共赢理念，不断以中国式现代化新成就为世界发展提供新机遇，推动实现和平发展、互利合作、共同繁荣的世界现代化，更好造福各国人民。巴西中国友好协会代表伽罗·恩里克·佩雷拉表示，各国秉持合作共赢理念开展互利合作，践行构建人类命运共同体理念，将为世界现代化和全球发展繁荣注入强劲动力，为各国人民带来更多福祉。

交流互鉴是文明发展的本质要求，也是推动人类文明进步和世界和平和发展的重要动力。新形势下，民间外交作为增进人民友谊、促进国家关系发展的基础性工作和推进文明交流互鉴最深厚的力量，作用更加重要、地位更加突显、舞台更加广阔。中华民族是开放包容的民族，中国人民是善良友好的人民。中方愿同各方一道，践行全球文明倡议，弘扬平等、互鉴、对话、包容的文明观，通过真诚沟通，增进了解、加深友谊，以文明交流超越文明隔阂、文明互鉴超越文明冲突，推动世界朝着命运共同体的方向发展。

人民友好是国际关系行稳致远的基础，是促进世界和平和发展的不竭动力，是实现合作共赢的基本前提。中方愿同各国朋友一道，共同做人类命运共同体的践行者、中国式现代化的参与者、文明互鉴和民心相通的促进者、人民友好事业的传承者，汇聚促进世界和平和发展、推动构建人类命运共同体的磅礴力量。

（2024年10月13日　第02版）

携手构建和合共生的美好世界

——解码中国特色大国外交的文化基因①

中国特色大国外交从容自信，以博大的人文情怀观照人类命运，以兼容并蓄的胸襟超越隔阂冲突，以和合共生的愿景凝聚发展合力

"中国古人讲'同舟共济'，现在国际社会则需要'同球共济'。"今年以来，习近平主席多次在外交场合强调"同球共济"，彰显中国推动构建人类命运共同体的坚定决心。一年来，面对乱云飞渡，中国特色大国外交从容自信，以博大的人文情怀观照人类命运，以兼容并蓄的胸襟超越隔阂冲突，以和合共生的愿景凝聚发展合力，汇聚起构建人类命运共同体的广泛共识和强大动力。

一个民族最深沉的精神追求，一定要在其薪火相传的民族精神中来进行基因测序。"中华文明是世界上唯一延绵5000多年而从未中断的悠久文明。"今年5月，习近平主席同法国总统马克龙在图尔马莱山口凭窗远眺，共论和而不同的文明相处之道。理解了中华文明突出的连续性、创新性、统一性、包容性、和平性，就能更加深刻理解中国外交的特色、风格、气派，更好读懂构建人类命运共同体理念的国际影响力、感召力、塑造力。

构建人类命运共同体理念扎根中国深厚历史文化土壤，是对中华优秀传统文化的创造性转化、创新性发展。中华民族历来讲求"天下一家"，主张民胞物与、协和万邦，憧憬"大道之行，天下为公"的美好世界。中华文化以和合理念为精神内核，秉持"以和为贵，和而不同"的价值取向，推崇不同国家、不同文化"美美与共、天下大同"。和平良善的本性、博大包容的胸襟和对公平正义的追求植根于中华文明，生长在中国人民的灵魂深处。面对"建设一个什么样的世界、如何建设这个世界"的重大课题，习近平主席给出构建人类命运共同体这个时代答案，将马克思主义为人类谋进步的使命同中华优秀传统文化尚和合、求大同的理想相结合，进一步丰富和发展了关于走和平发展道路的思想。

构建人类命运共同体推动国与国关系从和平共处向命运与共的历史跨越，为世界展现了和平、安全、繁荣、进步的光明前景。人类只有和衷共济、和合共生，朝着构建人类命运共同体方向不断迈进，才能共同创造更加美好未来。习近平主席提出全球发展倡议、全球安全倡议、全球文明倡议，从发展、安全、文明三个维度指明人类社会前进方向，为构建人类命运共同体提供了战略引领。中国携手各方构建人类命运共同体，就是在坚持发展自己的同时兼济天下、造福世界。埃及前总理伊萨姆·沙拉夫认为，中国的文化价值观与构建人类命运共同体所需的价值观紧密契合，有助于构建以对话、规则和多边主义为基础的世界秩序，让所有国家共同迈向繁荣发展的未来。

构建人类命运共同体理念不断丰富和发展，实践行动也在稳步推进。中国同中亚、中国同东盟、中国同澜湄流域各国、中国同阿拉伯国家、中国同拉美和加勒比国家等区域性命运共同体建设相继展开，不断拓展和合共生的文明新境界。今年5月，习近平主席访问塞尔维亚，两国元首宣布构建新时代中塞命运共同体，塞尔维亚成为首个同中国共同构建命运共同体的欧洲国家；7月，上海合作组织阿斯塔纳峰会上，成员国重申推动构建相互尊重、公平正义、合作共赢的新型国际关系和人类命运共同体；9月，中非合作论坛北京峰会上，中非关系整体定位提升至新时代全天候中非命运共同体；11月，习近平主席访问巴西，两国元首宣布将中巴关系提升为携手构建更公正世界和更可持续星球的中巴命运共同体……人类命运共同体建设取得新突破，推动命运与共、"同球共济"的历史潮流。

世界百年变局加速演进，人类社会又一次站在历史的十字路口。唯有从人类悠久文明中汲取智慧，坚持登高望远，才不会在百年变局中迷失自我，才能确保人类这艘航船始终行驶在正确的方向。在此关键时刻，人类更应该树牢命运共同体意识，高举人类命运共同体旗帜，让文明的灯塔照耀人类前行的正道。

（2024年12月23日 第03版）

促进世界和平安宁和人类共同进步

——解码中国特色大国外交的文化基因②

中华文明的和平性，从根本上决定了中国始终是世界和平的建设者、全球发展的贡献者、国际秩序的维护者

"构建人类命运共同体理念与和平共处五项原则一脉相承，都根植于亲仁善邻、讲信修睦、协和万邦的中华优秀传统文化"。今年6月28日，习近平主席出席和平共处五项原则发表70周年纪念大会并发表重要讲话，全面阐释和平共处五项原则的精神内涵和时代价值，指出构建人类命运共同体的前进方向，强调各国必须共担维护和平责任，同走和平发展道路，共谋和平、共护和平、共享和平。

让战争远离人类，让全世界的孩子们都能在和平的阳光下幸福成长，这是千百年来人类的共同梦想。历史的接力一棒接着一棒向前奔跑，人类进步事业在对时代之间的回答中一程接着一程向前迈进。70年前发表的和平共处五项原则，为如何处理国与国关系这一重大命题给出了历史答案。70年后的今天，面对"建设一个什么样的世界、如何建设这个世界"的重大课题，习近平主席给出构建人类命运共同体这个时代答案。构建人类命运共同体理念与和平共处五项原则，都展现了中国坚持走和平发展道路的坚定决心。

有着5000多年历史的中华文明，始终崇尚和平，和平、和睦、和谐的追求深深植根于中华民族的精神世界之中，深深溶化在中国人民的血脉之中。"中国传统文化中的天下为公、协和万邦等理念让中华文明具有巨大的包容性。"英国学者马丁·雅克认为，这些理念也影响着中国的政策主张。中国历史上曾经长期是世界上最强大的国家之一，但没有留下殖民和侵略他国的记录。新中国成立70多年来，从未主动挑起过一场战争，从未侵占别国一寸土地。倡导交通成和，反对隔绝闭塞；倡导共生并进，反对强人从己；倡导保合太和，反对丛林法则。中华文明的和平性，从根本上决定了中国始终是世界和平的建设者、全球发展的贡献者、国际秩序的维护者。

中国坚定走和平发展道路，始终是和平共处五项原则、构建人类命运共同体理念的践行者。回首2024年，在"上海合作组织+"阿斯塔纳峰会上提出建设和平安宁的共同家园，在中非合作论坛北京峰会开幕式上提出携手推进和平安全的现代化，在金砖国家领导人第十六次会晤上提出建设"和平金砖"，做共同安全的维护者……习近平主席亲力亲为，倡导共同、综合、合作、可持续的新安全观，推动落实全球安全倡议，汇聚起促进世界和平与发展的积极力量。巴西总统卢拉表示，习近平主席为人民谋福祉，维护社会公平正义，倡导和平而非战争、合作而非对抗、创造而非破坏，为世界作出了榜样。

中华文明的和平性，决定了中国式现代化是走和平发展道路的现代化，中国实现现代化是世界和平力量、发展力量的增长。中国追求的不是独善其身的现代化，将坚定不移走和平发展道路，坚持与邻为善、以邻为伴的周边外交方针和亲诚惠容的周边外交理念，让中国式现代化更多惠及周边国家。中国的和平发展始终同世界的和平发展紧密相连，中国始终以团结合作谋求共同安全，与各国一道为建设持久和平、普遍安全的美好世界而努力。联合国秘书长古特雷斯表示，中国的和平发展是人类历史上的崇高事业，有利于全人类的和平和进步。

从中华文明深处汲取历史智慧，在新时代新征程中展现大国担当。中国绝不走殖民掠夺的老路，也绝不走国强必霸的歪路，而是走和平发展的人间正道。中国将始终高举和平、发展、合作、共赢的旗帜，不断为促进世界和平安宁和人类共同进步作出新贡献。

（2024年12月24日　第03版）

立己达人，携手同行现代化之路

——解码中国特色大国外交的文化基因③

实现共同发展，要坚持以人民为中心的发展思想，要有立己达人、兼济天下的胸怀，要有"计利天下""授人以渔"的行动

中国古人说，"己欲立而立人，己欲达而达人"。拉美也有句谚语，"唯有益天下，方可惠本国"。在亚太经合组织第三十一次领导人非正式会议上，习近平主席引用这两句话，再次清楚表明中国秉持"各国共同发展才是真发展"理念，欢迎各方继续搭乘中国发展快车，同中国经济共同发展。

古往今来，过上幸福美好生活始终是人类孜孜以求的梦想。当前，联合国2030年可持续发展议程时间已经过半，落实进度落后于预期。全球发展鸿沟拉大，约有7.33亿人面临饥饿。只有坚持以人民为中心的发展思想，推进普惠包容的经济全球化，创造全人类共同发展的良好条件，让发展成果更多更公平惠及各国人民，才能让人人享有富足安康。

实现共同发展，要坚持以人民为中心的发展思想。"治国有常，而利民为本。"中国这句古语，深刻揭示了"治国"与"利民"之间的辩证关系。新时代以来，正是因为始终坚持以人民为中心，庄严承诺"决不能落下一个贫困地区、一个贫困群众"，中国共产党领导人民勠力同心、艰苦奋斗，成功打赢脱贫攻坚战，实现8亿贫困人口全部脱贫，提前完成联合国2030年可持续发展议程的减贫目标。"中国可以成功，其他发展中国家同样可以成功。"读懂中国成功打赢脱贫攻坚战的世界意义，关键是读懂以人民为中心的发展思想。

实现共同发展，要有立己达人、兼济天下的胸怀。中国自古以来就提倡"仁者爱人，智者利人"，中华民族向来有立己达人、兼济天下的追求。秉承中华优秀传统文化的价值理念，中国始终把自身发展置于人类发展的坐标系中，始终把中国人民利益同各国人民共同利益结合起来，将中国的发展同世界的发展统一起来。在携手各方推动构建人类命运共同体的进程中，中国坚持合作共赢，致力于建设一个共同繁荣的世界。埃塞俄比亚前总统穆拉图·特肖梅表示，面对各国人民需求，习近平主席提出构建人类命运共同体、共建"一带一路"倡议、三大全球倡议等重大理念和倡议，同世界各国共享发展红利。

实现共同发展，要有"计利天下""授人以渔"的行动。中国不仅追求自身发展，也始终坚定支持和帮助广大发展中国家实现共同发展。习近平主席指出："我们倡导普惠包容的经济全球化，推进高质量共建'一带一路'，践行全球发展倡议，目的就是要实现增长机遇的普惠，推动发展道路的包容，让各国人民共享发展成果，让'地球村'里的国家共谋发展繁荣，让共赢的理念成为共识。"在中阿合作论坛第十届部长级会议上，提出共同构建中阿"五大合作格局"；在中非合作论坛北京峰会上，宣布中方愿同非方开展中非携手推进现代化的十大伙伴行动；在二十国集团领导人第十九次峰会上，宣布中国支持全球发展的八项行动……中国以实际行动推动全球南方国家共同发展，彰显中国始终是支持全球发展事业的行动派和实干家。

中国共产党二十届三中全会擘画了进一步全面深化改革、推进中国式现代化的宏伟蓝图，提出300多项重要改革举措，为中国经济社会发展注入强大动力，也将为各国共同发展开辟广阔前景。中国全面取消制造业领域外资准入限制措施，首次在全国范围内对跨境服务贸易建立负面清单管理制度，推动电信、互联网、教育、文化、医疗等领域有序扩大开放，主动对接国际高标准经贸规则，稳步扩大制度型开放。外国政要表示，中国追求的不是独善其身的现代化，而是同各国一道共同实现现代化。

在人类追求幸福的道路上，一个国家、一个民族都不能少。中方将继续本着合作共赢理念，以中国式现代化新成就为世界发展提供新机遇，携手各国推动实现和平发展、互利合作、共同繁荣的世界现代化，谱写构建人类命运共同体的新篇章。

（2024年12月25日　第03版）

和而不同，推动文明交流互鉴

——解码中国特色大国外交的文化基因④

中华文明注重和而不同、和合共生，注重各美其美、美美与共，注重开放包容、交流互鉴。中华文明的包容性，从根本上决定了中华文化对世界文明兼收并蓄的开放胸怀

"万物并育而不相害，道并行而不相悖。"今年10月，习近平主席在会见出席中国国际友好大会暨中国人民对外友好协会成立70周年纪念活动外方嘉宾时发表讲话，引用《礼记》中的这句话阐明和而不同是一切事物发生发展的规律，也是人类文明传播和发展的规律，强调交流互鉴是文明发展的本质要求，也是推动人类文明进步和世界和平和发展的重要动力。

中华文明是在同其他文明不断交流互鉴中形成的开放体系，在兼收并蓄中历久弥新，具有突出的包容性。中华文明注重和而不同、和合共生，注重各美其美、美美与共，注重开放包容、交流互鉴。中华文明从来不用单一文化代替多元文化，而是由多元文化汇聚成共同文化，化解冲突，凝聚共识。中华文明的包容性，从根本上决定了中华文化对世界文明兼收并蓄的开放胸怀。秉承中华优秀传统文化的价值理念，中国倡导平等、互鉴、对话、包容的文明观，提出并推动落实全球文明倡议，努力绘就推动构建人类命运共同体的文明画卷。

纵观2024年中国元首外交，坚持开放包容、推动文明互鉴的努力贯穿全年。同法国总统马克龙在图尔马莱山口凭窗远眺，共论和而不同的文明相处之道；提出愿同阿方包容互鉴，把中阿关系建设成不同文明和谐共生的典范；提出携手推进多元包容的现代化，"文明互鉴伙伴行动"居于中非携手推进现代化十大伙伴行动首位；提出建设"人文金砖"，做文明和合共生的倡导者，"让不同文明交相辉映，照亮金砖前行之路"；同秘鲁总统博鲁阿尔特会谈，强调要担起文明互鉴时代责任，倡导加强国际文明对话，探讨构建全球文明对话合作网络……从双边到多边、从区域到全球，习近平主席身体力行推动文明交流互鉴，致力促进世界各国的相互理解与信任。今年以来，全球文明倡议写入中国和30多个国家的双边合作文件中。

在各国前途命运紧密相连的今天，不同文明包容共存、交流互鉴，在推动人类社会现代化进程、繁荣世界文明百花园中具有不可替代的作用。习近平主席在"金砖+"领导人对话会上强调："我们要做文明互鉴的促进力量，增进沟通对话，支持彼此走符合本国国情的现代化道路。"从2024中国"哈萨克斯坦旅游年"、"中俄文化年"等文化交流活动，到"太阳之光：古蜀文明与印加文明互鉴展"在秘鲁举行，再到中国和希腊共同举办首届世界古典学大会，在雅典设立中国古典文明研究院，为中希两国和世界各国搭建文明交流互鉴的新平台……中国以实际行动践行全球文明倡议，推进不同文明交流互鉴。第七十八届联合国大会协商一致通过中国提出的设立文明对话国际日决议，充分表明全球文明倡议及其核心要义得到广泛认同和支持。

中国式现代化深深植根于中华优秀传统文化，借鉴吸收人类一切优秀文明成果，创造了人类文明新形态，为发展中国家独立探索符合本国国情的现代化道路提供了重要借鉴。同非方打造中非治国理政经验交流平台，设立中非发展知识网络和25个中非研究中心；依托非洲领导力学院培养治国理政人才，邀请1000名非洲政党人士来华交流；牵头成立全球南方智库合作联盟，促进各国人文交流和治国理政互学互鉴……中国在现代化进程中倡导不同文明相互尊重、包容共存，共同推动全球文明倡议结出更多硕果。

应对共同挑战、迈向美好未来，需要汇聚起文明的力量。中方将同各方一道，践行全球文明倡议，弘扬平等、互鉴、对话、包容的文明观，以文明交流超越文明隔阂、文明互鉴超越文明冲突，朝着构建人类命运共同体的方向不断迈进。

（2024年12月26日　第03版）

天人合一，共建清洁美丽世界

——解码中国特色大国外交的文化基因⑤

中国坚定不移走人与自然和谐共生的中国式现代化道路，坚定不移同世界各国开展生态文明领域的交流合作，努力让尊重自然、保护自然的文明之光照亮人类前行之路

"绿水青山就是金山银山""湿地和人类彼此需要"……秘鲁钱凯港项目建设现场，几幅中文和西班牙文对照的标语引人注目。这体现了中国不仅在自身发展中追求人与自然和谐共生，也积极推动共建清洁美丽世界。中国式现代化是人与自然和谐共生的现代化，中国在持之以恒创造绿色发展奇迹的同时，以深厚的生态文明理念为全球环境治理贡献智慧和方案。

中华民族向来尊重自然、热爱自然，绵延5000多年的中华文明孕育着丰富的生态文化。"天人合一""道法自然"是中华优秀传统文化的重要理念。早在2000多年前，孟子就曾在告诉梁惠王治国之策时说过："不违农时，谷不可胜食也；数罟不入洿池，鱼鳖不可胜食也；斧斤以时入山林，材木不可胜用也。"时移世易，古老的智慧被赋予新的时代内涵。中国坚持绿水青山就是金山银山的理念，坚持山水林田湖草沙一体化保护和系统治理，全方位、全地域、全过程加强生态环境保护，生态环境保护发生历史性、转折性、全局性变化。

在塔克拉玛干沙漠，3046公里长的"绿色围脖"，成为世界上最长环沙漠绿色生态屏障；在塞罕坝，三代人接力造林，将荒漠变成百万亩林海；在浙江，推动环境保护与经济发展同行的"千万工程"，荣获联合国"地球卫士奖"……中国向"绿"而行、向"美"而行，人与自然和谐共生的美丽画卷在中华大地铺展，不断

厚植中国式现代化的绿色底色。中国经济社会发展的"含绿量"持续提升，在世界范围内率先实现土地退化"零增长"，新增绿化面积占全球的1/4。

作为世界上最大的发展中国家，中国积极同各方一道，坚持走绿色发展之路，共筑生态文明之基。在中非合作论坛北京峰会上，提出愿帮助非方打造"绿色增长引擎"，缩小能源可及性差距，坚持共同但有区别的责任原则，共同推动全球绿色低碳转型；在亚太经合组织第三十一次领导人非正式会议上，强调要坚持生态优先、节约集约、绿色低碳发展，推进经济社会发展全面绿色转型，建设清洁美丽的亚太；在二十国集团领导人第十九次峰会上，提出"完善全球生态治理，建设生态友好型世界经济"，表示愿同各方持续深化绿色基建、绿色能源、绿色矿产、绿色交通等领域国际合作，在力所能及范围内为发展中国家提供支持……中国积极倡导共建全球生态文明，体现了推动构建人与自然生命共同体的大国担当。

作为全球生态文明建设的参与者、贡献者、引领者，中国坚定践行多边主义，努力推动构建公平合理、合作共赢的全球环境治理体系，为守护地球家园贡献力量。从积极推动《巴黎协定》达成、签署、生效和实施，到成功举办《生物多样性公约》第十五次缔约方大会；从推动成立"一带一路"绿色发展国际联盟，到与42个发展中国家签署53份气候变化南南合作谅解备忘录，开展近百个减缓和适应气候变化项目，实施300多期气候变化相关领域的能力建设项目……中国秉持人类命运共同体理念，为共建清洁美丽世界作出重要贡献。法国席勒研究所研究员佩里莫尼认为，中国通过积极作为、广泛合作，为全球应对气候变化注入了正能量。

"天不言而四时行，地不语而百物生。"地球是人类共同的、唯一的家园，保护生态环境是全球面临的共同挑战和共同责任。中国坚定不移走人与自然和谐共生的中国式现代化道路，坚定不移同世界各国开展生态文明领域的交流合作，努力让尊重自然、保护自然的文明之光照亮人类前行之路。

（2024年12月27日　第03版）

04/

为迷茫的世界注入希望，
为人类的进步探索方向

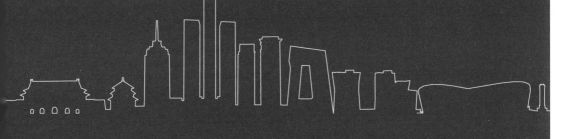

促进中欧关系健康稳定发展

习近平主席对欧洲三国进行国事访问，将为推动中国同三国关系以及中欧全面战略伙伴关系进一步发展注入强劲动力，为变乱交织的世界注入更多稳定性和正能量

5月5日至10日，习近平主席将应邀对法国、塞尔维亚、匈牙利进行国事访问，这是近5年来中国国家元首首次访问欧洲。在当前动荡加剧的国际形势下，中欧关系具有战略意义和世界影响，关乎世界和平、稳定、繁荣。习近平主席对欧洲三国进行国事访问，将为推动中国同三国关系以及中欧全面战略伙伴关系进一步发展注入强劲动力，为变乱交织的世界注入更多稳定性和正能量。

法国是第一个同新中国建立大使级外交关系的西方大国，中法关系始终走在中国同西方国家关系前列，两国共同塑造了独立自主、相互理解、高瞻远瞩、互利共赢的"中法精神"。近年来，在习近平主席和马克龙总统战略引领下，中法关系保持良好发展势头，两国战略沟通富有成效，务实合作成果丰硕，人文交流更加深入，在国际和地区事务中保持良好沟通协作。面对动荡国际形势，中法都坚持独立自主，坚持合作共赢；都反对世界分裂，反对阵营对抗；都践行多边主义，维护联合国宪章和国际法。国际社会期待中法就事关世界和平稳定、人类前途命运的重大问题形成一致立场，发出共同声音。习近平主席时隔5年再次对法国进行国事访问，适逢中法建交60周年，对两国关系具有承前启后、继往开来的重要意义。双方进一步巩固政治互信、加强团结合作，将推动中法全面战略伙伴关系迈上新台阶，为中欧关系健康稳定发展注入新动力，为促进世界和平稳定和发展进步作出新贡献。

　　塞尔维亚是中国在中东欧地区首个全面战略伙伴，两国铁杆友谊深厚，堪称中国同欧洲国家友好关系的典范。近年来，在习近平主席和武契奇总统战略引领下，中塞关系保持高水平运行，双方坚定支持彼此核心利益和重大关切，两国政治互信牢固，高质量共建"一带一路"取得丰硕成果，在多边领域协调紧密。中塞合作强劲有力，符合双方长远利益。此访是习近平主席时隔8年再次访问塞尔维亚。访问期间，两国元首将就中塞关系和共同关心的国际和地区问题深入交换意见，探讨提升中塞关系定位，为两国关系未来发展指明方向。中塞关系提质升级不仅将更好造福两国人民，也将增强维护国际公平正义的力量，为推动构建人类命运共同体作出新的更大贡献。

　　今年是中匈建交75周年。匈牙利是中东欧地区重要国家，是中方推进共建"一带一路"及中国—中东欧国家合作的重要合作伙伴。近年来，匈牙利在变乱交织的国际形势下坚持做欧洲的和平力量、稳定因素，排除干扰和压力坚定深化对华合作。中匈两国互为全面战略伙伴，都在坚定推进符合各自国情的发展事业，两国各领域互惠互利合作取得丰硕成果，不仅造福两国人民，也有力证明中国对欧洲是机遇而非挑战、是伙伴而非对手。舒尤克总统、欧尔班总理共同邀请习近平主席访匈，充分体现匈方对此访的高度重视和殷切期待。此次里程碑式的访问将推动中匈关系迈上新台阶，为中匈友好合作开辟新篇章，也有利于维护地区乃至世界的和平稳定与繁荣。

　　中欧关系的正确定位是伙伴，主流基调是合作。作为推动多极化的两大力量、支持全球化的两大市场、倡导多样性的两大文明，中欧有着广泛共同利益，合作大于竞争，共识多于分歧。中方始终从战略高度和长远角度看待中欧关系，一直把发展中欧关系视为中国外交优先方向。习近平主席对欧洲三国进行国事访问，必将推动中欧进一步加强互利共赢合作，以中欧关系健康稳定发展为动荡的世界提供更多稳定性，为全球发展提供更多推动力。

（2024年04月30日　第03版）

赋予中法建交精神新的时代内涵

中法坚守独立自主、相互理解、高瞻远瞩、互利共赢的建交初心，并为其注入新的时代内涵，将共同打造新时期互信稳定、守正创新、担当作为的中法关系

应法国总统马克龙邀请，习近平主席5月5日至7日对法国进行国事访问。访问期间，习近平主席在巴黎同马克龙总统举行会谈、共同会见记者，出席中法企业家委员会第六次会议闭幕式并致辞，出席马克龙总统举行的欢迎宴会，在上比利牛斯省举行中法元首小范围会晤。双方发表4份联合声明，签署近20项双边合作文件。习近平主席此访巩固了两国传统友谊、增进了政治互信、凝聚了战略共识、深化了各领域交流合作，对于创造中法关系更加美好未来，为世界和平、稳定、发展作出新的贡献具有重要意义。

中法是真诚的朋友、共赢的伙伴。建交60年来，中法关系始终站在中国同西方国家关系的前列，成为不同文明、不同制度、不同发展水平的国家相互成就、共同前进的典范。习近平主席3次对法国进行国事访问，马克龙总统3次对中国进行国事访问。从尼斯夜谈、豫园茶叙、松园会晤，到此次在上比利牛斯省举行小范围会晤，两国元首建立了牢固互信和真挚友谊。在两国元首的战略引领下，中法关系保持良好发展势头，两国战略沟通富有成效，务实合作成果丰硕，人文交流更加深入，在国际和地区事务中保持良好沟通协作。

在世界百年未有之大变局加速演进、中法关系处于承前启后的关键时刻，如何共同推动双边关系健康稳定发展，为变乱交织的世界注入更多稳定性和正能量，是双方共同面临的重大课题。习近平主席在同马克龙总统会谈时指出，在当前世界百年变局下，双方应该坚守独立自主、相互理解、高瞻远瞩、互利共赢的建交初心，并为其注入新的时代内涵，打造新时期互信稳定、守正创新、担当作为的中法关系。这对于中法关系保持高水平发展具有重要指导意义。

中法要坚持独立自主，共同防止"新冷战"或阵营对抗。习近平主席指出，中法作为两个有独立自主精神的大国，在历史长河的每一次相遇都能迸发出巨大能量，影响世界行进方向。在当前国际形势下，中法共同反对"新冷战"、抵制阵营对抗，有利于以中法关系稳定性应对世界不确定性。此访期间，两国元首一致同意，将秉持建交初心，深化中法高水平互信和合作，加强在重大国际问题上的沟通和协作，共同为迷茫的世界注入希望，为人类的进步探索方向。

中法要坚持相互理解，共同促进多彩世界的和谐共处。中国和法国虽然分属东西方文明，价值理念、社会制度不同，但都重视文明交流互鉴。中国支持法国办好巴黎奥运会，决定将对法国等12国公民短期来华的免签政策延长至2025年年底，支持增开上海至马赛直飞航线，欢迎法国担任今年中国国际教育年会主宾国，推动未来3年法国来华留学生突破1万人、欧洲青少年来华交流规模翻一番……一系列措施将促进中法加快人文交往"双向奔赴"，有助于增进相互正确认知，巩固好、传承好中法人民友好故事。

中法要坚持高瞻远瞩，共同推动平等有序的世界多极化。双方要始终从战略高度和长远角度看待中法关系，推动中法关系更好发展，携手应对全球性挑战。双方要加强在联合国的协调，为全球治理提供更多引领和支持，促进平等有序的世界多极化。双方要践行真正的多边主义，全面深入推动世界贸易组织改革，维护以世界贸易组织为核心的多边贸易体制权威性和有效性，推动建设开放型世界经济，促进普惠包容的经济全球化。此访期间，双方同意深化在气候变化、生物多样性等领域合作，加强在人工智能全球治理、国际金融体系改革等领域对话，为推动全球合作凝聚了更大共识。

中法要坚持互利共赢，共同反对"脱钩断链"。经过60年发展，中法两国经济已经形成你中有我、我中有你的强大共生关系。双方将促进双边贸易向上平衡，扩大农食、金融等领域合作，推进航空航天、民用核能等领域联合研发和创新，加强发展战略对接，拓展绿色能源、智能制造、生物医药、人工智能、第三方市场等新兴领域合作。此访期间，双方签署的合作文件涵盖航空、农业、人文、绿色发展、中小企业合作等领域。中法深化务实合作、挖掘互利合作潜力，将促进两国共同发展，为两国民众带来更多福祉。

60年一个甲子，寓意着承前启后、继往开来。站在人类发展新的十字路口，面对世界百年变局的风云际会，中法用历史的火炬照亮前行的路，密切全方位交流合作，将推动中法关系迈上更高水平，取得更大成绩，更好造福两国和世界。

（2024年05月09日　第04版）

踏上构建新时代中塞命运共同体新征程

应塞尔维亚总统武契奇邀请，习近平主席5月7日至8日对塞尔维亚进行国事访问。两国元首共话友谊、共商合作、共谋发展，宣布深化和提升中塞全面战略伙伴关系，构建新时代中塞命运共同体，实现了中塞关系新的伟大历史跨越。

中塞铁杆友谊历经国际风云变幻考验，有着深厚的历史底蕴、坚实的政治基础、广泛的共同利益、扎实的民意根基。2016年6月习近平主席首次对塞尔维亚进行国事访问，两国建立全面战略伙伴关系。近年来，在习近平主席和武契奇总统的共同引领下，两国关系实现跨越式发展，取得历史性成就。此访期间，两国元首共同宣布构建新时代中塞命运共同体，开启了中塞关系历史新篇章。新时代中塞命运共同体是中塞铁杆友谊的升华，也代表了双方共同的价值理念和目标追求，即共谋发展、合作共赢、彼此成就，这是中塞两国以及世界上所有坚持独立自主、追求和平和发展国家的共同愿景。

构建新时代中塞命运共同体，要突出两国关系的战略性，把握双边关系大方向。塞尔维亚是中国在中东欧地区的首个全面战略伙伴、首个和中国共同构建命运共同体的欧洲国家，充分体现了中塞关系的战略性、特殊性和高水平。两国元首一致同意，通过加强战略沟通为新时代中塞命运共同体领航把舵。双方要坚定支持彼此核心利益和重大关切，夯实命运共同体建设的政治基石。中方支持塞尔维亚坚持独立自主、走适合自身国情的发展道路，支持塞方在科索沃问题上维护国家主权和领土完整的努力。塞方支持构建人类命运共同体的努力，支持中方以中国式现代化全面推进强国建设、民族复兴伟业，愿同中方一道落实全球发展倡议、全球安全倡议、全球文明倡议。

构建新时代中塞命运共同体，要坚持两国合作的务实性，为两国人民谋福祉。习近平主席宣布中方支持新时代中塞命运共同体建设的首期6项务实举措，赋予两国合作共赢新动能。中塞自由贸易协定将于今年7月1日生效，中塞高水平相互开放必将进入新阶段。中塞合作的成功实践充分证明，中国与中东欧国家完全可以在共同迈向现代化的进程中成为好朋友、好伙伴。

构建新时代中塞命运共同体，要发扬两国关系的创新性，开辟新的合作前景，将创新合作打造成双边关系新的增长点。中方宣布在未来3年支持50名塞尔维亚青年科学家赴华开展科研交流访问，双方还将积极促进在青年科学家交流、科技减贫、技术转移、联合研究、共同建设科研平台等方面取得更多务实成果。双方要共同反对霸权主义和强权政治，共同反对集团政治和阵营对抗，维护联合国宪章宗旨和原则，践行真正的多边主义，促进国际公平正义。

回顾历史，中塞友谊在共同维护世界和平与发展的伟大奋斗中凝结而成，是用鲜血和生命铸就的。着眼未来，构建新时代中塞命运共同体是双方的战略抉择，目标是实现两国人民对美好生活的向往，动力来源于两国人民的坚定支持和广泛参与。站在崭新的起点上，中塞关系面临宝贵机遇和光明前景。中方愿同塞方并肩携手，踏上构建新时代中塞命运共同体新征程。

（2024年05月10日　第02版）

擘画新时代中匈关系发展新蓝图

站在新的历史起点，中国愿同匈牙利一道，以建立新时代全天候全面战略伙伴关系为契机，继续做互信互助的好朋友、合作共赢的好伙伴，共同开辟属于两国人民的美好未来

应匈牙利总统舒尤克、总理欧尔班邀请，习近平主席5月8日至10日对匈牙利进行国事访问。访问期间，两国领导人进行了亲切友好、富有成效的会谈，就新时代中匈关系发展以及双方共同关心的问题深入交换意见，达成广泛共识。两国领导人宣布，将中匈关系提升为新时代全天候全面战略伙伴关系，为两国合作注入新的强大动力。

中匈两国是相互信赖的好朋友、好伙伴。建交75年来，中匈两国始终相互尊重、平等相待、互利共赢，两国关系经受住了国际风云变幻考验，实现了从跨越大陆的朋友、友好合作伙伴到全面战略伙伴的持续深入发展。此访期间，习近平主席深刻总结中匈关系保持平稳发展的宝贵经验——"坚持平等相待，走符合本国国情的发展道路，把前途命运牢牢掌握在自己手中""坚持互信互助，始终相互理解并坚定支持维护彼此主权、安全、发展利益""坚持合作共赢，在共建'一带一路'框架内拓展各领域合作，推动各自发展战略对接""坚持公平正义，站在历史正确一边，努力为人类和平和发展事业作出积极贡献"。这些宝贵经验是双方的共同财富，也为双方发展新时代全天候全面战略伙伴关系指明了方向，提供了遵循。

中匈将继承发扬传统友好，夯实双边关系政治基础。高水平政治互信为中匈关系发展奠定了坚实基础。中方坚定支持匈牙利走符合本国国情的发展道路，愿同匈方筑牢政治互信，加强两国政府、立法机构、政党交流，继续坚定支持彼此核心利益和重大关切。匈方长期坚定奉行对华友好政策，在涉台、涉港、人权等问题上旗帜鲜明坚定支持中方。双方愿以宣布建立中匈新时代全天候全面战略伙伴关系为新起点，推动两国关系和务实合作朝着更高水平迈进。

中匈将加强发展战略对接，打造务实合作新亮点。共建"一带一路"倡议同匈牙利"向东开放"战略高度契合。双方将发挥好中匈政府间"一带一路"合作委员会等机制作用，深化经贸、投资、金融等领域合作，推进匈塞铁路等重点项目建设，拓展新兴产业合作，培育新质生产力，为两国各自经济社会发展赋能助力。此访期间，两国领导人共同见证交换共建"一带一路"、经贸、投资、科技、文化、农业等领域多项双边合作文件。中国式现代化一定会为包括匈牙利在内的世界各国带来更多机遇。

中匈将持续扩大人文交流，厚植双边关系民意基础。民心相通是中匈关系发展的源头活水。双方将继续支持两国语言教学，用好互设的文化中心平台，加强体育、媒体、地方等领域交流合作，促进文明互鉴、民心相通。双方将进一步优化各自出入境政策，加强两国直航联系，为扩大人员往来创造更多有利条件。

中匈将共同引领地区合作，坚持中欧关系正确方向。中国—中东欧国家合作坚持共商共建共享，顺应时代潮流和发展大势，符合中国和中东欧国家共同利益，树立了跨区域合作的范例，也为中欧关系提供了有益补充。中匈双方将引领中国—中东欧国家合作向更大范围、更宽领域、更高层次发展，更好造福各国人民。中方支持匈方在欧盟内发挥更大作用，推动中欧关系实现新的更大发展。匈方明确表示，中国的发展对欧洲是机遇而不是风险。作为下半年欧盟轮值主席国，匈方愿为推动欧中关系健康发展和中东欧国家同中国合作作出积极努力。

中匈将加强国际事务交流，携手应对全球性挑战。匈方认为，习近平主席提出全球发展倡议、全球安全倡议、全球文明倡议，主张加强国际对话合作，这对于解决当前世界面临的各种挑战、防止阵营对抗至关重要。双方坚持团结协作，大力弘扬和平、发展、公平、正义、民主、自由的全人类共同价值，践行真正的多边主义，积极倡导平等有序的世界多极化和普惠包容的经济全球化。无论国际风云如何变幻，中匈两国必将坚持以宽广视野、长远眼光看待和把握双边关系，携手构建人类命运共同体，为促进世界和平稳定和发展繁荣作出应有贡献。

站在新的历史起点，中国愿同匈牙利一道，以建立新时代全天候全面战略伙伴关系为契机，继续做互信互助的好朋友、合作共赢的好伙伴，共同开辟属于两国人民的美好未来。

（2024年05月11日　第02版）

中欧关系有着强大内生动力和广阔发展前景

中欧合作的本质是优势互补、互利共赢。中国推动高质量发展，加快发展新质生产力，将为包括欧洲在内的世界各国提供更广阔的市场空间，带来更多合作共赢的机遇

习近平主席应邀对法国、塞尔维亚、匈牙利三国进行国事访问，是一次传承友谊、增进互信、提振信心和开辟未来之旅。此访推动中法关系承前启后、继往开来，开启构建新时代中塞命运共同体新征程，宣布将中匈关系提升为新时代全天候全面战略伙伴关系，对于推动中欧关系整体发展具有重要战略意义。

欧洲是多极格局重要一极，中国始终从战略高度和长远角度看待中欧关系，将欧洲作为中国特色大国外交的重要方向和实现中国式现代化的重要伙伴。明年是中国欧盟建立正式外交关系50周年，在中欧关系何去何从的关键时期，中欧双方更应该更加紧密合作，共同为世界和平稳定和发展繁荣担当尽责。习近平主席指出，当今世界进入新的动荡变革期，中欧作为两支重要力量，应该坚持伙伴定位，坚持对话合作，深化战略沟通，增进战略互信，凝聚战略共识，开展战略协作，推动中欧关系稳定健康发展，为世界和平和发展不断作出新的贡献。

历史和现实充分证明，坚持中欧互为战略伙伴的基本定位，双方就能相向而行，以对话增进理解，以合作化解分歧，以互信消除风险。此访期间，习近平主席在巴黎同法国总统马克龙、欧盟委员会主席冯德莱恩举行中法欧三方会晤。习近平主席指出，中欧关系有着强大内生动力和广阔发展前景，不针对、不依附、也不受制于第三方。欧方表示，当前世界面临重大挑战，国际局势处于关键转折点，欧盟比以往任何时候都更加需要同中国加强合作，这事关欧洲的未来。欧方希望同中方相互尊重，求同存异，增进互信，避免误解。

中欧合作的本质是优势互补、互利共赢，双方在绿色和数字转型中有着广泛巨大合作空间，双方应该通过对话协商妥处经贸摩擦，照顾双方合理关切，将彼此打造成为经贸合作的关键伙伴、科技合作的优先伙伴、产供链合作的可信伙伴。马克龙总统表示，欧方不认同"脱钩"，欢迎中国企业来欧投资合作，希望同中方加强合作，共同维护欧洲价值链供应链安全稳定。匈牙利总理欧尔班表示，匈方深化对华合作的决心坚定不移，不会受到任何力量的干扰。作为下半年欧盟轮值主席国，匈方愿为推动欧中关系健康发展和中东欧国家同中国合作作出积极努力。

中国推动高质量发展，加快发展新质生产力，将为包括欧洲在内的世界各国提供更广阔的市场空间，带来更多合作共赢的机遇。中方欢迎欧洲企业积极参与中国式现代化进程，分享中国发展红利。中欧双方应排除各种干扰、加强对话合作，共同反对经贸问题政治化、意识形态化、泛安全化，携手应对全球性挑战。针对所谓"中国产能过剩论"的言论，习近平主席用事实和数据解疑释惑、正本清源。欧方赞赏中国在绿色转型发展方面作出的努力和取得的成就，认同中方在维护自身发展方面的正当权利，不赞成"脱钩"，希望同中方加强合作，共同维护欧洲供应链稳定，应对气候变化等全球性挑战。

中欧是推动多极化的两大力量、支持全球化的两大市场、倡导多样性的两大文明，中欧关系关乎世界和平、稳定、繁荣。中国愿同欧洲各国一道，在相互尊重的基础上发展友好合作关系，进一步提升中欧关系的战略性、稳定性、建设性、互惠性，为中欧各自发展和世界和平作出积极贡献。

（2024年05月12日　第03版）

为迷茫的世界注入希望，为人类的进步探索方向

透过习近平主席此次欧洲之行，世界再次看到中国维护世界和平、促进共同发展的大国担当

"当前世界面临重大挑战，国际局势处于关键转折点，法国和欧盟比以往任何时候都更加需要同中国加强合作，这事关欧洲的未来""在习近平主席坚强领导下，中国取得举世瞩目的成就，成为世界发展与进步的灯塔，在国际事务中日益发挥重要领导作用""中国是世界多极化格局中的重要和积极力量"……习近平主席应邀对法国、塞尔维亚、匈牙利进行国事访问期间，三国领导人如是表达对中国在国际事务中发挥积极作用的认可和支持。

当前，世界各地乱象频发，热点问题复杂难解，风险挑战纷至沓来。特别是乌克兰危机延宕两年多，欧洲和平安全走到十字路口，迷茫和焦虑情绪普遍上升，期待中国为解决危机、实现和平提供中国智慧、中国方案。习近平主席近年来提出全球发展倡议、全球安全倡议、全球文明倡议，契合国际社会求和平、谋发展、促合作的普遍诉求，得到欧洲国家领导人的高度赞赏。塞尔维亚总统武契奇表示："塞方坚定支持并将积极参与习近平主席提出的全球发展倡议、全球安全倡议、全球文明倡议，同中方密切多边战略协作，共同反对霸权强权，维护联合国宪章宗旨，捍卫国际公平正义。"匈牙利总统舒尤克表示："习近平主席提出全球发展倡议、全球安全倡议、全球文明倡议，主张加强国际对话合作，这对于解决当前世界面临的各种挑战、防止阵营对抗至关重要，匈方高度赞赏。"

中国倡导平等有序的世界多极化，为全球治理提供引领和支持。多极化是当今世界的基本趋势。中方倡导平等有序的世界多极化，强调大小国家一律平等，切实推进国际关系的民主化，确保多极化进程总体稳定和具有建设性。此访期间，中法达成的关于中东局势的联合声明、关于人工智能和全球治理的联合声明等，体现出共同应对国际安全与稳定面临的挑战与威胁的担当；中塞发表的联合声明强调，双方倡导平等有序的世界多极化和普惠包容的经济全球化，坚持大小国家一律平等，反对霸权主义和强权政治，反对各种形式的单边主义和保护主义；中匈双方表示，愿在多边领域加强沟通和协作，积极倡导平等有序的世界多极化和普惠包容的经济全球化，坚定捍卫国际公平正义，推动构建人类命运共同体。这些充分表明，中国高瞻远瞩的主张得到了广泛认可。

中国倡导普惠包容的经济全球化，为完善全球经济治理贡献智慧。当今世界是经济全球化塑造的世界，保护主义改变不了经济全球化大势。中欧共同坚持拆墙而不筑墙、开放而不隔绝、融合而不脱钩，有助于开创世界经济更加美好的明天。此访期间，习近平主席宣布中国扩大对外开放的一系列举措，包括将对法国等12国公民短期来华的免签政策延长至2025年年底，将自主扩大电信、医疗等服务业对外开放等。习近平主席还面向欧洲阐释中国式现代化的世界意义，强调中国推动高质量发展，加快发展新质生产力，将为包括欧洲在内的世界各国提供更广阔的市场空间，带来更多合作共赢的机遇。欧洲企业界人士纷纷表示，将继续保持或扩大对华投资，期待深度参与中国高水平、制度型开放进程。

此访期间，习近平主席从历史纵深和战略高度阐明中方在乌克兰危机上的看法主张，高屋建瓴地概括提炼中欧之间的共识和共同利益，指出中欧要共同反对战事外溢升级，共同为和谈创造条件，共同维护国际能源粮食安全、产业链供应链稳定。访法期间，中法一致同意，以巴黎奥运会为契机，倡议运动会期间全球停火止战。关于巴以冲突，习近平主席强调，当务之急是尽快实现全面停火止战，重中之重是确保人道主义救援，根本出路是落实“两国方案”。中方支持尽快召开更大规模、更具权威、更有实效的国际和平会议，推动巴勒斯坦问题早日得到全面、公正、持久解决。在攸关和平与稳定的问题上，中国始终站在历史正确一边，站在和平正义一边，站在国际道义制高点，得到国际社会的广泛认同和高度评价，成为促进国际和平与稳定的中流砥柱。

透过习近平主席此次欧洲之行，世界再次看到中国维护世界和平、促进共同发展的大国担当。面向未来，中国愿同包括欧洲国家在内的国际社会一道，加强在重大国际问题上的沟通和协作，共同为迷茫的世界注入希望，为人类的进步探索方向。

（2024年05月13日　第02版）

顺应时代潮流　促进和平发展

　　7月2日至6日，习近平主席将出席在阿斯塔纳举行的上海合作组织成员国元首理事会第二十四次会议，并应哈萨克斯坦共和国总统托卡耶夫、塔吉克斯坦共和国总统拉赫蒙邀请对两国进行国事访问。在百年变局加速演进、国际形势动荡变革的当下，习近平主席此次中亚之行将为推动构建更加紧密的上海合作组织命运共同体，开启中哈、中塔团结合作新篇章注入新动力，为维护世界和平、促进共同发展贡献中国智慧、中国力量。

　　成立20多年来，上海合作组织经受了国际风云变幻的严峻考验，始终朝着求团结、增互信、谋发展、促合作的正确方向迈进，树立了新型国际关系和新型区域合作的典范。互信、互利、平等、协商、尊重多样文明、谋求共同发展的"上海精神"是上海合作组织发展壮大的生命力所在，更是上海合作组织必须长期坚持的根本遵循。世界越是变乱交织，上海合作组织各成员国越要坚守"上海精神"，把准正确方向，通过进一步做实、做强上海合作组织，更有效维护共同利益，应对各种挑战，捍卫公平正义。

　　中国是上海合作组织创始成员国，始终将上海合作组织作为外交优先方向。2013年以来，习近平主席出席历次上海合作组织峰会，提出了一系列重要倡议和主张，为上海合作组织发展壮大擘画蓝图，为构建上海合作组织命运共同体指明方向。此次习近平主席出席上海合作组织阿斯塔纳峰会，将与各成员国领导人就新形势下加强团结协作进行深入讨论，共同夯实上海合作组织作为本地区安全屏障、合作桥梁、友好纽带和建设性力量的积极作用，推动构建更加紧密的上海合作组织命运共同体，为世界和平与发展注入更多确定性和正能量。

中国和哈萨克斯坦是山水相连、唇齿相依的好邻居、好朋友、好伙伴。在习近平主席和托卡耶夫总统亲自关心和直接推动下，中哈两国本着同舟共济、互利共赢精神结为永久全面战略伙伴，在此基础上又顺应时代潮流，决定构建中哈命运共同体，为双边关系树立了新的标杆，开辟了新的前景，提供了新的动力。世代友好、高度互信、休戚与共已成为两国关系的主旋律。中哈积极推动高质量共建"一带一路"，各领域合作取得丰硕成果，惠及两国人民。中哈合作在国际社会中树立了优势互补、互利共赢的典范，为推动建设新型国际关系、构建人类命运共同体注入了满满的正能量。习近平主席此次访问哈萨克斯坦，将进一步深化两国政治互信、互利合作和人文交流，推动两国关系高水平发展。

中国和塔吉克斯坦关系具有深厚的历史渊源、坚实的政治基础、丰富的合作内涵、广泛的民意支持。在习近平主席和拉赫蒙总统的战略引领下，中塔两国秉持睦邻友好精神建立了全面战略伙伴关系，又顺应时代潮流宣布构建中塔发展共同体和安全共同体，并在此基础上一致同意构建中塔命运共同体，走出了相互尊重、平等相待、互利共赢的邻国相处之道，树立了国家间关系发展的典范。双方各领域务实合作成果丰硕，在涉及彼此核心利益问题上始终坚定相互支持。塔吉克斯坦是最早支持共建"一带一路"倡议并同中国签署共建"一带一路"合作文件的国家之一。中国愿同塔吉克斯坦在迈向现代化的道路上守望相助、携手共进，为两国和两国人民创造更多福祉。

放眼世界，和平、发展、合作、共赢的大势不可阻挡，国际社会需要顺应历史潮流，作出正确选择。中方愿同地区国家一道，积极倡导平等有序的世界多极化、普惠包容的经济全球化，推动构建人类命运共同体，携手开创更加美好的未来。

（2024年07月01日 第03版）

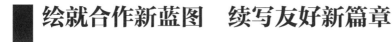

绘就合作新蓝图　续写友好新篇章

习近平主席对哈萨克斯坦进行国事访问，巩固了中哈相互支持的政治传统，促进了中哈用好互利共赢的合作法宝，进一步夯实了中哈世代友好的民意基础，助力中哈携手因应加速演进的百年变局

应哈萨克斯坦总统托卡耶夫邀请，习近平主席对哈萨克斯坦进行国事访问。这是习近平主席第五次访问哈萨克斯坦。哈方以最高礼仪欢迎习近平主席，两国领导人举行了亲切友好、富有成果的会谈，达成广泛共识，共同签署了《中华人民共和国和哈萨克斯坦共和国联合声明》，共同规划两国未来合作重点方向，并见证交换了两国多项政府间、部门间合作文件，为中哈关系高质量发展注入了新动力。

中哈友好根植于绵延千年的古丝绸之路，又历经建交32年的合作积淀，达到永久全面战略伙伴的高水平，世代友好、高度互信、休戚与共成为中哈关系的主旋律。习近平主席指出，中方始终从战略高度和长远角度看待中哈关系，将哈萨克斯坦视为中国周边外交的优先方向和在中亚的重要合作伙伴，中方维护好、发展好中哈关系的意愿和决心坚定不移，不会因一时一事或国际风云变幻而改变。中方同哈方携手构建更加富有内涵和活力的中哈命运共同体，将为地区乃至世界的发展稳定注入更多正能量。

此访巩固了中哈相互支持的政治传统。建交以来，中哈关系经受住时代变迁和国际风云变幻的考验，树立了邻国和衷共济、互利共赢、相互成就的关系典范。习近平主席指出，中国将永远是哈方可以倚重和信赖的好邻居好伙伴。托卡耶夫总统表示，哈萨克斯坦坚定恪守一个中国原则，是中国可以信赖的朋友和伙伴。深化对华友好战略合作，是哈方坚定不移的战略优先。两国将继续以诚相待、以信相交，持续巩固政治互信，加强战略沟通，在涉及彼此核心利益和重大关切问题上坚定相互支持。

此访促进了中哈用好互利共赢的合作法宝。此访期间，习近平主席同托卡耶夫总统以视频方式共同出席中欧跨里海直达快运开通仪式。这是中方车辆首次以公路直达运输方式抵达里海沿岸港口，标志着集公路、铁路、航空、管道运输为一体的多元立体互联互通格局正式建成。中哈双方确立了未来尽早实现双边贸易额翻番的新目标，将深化经贸、产能、投资、能源矿产、农业等传统领域合作，充分挖掘新能源、数字经济、人工智能、跨境电商、航空航天等高技术领域合作潜力，打造高附加值产业链供应链，为两国合作增添更多新动能。双方共同落实好习近平主席此次访问的重要成果，持续推进发展战略对接，高质量共建"一带一路"，实施更多互利共赢的合作项目，推动两国务实合作不断提质升级，将更好助力各自发展振兴。

此访进一步夯实了中哈世代友好的民意基础。深化中哈友好是两国民心所向、民意所盼。此访期间，中哈两国元首共同出席两国文化中心和北京语言大学哈萨克斯坦分校揭牌仪式；双方强调将深化人文交流，广泛开展文明对话；两国元首宣布2025年为哈萨克斯坦"中国旅游年"；双方愿加快在哈设立第二家鲁班工坊……两国继续拓展人文交流的深度和广度，将不断促进两国人民相知相亲。

此访助力中哈携手因应加速演进的百年变局。双方重申坚定恪守包括联合国宪章在内的国际法和相互尊重主权和领土完整、互不侵犯、互不干涉内政、平等互利、和平共处的原则，支持以相互尊重、公平正义、合作共赢、平等参与全球治理、照顾彼此利益为基础发展国际关系。双方愿在联合国、世界贸易组织、上海合作组织、亚洲相互协作与信任措施会议、亚欧会议、中国—中亚机制等多边机制框架下深化协作。双方将继续加强在上海合作组织框架内的相互支持与合作，弘扬"上海精神",凝聚各方构建人类命运共同体共识,为维护国际和地区安全、稳定和发展繁荣作出更大贡献。中方支持哈萨克斯坦加入金砖合作机制。两国元首达成的共识有利于推动全球治理体系朝着更加公正合理的方向发展,维护两国以及广大发展中国家共同利益。

展望未来,中哈合作大有可为。中方将同哈方一道,携手构建更加富有内涵和活力的中哈命运共同体,共同绘就两国合作新蓝图,续写中哈友好新篇章,为地区乃至世界的发展稳定注入更多正能量。

（2024年07月05日　第06版）

共同建设更加美好的上海合作组织家园

7月4日，习近平主席在哈萨克斯坦首都阿斯塔纳出席"上海合作组织+"阿斯塔纳峰会并发表重要讲话，强调要牢固树立命运共同体意识，始终秉持"上海精神"，坚定不移走契合本国国情、符合本地区实际的发展道路，共同建设更加美好的上海合作组织家园，让各国人民安居、乐业、幸福。习近平主席提出建设团结互信、和平安宁、繁荣发展、睦邻友好、公平正义的共同家园，为携手擘画上海合作组织发展新蓝图指明方向。

这是上海合作组织首次以"上海合作组织+"的形式举行峰会，好朋友、新伙伴济济一堂、共商大计。上海合作组织成员国已增加到10个，"上海合作组织大家庭"覆盖三大洲26个国家，伙伴越来越多，合作基础更加坚实。在世界百年变局加速演进、人类社会又一次站在历史的十字路口的当下，上海合作组织站在历史正确一边，站在公平正义一边，对世界至关重要。

团结协作是上海合作组织一路走来的成功经验，也是新征程上应变局、开新局的必然选择。面对干涉分化的现实挑战，上海合作组织国家要巩固团结力量。各方要继续高举"上海精神"旗帜，守望相助，相互成就，共同把稳上海合作组织发展方向，将本组织打造成为成员国实现共同繁荣振兴的可靠依托，把本国前途命运、地区和平发展牢牢掌握在自己手中。各方尊重彼此自主选择的发展道路，支持彼此维护核心利益，通过战略沟通消弭分歧、凝聚共识、增进互信，将为建设团结互信的共同家园打下坚实基础。

安全是国家发展的前提，平安是人民幸福的生命线。面对冷战思维的现实威胁，上海合作组织国家要守住安全底线，坚持践行共同、综合、合作、可持续的安全观，以对话和协作应对复杂交织的安全挑战，以共赢思维应对深刻调整的国际格局，共建持久和平、普遍安全的世界。各方应共同完善安全合作机制手段，多几道保障就多几分把握，就能更好地建设和平安宁的共同家园。

实现现代化是上海合作组织国家的共同目标。面对"小院高墙"的现实风险，上海合作组织国家要维护发展权利。坚持普惠包容，联手推动科技创新，维护产业链供应链稳定通畅，激发地区经济内生动力，推动实现共同发展目标。各方还要推进本组织治理体系现代化，完善运作机制，提升运行效能。中方建议将2025年确定为"上海合作组织可持续发展年"，聚焦发展动能推陈出新。中方提出愿同各方全面落实高质量共建"一带一路"八项行动，用好农业示范基地、地方经贸示范区、生态环保创新基地等平台促进区域合作，扩大本币结算份额，积极推进筹建上海合作组织融资平台，将为建设繁荣发展的共同家园注入新动能。

文明对话对促进世界和平和睦起到越来越重要的作用，多样文明和谐发展是地区国家人民的美好愿景。中方提出愿为本组织国家文明对话提供优质平台，充分发挥上海合作组织睦邻友好合作委员会等民间机构作用，继续办好传统医学论坛、民间友好论坛、青年交流营、青年发展论坛等品牌活动，未来5年向本组织国家提供1000个青年赴华交流名额，将有效助力各方共同建设睦邻友好的共同家园。

建设公平正义的共同家园是上海合作组织国家的共同心声。此次上海合作组织峰会发表阿斯塔纳宣言，团结共促世界公正、和睦、发展倡议，睦邻互信和伙伴关系原则声明，发出要团结不要分裂、要合作不要对抗、要公正不要霸权的新时代强音。上海合作组织国家共同倡导平等有序的世界多极化和普惠包容的经济全球化，践行真正的多边主义，就能推动全球治理朝着更加公正合理的方向发展，为消弭和平赤字、发展赤字、安全赤字、治理赤字贡献"上海合作组织力量"。

"上海合作组织之所以能够经受住国际形势风云变幻的考验，根源在于我们始终坚持团结协作的优良传统、平等互惠的合作之道、公平正义的价值追求、包容互鉴的广博胸怀。"阿斯塔纳峰会后，中国将接任2024至2025年度上海合作组织轮值主席国。中方愿同本组织伙伴团结协作，同更多认同"上海精神"的国家和国际组织携手并进，让构建人类命运共同体的前景更加光明可期，为本地区人民带来更多福祉，为世界持久和平与共同繁荣贡献更多力量。

（2024年07月07日　第02版）

在更高起点上携手构建中塔命运共同体

应塔吉克斯坦总统拉赫蒙邀请，习近平主席近日对该国进行国事访问。访问期间，两国元首举行了内容丰富、成果丰硕的会谈，共同签署联合声明，宣布建立新时代中塔全面战略合作伙伴关系，一致决定在更高起点上携手构建世代友好、休戚与共、互利共赢的中塔命运共同体，推动中塔关系迈上新台阶，共同开辟中塔关系更加美好的新前景。

中国和塔吉克斯坦山水相连、唇齿相依、命运与共。建交32年来，中塔关系经受住了国际风云变幻的考验，始终保持健康稳定发展势头。习近平主席同拉赫蒙总统建立起良好工作关系和深厚个人友谊，共同引领中塔关系向前发展。此访期间，拉赫蒙总统为习近平主席举行最高礼遇的盛大欢迎仪式，习近平主席向拉赫蒙总统颁授中华人民共和国"友谊勋章"，充分体现了两国间的深情厚谊。

此访增进了双方高水平政治互信。习近平主席指出，无论国际形势如何变化，中国永远是塔吉克斯坦值得信赖的朋友、可以倚重的伙伴和亲密无间的兄弟。拉赫蒙总统表示，同中国加强新时代全面战略合作伙伴关系是塔方的优先政策方向。塔方坚定不移恪守一个中国原则，反对任何形式的"台湾独立"，坚定支持中方为维护主权和领土完整、实现国家统一所作的一切努力。展望未来，双方保持密切高层交往，深化治国理政经验交流，增进高水平政治互信，将让两国关系始终行进在正确轨道上。

中国正着力推动高质量发展和高水平对外开放，以中国式现代化全面推进强国建设、民族复兴伟业。塔吉克斯坦也在实现"2030年前国家发展战略"的道路上阔步前行。此访期间，中塔双方商定以高质量共建"一带一路"合作为主线，全面推进两国发展战略对接，助力各自现代化建设，共同筑牢中塔关系物质基础。中方提出愿扩大进口塔吉克斯坦优质产品，不断提升中塔经贸合作质量和规模。持续深化互联互通合作，支持塔吉克斯坦更多发掘过境运输潜力。深化矿产资源合作，提升农业合作水平，培育新能源、数字经济、人工智能、电子商务等新质生产力合作增长点。双方扩大务实合作，将更好地助力各自发展振兴，为两国人民带来更多福祉。

安全领域的高效协作体现了两国互信的高水平。中塔双方决心进一步加强安全合作，打造两国发展安全屏障，共同严厉打击"东伊运"等"三股势力"，维护两国边境安全，旗帜鲜明反对第三方干涉两国内政，共同维护本地区安全稳定。双方将在阿富汗问题上继续加强沟通和协调，共同参与涉阿富汗机制合作，鼓励阿富汗临时政府包容建政、聚焦发展、改善民生，坚决打击涉恐违法犯罪，奉行睦邻友好。塔方支持中方提出的全球安全倡议，愿同中方开展交流合作，共同维护地区和世界和平与安全。

民相亲、心相通的涓涓细流持续汇入两国友好的大海，中塔友好事业不断进发出新活力。中方欢迎更多塔吉克斯坦朋友到中国旅游观光、留学深造、投资经商、访问交流，愿同塔方不断扩大文化、教育、卫生、体育、青年、地方等领域合作，让两国人民像走亲戚一样常来常往。中塔两国将充分发挥在塔鲁班工坊、孔子学院、中塔中医药中心作用，加快推进互设文化中心，扩大两国地方合作，让中塔世代友好薪火相传、发扬光大。

习近平主席此访是中塔关系的又一重要里程碑。中方期待同塔方一道，落实好两国元首共识，推动新时代中塔全面战略合作伙伴关系向更高水平发展，开创两国人民美好未来，并在国际舞台上加强团结协作，为世界和平和发展事业贡献中塔力量。

（2024年07月08日　第02版）

不断壮大世界和平与发展的力量

金砖合作机制诞生于全球南方国家群体性崛起的时代浪潮之中，金砖合作机制越发展，越能更好团结"全球南方"力量、引领"全球南方"发展、维护"全球南方"利益、发出"全球南方"声音

应俄罗斯联邦总统普京邀请，习近平主席将于10月22日至24日赴俄罗斯喀山出席金砖国家领导人第十六次会晤。这是金砖历史性扩员后举行的首次领导人会晤。中方期待同各方共同推动"大金砖合作"开好局、起好步，谱写新兴市场国家和发展中国家团结合作谋发展的新篇章，为世界注入更多确定性、稳定性、正能量。

成立以来，金砖合作机制始终秉持开放包容、合作共赢的金砖精神，树立起南南合作的一面旗帜。当今世界进入新的动荡变革期，各种安全威胁交织共振，世界经济复苏面临挫折，发展中国家面临的挑战更为严峻。去年，金砖迈出扩员历史性步伐，进一步增强了在全球的代表性和影响力，进一步壮大了世界和平与发展的力量。举行金砖国家领导人巴以问题特别视频峰会，在二十国集团等多边机制中共同捍卫发展中国家权益……金砖国家在国际事务中积极、稳定、向善的作用更加突出。

金砖合作机制不断发展壮大，关键在于顺应历史大势，找准合作之道。金砖国家坚持和平发展的大方向，推动以对话解争端，以协商化分歧，以合作促安全，坚持政治解决热点问题，符合各国人民对良好安全环境的期盼；金砖国家

坚持发展优先，携手推动发展重回国际议程中心位置，关注发展中国家的现实困难，符合各国人民对美好生活的向往；金砖国家坚持和捍卫真正的多边主义，维护联合国在国际体系中的核心作用，维护国际法和国际关系基本准则，鼓励和支持各国走符合本国国情的发展道路，符合全球南方国家争取合理发展空间的诉求。金砖国家有广泛共识和共同目标，无论国际形势如何变幻，合作初衷、共同愿望不会变。

作为"全球南方"第一方阵，金砖国家始终同全球南方国家同呼吸、共命运。金砖合作机制诞生于全球南方国家群体性崛起的时代浪潮之中，金砖合作机制越发展，越能更好团结"全球南方"力量、引领"全球南方"发展、维护"全球南方"利益、发出"全球南方"声音。30多个国家申请加入金砖合作机制，充分表明金砖的感召力不断上升、吸引力持续增强。扩员后的金砖大家庭应充分发挥"大金砖"的战略意义和政治效果，将金砖打造成基于新兴市场国家和发展中国家、面向全球、开放包容的新型多边合作机制，推动全球治理变革朝着更加公正合理的方向发展。

在金砖合作承前启后、继往开来的关键阶段，中方支持金砖国家加强各领域合作，推进高质量伙伴关系，在国际舞台上发挥更大作用。中方主张金砖国家倡导共同安全，推动实现持久和平。金砖国家应在涉及彼此核心利益问题上相互支持，就重大国际和地区问题加强协调，积极斡旋热点问题，推动政治解决。中方主张金砖国家做发展振兴道路上的同行者，将支持全球南方国家发展振兴作为全球发展倡议优先方向，推动金砖国家以自身发展带动全球南方国家发展。中方主张金砖国家弘扬海纳百川的精神，倡导不同文明和平共处、和合共生，尊重各国自主选择的现代化道路。中方主张金砖国家共同践行多边主义，推动完善全球治理。金砖国家应共同维护以联合国为核心的国际体系，支持并加强以世贸组织为核心的多边贸易体制，充分发挥新开发银行的作用，推动国际金融货币体系改革。

立足新起点，"大金砖"要有大担当、大作为。中方愿同金砖伙伴一道，坚守团结自强初心，推动"大金砖合作"行稳致远，开启"全球南方"联合自强新纪元，共同促进世界和平与发展。

（2024年10月20日　第02版）

开创"大金砖合作"高质量发展新局面

当地时间10月23日上午，习近平主席在俄罗斯喀山出席金砖国家领导人第十六次会晤并发表重要讲话。着眼于金砖发展全局性、方向性、战略性问题，习近平主席提出建设"和平金砖""创新金砖""绿色金砖""公正金砖""人文金砖"五点建议，为推动金砖国家集体再出发、开创"大金砖合作"高质量发展新局面指明方向。

"君子处事，于义合者为利。"金砖国家走到一起，是基于共同追求，顺应世界和平和发展大势。自成立以来，金砖国家始终坚守开放包容、合作共赢的初心使命，致力于维护世界和平、促进共同发展、完善全球治理、推动国际关系民主化，成为国际事务中积极、稳定、向善的力量。扩员是金砖发展史上的重要里程碑，也是国际格局演变的标志性事件。此次金砖国家领导人会晤决定邀请多个国家成为金砖伙伴国，是金砖发展过程中的又一个重要进展。越来越多的国家希望参与金砖合作，彰显金砖合作机制的强大生命力和影响力，体现出和平发展、合作共赢是人心所向。

当前，世界百年变局加速演进，既有多极化的新局，也有"新冷战"的危局。在此关键历史时刻，习近平主席提出建设"和平金砖""创新金砖""绿色金砖""公正金砖""人文金砖"，从构建人类命运共同体的高度，为"大金砖合作"擘画蓝图，将进一步凝聚金砖国家共同价值，维护金砖国家共同利益，促进金砖国家联合自强，把金砖打造成促进"全球南方"团结合作的主要渠道、推动全球治理变革的先锋力量。

人类是不可分割的安全共同体，金砖国家要做共同安全的维护者，践行共同、综合、合作、可持续的安全观，走出一条普遍安全之路。新一轮科技革命和产业变革迅猛发展，金砖国家要做高质量发展的先行者，培育新质生产力。绿色是这个时代的底色，金砖国家要做可持续发展的践行者，主动融入全球绿色低碳转型洪流。国际力量对比正在深刻演变，但全球治理体系改革长期滞后。金砖国家要做全球治理体系改革的引领者，践行真正的多边主义，积极回应各国加入金砖合作机制的呼声。金砖国家汇聚了深厚的历史和璀璨的文化，要做文明和合共生的倡导者，让不同文明交相辉映，照亮金砖前行之路。

中国不仅是金砖发展的倡导者，也是推动金砖合作行稳致远的行动派。从和巴西会同有关"全球南方"国家发起乌克兰危机"和平之友"小组，到呼吁中东各方尽快停火、停止杀戮，为全面、公正、持久解决巴勒斯坦问题不懈努力；从宣布建立金砖国家深海资源国际研究中心、金砖国家特殊经济区中国合作中心、金砖国家工业能力中国中心、金砖国家数字产业生态合作网络，到拓展绿色产业、清洁能源以及绿色矿产合作；从提出做大做强新开发银行，到承诺实施金砖数字教育能力建设计划……习近平主席提出的一系列务实举措必将有力推动"大金砖合作"走深走实，促进"全球南方"国家团结合作，为世界和平与发展注入新动力。

时代的风浪越大，金砖国家越要勇立潮头，以坚韧不拔之志、敢为人先之勇、识变应变之谋，共同谱写"大金砖合作"高质量发展新篇章。中方愿同金砖各国一道，高举和平、发展、合作、共赢旗帜，淬炼金砖成色，展现金砖力量，携手更多"全球南方"国家共同推动构建人类命运共同体。

（2024年10月25日　第02版）

谱写"全球南方"团结合作的新篇章

作为金砖创始成员国、"全球南方"大家庭的重要成员，中国始终心系"全球南方"、扎根"全球南方"，支持更多"全球南方"国家加入金砖事业

"作为'全球南方'的第一方阵，我们要展现集体智慧和力量，为构建人类命运共同体挺膺担当。"当地时间10月24日上午，习近平主席在俄罗斯喀山出席"金砖+"领导人对话会并发表重要讲话，深刻阐述推动"全球南方"团结合作的中方主张，为"全球南方"振兴注入重要信心和动力。

"全球南方"是新兴市场国家和发展中国家的集合体。"全球南方"群体性崛起，是世界大变局的鲜明标志。从世界经济"存量边区"到"增量重镇"，"全球南方"占世界经济的比重已超过40%，正在深刻改写世界经济的版图，成为塑造国际格局的重要力量。"全球南方"国家共同迈向现代化是世界历史上一件大事，也是人类文明进程中史无前例的壮举。面对世界百年未有之大变局加速演进，"全球南方"应当以更加开放包容的姿态携手共进，在维护国际公平正义、促进世界和平发展方面发挥更加重要作用，走在推动构建人类命运共同体的前列。

世界和平和发展仍面临严峻挑战，"全球南方"振兴之路注定不会平坦。金砖国家要把握历史机遇，展现历史主动，坚守开放包容、合作共赢的初心使命，共同打造和平发展的大格局。着眼于历史发展大势，习近平主席提出"坚守和平，实现共同安全""重振发展，实现普遍繁荣""共兴文明，实现多元和谐"三点主张，引领金砖国家更好发挥作为"全球南方"第一方阵的作用。金砖国家要做维

护和平的稳定力量，加强全球安全治理，探索标本兼治的热点问题解决之道；金砖国家要做共同发展的中坚力量，积极参与和引领全球经济治理体系改革，推动把发展置于国际经贸议程中心地位；金砖国家要做文明互鉴的促进力量，增进沟通对话，支持彼此走符合本国国情的现代化道路。三点主张与中方提出的全球安全倡议、全球发展倡议、全球文明倡议一脉相承，不仅回应了"全球南方"求和平、谋发展、促合作的迫切需要，也彰显了中国与"全球南方"携手并进、共谋发展的坚定决心。

作为金砖创始成员国、"全球南方"大家庭的重要成员，中国始终心系"全球南方"、扎根"全球南方"，支持更多"全球南方"国家加入金砖事业。近年来，中国推动成立新开发银行，首倡"金砖＋"合作模式，提出一系列重要主张倡议，为金砖合作高质量发展注入新动能。提出"全球南方"开放包容合作倡议，宣布支持"全球南方"合作八项举措；向160多个国家提供发展援助，同150多个国家和30多个国际组织携手共建"一带一路"；同100多个国家和联合国等多个国际组织推进全球发展倡议合作，投入并动员近200亿美元发展资金，开展1100多个项目；成立金砖国家职业教育联盟，并将牵头成立"全球南方"智库合作联盟，促进各国人文交流和治国理政互学互鉴……中国始终以实际行动支持"全球南方"振兴。

无论国际形势如何变化，中国心系"全球南方"的初心永远不变，支持"全球南方"振兴的承诺永远不减。中国将继续同其他"全球南方"国家一道，发出和平之声、共谋发展之路、夯实合作之基，推动"大金砖合作"高质量发展，谱写"全球南方"团结合作的新篇章。

（2024年10月26日　第03版）

以"大金砖合作"引领"全球南方"大团结

世界百年未有之大变局下，不断成熟壮大的金砖成色更足、阵容更强、声音更响。以"大金砖合作"引领"全球南方"大团结，大有可为

金秋十月，习近平主席飞赴伏尔加河畔千年古城喀山，出席金砖国家领导人第十六次会晤。在喀山停留不到48小时里，习近平主席密集出席10多场活动，多边双边结合联动，老友新朋聚首畅谈，日程丰富紧凑，内容务实高效，访问圆满成功。"中国坚定支持'全球南方'共同愿景""金砖国家代表了发展中国家的希望""金砖国家领导人喀山会晤加快建立公正国际秩序步伐"……国际舆论高度关注习近平主席喀山之行，积极评价中国作为金砖合作中坚力量、"全球南方"核心成员发挥的重要作用。

开辟"大金砖合作"新阶段，谱写金砖国家团结自强新篇章。诞生于新兴市场国家和发展中国家群体性崛起的历史大潮之中，承载着"全球南方"对于和平发展与公平正义的期盼，金砖合作机制已成为当今世界新兴市场国家和发展中国家团结合作的最重要平台。着眼于国际格局演变和全球发展大势，习近平主席深刻阐述推动"大金砖合作"高质量发展的中国主张，提出建设"和平金砖""创新金砖""绿色金砖""公正金砖""人文金砖"五点建议，宣布中方支持金砖合作高质量发展的务实举措，彰显了推进金砖合作的坚定承诺与信心，有力助推金砖合作提质升级。喀山会晤达成共识，决定邀请多个国家成为金砖伙伴国，金砖合作机制感召力、影响力、生命力更加彰显，将为构建更加公正合理的全球治理体系

贡献更大力量。

凝聚团结振兴新共识，开辟"全球南方"发展繁荣新前景。"金砖+"领导人对话会上，30多个国家领导人围绕加强多边主义、促进公正的全球发展和安全深入沟通，呼吁尽快在加沙停火止战、改革国际经济金融秩序，凸显"全球南方"国家对和平安全的渴望、对发展繁荣的追求、对公平正义的向往。习近平主席提出"坚守和平，实现共同安全""重振发展，实现普遍繁荣""共兴文明，实现多元和谐"三点主张，倡导金砖国家展现历史主动，引领"全球南方"国家共同迈向现代化，携手构建人类命运共同体。国际人士指出，中方倡导践行真正的多边主义，推动全球治理体系朝着更加公正合理的方向发展，这是当今国际关系急需的正能量。

从擘画"大金砖合作"未来之路到壮大"全球南方"团结之力，中国既有胸怀天下的理念主张，也有脚踏实地的行动方案。建立金砖国家深海资源国际研究中心、金砖国家特殊经济区中国合作中心、金砖国家工业能力中国中心、金砖国家数字产业生态合作网络；实施金砖数字教育能力建设计划，未来5年在金砖国家设立10个海外学习中心；建立全球"智慧海关"在线合作平台和金砖国家海关示范中心，牵头成立"全球南方"智库合作联盟……习近平主席宣布的各项合作举措紧跟新一轮科技革命和产业变革的时代步伐，顺应了"全球南方"求团结、谋发展、促变革的共同心声。

从第三届"一带一路"国际合作高峰论坛，到和平共处五项原则发表70周年纪念大会，从中阿合作论坛第十届部长级会议，到中非合作论坛北京峰会，中方一系列重大外交行动表明，中国始终心系"全球南方"、扎根"全球南方"。"中国是引领金砖国家合作的重要力量""同中国的合作让我们看到了国家发展振兴的希望"……国际社会认为，中国方案与中国行动正不断为"全球南方"国家发展注入澎湃动力。

千年潮未落，风劲好扬帆。世界百年未有之大变局下，不断成熟壮大的金砖成色更足、阵容更强、声音更响。以"大金砖合作"引领"全球南方"大团结，大有可为。中国将团结金砖和"全球南方"伙伴，同国际社会一道，继续在发展振兴的新征程上追逐梦想，在人类文明进步事业中携手奋进。

（2024年10月27日　第03版）

为世界和平与发展贡献更大力量

习近平主席拉美之行将为维护亚太合作正确方向、促进全球发展、完善全球治理贡献中国智慧和方案，为中秘、中巴及中拉关系发展注入新动力

应秘鲁总统博鲁阿尔特邀请，习近平主席将赴利马出席亚太经合组织第三十一次领导人非正式会议并对秘鲁进行国事访问。应巴西总统卢拉邀请，习近平主席将赴里约热内卢出席二十国集团领导人第十九次峰会并对巴西进行国事访问。在世界经济复苏乏力、全球性挑战层出不穷的背景下，习近平主席拉美之行将为维护亚太合作正确方向、促进全球发展、完善全球治理贡献中国智慧和方案，为中秘、中巴及中拉关系发展注入新动力。

亚太经合组织是亚太地区层级最高、领域最广、最具影响力的经济合作平台，成立30多年来助力亚太成为世界经济增长中心、全球发展稳定之锚和合作高地。2013年以来，习近平主席出席或主持历次亚太经合组织领导人非正式会议并发表重要讲话，为亚太人民共同命运谋划未来。从提出树立亚太命运共同体意识到倡导共建互信、包容、合作、共赢的亚太伙伴关系，从描绘亚太梦想到勾画全方位互联互通蓝图……中国理念和方案为促进亚太稳定繁荣作出积极贡献。当前，世界经济面临多种风险挑战，作为全球增长引擎，亚太肩负更大的时代责任。习近平主席出席亚太经合组织第三十一次领导人非正式会议并发表重要讲话，介绍中国深化改革开放重要举措，阐述中国对推进亚太合作的政策主张，将为推动区域经济一体化和构建开放型世界经济凝聚更多共识。

二十国集团是国际经济合作主要论坛，在促进世界经济稳定和增长方面肩负着重要使命。习近平主席多次出席或主持二十国集团领导人峰会，为解决全球发展面临的重大现实问题、完善全球经济治理提供重要理念指引。当前，百年变局加速演进，全球南方群体性崛起，二十国集团承载新的期待，迎来新的发展机遇，理应展现更大担当作为。习近平主席出席二十国集团领导人第十九次峰会彰显中方对多边主义的坚定支持，体现出中方对二十国集团合作的高度重视。习近平主席将发表重要讲话，围绕"构建公正的世界和可持续的星球"这一主题，同各国领导人进行深入交流，与各方共同推动里约热内卢峰会在坚持多边主义、构建开放型世界经济、支持可持续发展方面取得积极成果，发出明确信号，推动各国合作应对挑战，实现共同繁荣。

秘鲁是最早同新中国建交、最早同中国建立全面战略伙伴关系的拉美国家之一，也是最早同中国签署一揽子自由贸易协定的拉美国家。近年来，在双方共同努力下，中秘各领域合作成果丰硕。中国和巴西同为发展中大国和重要新兴市场国家，是志同道合的好朋友、携手前行的好伙伴。建交50年来，中巴关系始终保持稳定发展，在促进各自国家发展振兴的同时，也为世界和平稳定和繁荣发展发挥重要作用。习近平主席对秘鲁、巴西进行国事访问，将进一步夯实双边政治互信、深化务实合作、促进文明互鉴、加强多边协作，推动中秘、中巴全面战略伙伴关系迈上新台阶。

2014年，习近平主席在巴西提出构建中拉命运共同体，得到拉美国家广泛积极响应。10年来，中拉命运共同体建设不断取得新成果，中拉关系进入平等、互利、创新、开放、惠民的新时代。同属全球南方的中国与拉美国家坚定维护世界和平、促进共同发展，为完善全球治理积极贡献力量。习近平主席此次访问将进一步凝聚中拉团结合作的共识，推动中拉命运共同体建设和全球南方现代化。

集众智，聚合力。中方愿同各方弘扬伙伴精神，深化各领域合作，推动平等有序的世界多极化、普惠包容的经济全球化，为世界和平与发展贡献更大力量。

（2024年11月09日　第03版）

同心所向　跨越山海

在南半球的初夏时节，习近平主席再次对秘鲁进行国事访问。同博鲁阿尔特总统举行会谈，就双边关系和共同关心的问题深入交换意见，达成广泛共识；见证签署两国政府关于共建"一带一路"的合作规划、两国政府自由贸易协定升级议定书；以视频方式出席钱凯港开港仪式……习近平主席此访取得丰硕成果，开启了中秘全面战略伙伴关系的新篇章。

习近平主席一年时间里第三次同博鲁阿尔特总统会晤，体现出中秘关系的高水平。秘鲁是最早同新中国建交的拉美国家之一。半个多世纪以来，中秘关系始终稳步前行，特别是2013年建立全面战略伙伴关系以来，双边关系不断深化，务实合作成果丰硕，惠及两国人民。今年5月，秘鲁国会通过决议，宣布将每年2月1日定为"秘中友谊日"，充分体现秘鲁人民对中国人民的友好情谊。

"让人民过上更美好生活是我们两国的共同追求。我们要弘扬中秘传统友谊，拓展深化各领域互利合作，赋予其新时代的内涵。"习近平主席在当地媒体发表署名文章指出。为推动两国务实合作提质升级，使中秘全面战略伙伴关系不断迈上新台阶，更好造福两国人民，习近平主席提出，双方要对接发展战略，深挖合作潜力，打造务实合作新格局，加强贸易和投资"双轮驱动"，推动传统产业和新兴产业"两翼齐飞"，促进产业链和供应链"两链融通"；要统筹推进矿产能源、基础设施、交通通信等传统领域合作，拓展数字经济、人工智能、绿色航运、电动汽车、光伏产业等新兴领域合作。中方不仅将继续扩大进口秘鲁特色优质农产品，鼓励有实力的中国企业赴秘鲁投资兴业，还将鼓励中国企业参与秘鲁基础设施建设"硬联通"，推动智慧海关"软联通"，并将结合秘方发展需求，设立鲁班工坊、中文工坊，开展职业教育合作，为秘方提供本土化人才和智力技术支撑。

"'从钱凯到上海'，我们正在见证的，不仅是共建'一带一路'倡议在秘鲁的生根开花，也是一条新时代亚拉陆海新通道的诞生。"习近平主席在以视频方式出席钱凯港开港仪式时指出。钱凯港是中秘共建"一带一路"重要项目，也是南美首个智慧港口。钱凯港一期工程可以将秘鲁到中国的海运时间缩短至23天，节约20%以上的物流成本，每年为秘鲁带来45亿美元收入，创造8000多个直接就业岗位。充分发挥钱凯港区位优势，打造以钱凯港为起点的中拉陆海新通道，探索构建从沿海到内陆、从秘鲁到拉美其他国家的立体、多元、高效互联互通格局，将带动拉美和加勒比地区整体发展和一体化建设。博鲁阿尔特总统表示，"从钱凯到上海"，这条"新时代的印加古道"将架设起两大文明古国交融之桥、两个友好民族友谊深化之桥。

古老文明的深厚积淀，赋予中秘两国智慧和胸怀，让双方能够看清历史前进方向，顺应时代发展潮流，始终坚持平等相待、互尊互信、互学互鉴，成为不同体量、不同制度、不同文化国家团结合作的典范。双方加强在文化艺术、教育、科研、旅游、青年、文化遗产保护、考古等领域交流合作，采取更多措施便利两国人员往来，将进一步夯实双边关系发展社会民意基础。双方密切在文明古国论坛机制内合作，探讨构建全球文明对话合作网络，支持各国文明交流互鉴，将为人类文明进步作出更大贡献。双方坚持登高望远，从历史长周期把握世界大势，践行真正的多边主义，推动平等有序的世界多极化、普惠包容的经济全球化，共同落实好全球发展倡议、全球安全倡议、全球文明倡议，有助于推动构建人类命运共同体。

习近平主席此访是中秘关系中的重要里程碑，将使两国人民共建共享更加持久和繁荣的未来。双方共同落实好两国元首共识，同心所向，跨越山海，必将推动中秘全面战略伙伴关系不断发展，持续增进两国人民福祉。

（2024年11月16日　第02版）

继续做推动经济全球化的火车头

亚太要继续做推动经济全球化的火车头，必须擦亮开放亚太、包容亚太的金字招牌，打造绿色亚太、数字亚太的新招牌，推动构建亚太命运共同体

当地时间 11 月 15 日上午，习近平主席向在秘鲁利马举行的亚太经合组织工商领导人峰会发表书面演讲。围绕"亚太经济何去何从"这一重大课题，习近平主席深刻总结亚太发展的成功经验，提出携手推动普惠包容的经济全球化的中国主张，深刻阐释中国进一步全面深化改革、推进中国式现代化的世界意义，为亚太大家庭共同发展擘画新的蓝图。

亚太经合组织的发展顺应经济全球化大潮，亚太国家已经深度融入经济全球化，成为一荣俱荣、一损俱损的利益共同体、命运共同体。尽管单边主义、保护主义蔓延，世界经济碎片化加剧，但经济全球化发展大势从未改变。新一轮科技革命和产业变革深入发展，世界经济数字化、绿色化、智能化进程不断加快，为经济全球化再度加速蓄积了强劲动能。亚太经合组织要正确引导经济全球化方向，推动经济全球化更多释放正面效应，进入更有活力、更加包容、更可持续的新阶段。

着眼于让经济全球化更好惠及不同国家、不同群体，习近平主席强调携手推动普惠包容的经济全球化，提出"坚持创新驱动，推动世界经济强劲增长""坚持与时俱进，推动全球经济治理体系改革""坚持以人为本，推动解决发展失衡问题"，对凝聚亚太发展共识、共创繁荣美好未来提供重要指引。新形势下，要向科技创新要生产力，充分发挥人工智能等新兴技术的赋能作用，帮助发展中国家加强科技能力建设，助力知识和技术全球流动。要坚持共商共建共享原则，推动全球经济治理体系更好反映世界经济格局新现实，不断提升"全球南方"的代表性和发言权，确保各国在国际经济合作中权利平等、机会平等、规则平等。各国共同发展才是真发展。要坚持以人为本，注重在经济发展中保障民生，培育包容普惠的发展环境，加速落实联合国2030年可持续发展议程，促进各国平衡充分发展。

几十年来，亚太地区经济保持了强劲增长，创造了举世瞩目的"亚太奇迹"。亚太的成功源于始终致力于维护地区和平稳定，源于始终坚持真正的多边主义和开放的区域主义，源于始终顺应经济全球化大势、坚持互利共赢和相互成就。放眼未来，亚太要继续做推动经济全球化的火车头，必须擦亮开放亚太、包容亚太的金字招牌，打造绿色亚太、数字亚太的新招牌，推动构建亚太命运共同体。

中国的发展离不开亚太，也将进一步造福亚太。中国是13个亚太经合组织经济体最大贸易伙伴，对亚太经济增长贡献率达64.2%，带动地区37.6%的货物贸易增长和44.6%的服务贸易增长，始终是亚太区域合作的动力源和推进器。今年7月召开的中国共产党二十届三中全会提出要在5年内完成300多项重要改革举措，这将为中国经济社会发展注入强大动力，也将为世界发展带来新的更多机遇。中国将全面深化改革、推动高质量发展、坚定不移走绿色发展之路、建设更高水平开放型经济新体制，继续为全球经济注入强劲动能，引领世界经济提质增效，为全球绿色转型提供重要动力，继续和世界分享中国发展机遇。这不仅是中国对推进亚太合作、携手构建亚太命运共同体的坚定承诺，更是中国面向世界、面向未来、面向共同发展的长远思考。

浩瀚的太平洋，汇聚千流、连通四海。只要践行开放联通精神，太平洋就能变为促进繁荣增长的通途。亚太伙伴应把握时代大势，加强团结合作，共迎全球性挑战，携手推进共同繁荣，开创人类更加美好的未来。

（2024年11月17日　第05版）

携手开创亚太发展新时代

2026年中方将第三次担任亚太经合组织东道主。中方期待同各方一道深化亚太合作，共同落实2040年布特拉加亚愿景，推进亚太共同体和亚太自贸区建设

当地时间11月16日上午，习近平主席在秘鲁首都利马出席亚太经合组织第三十一次领导人非正式会议并发表重要讲话，提出"构建开放融通的亚太合作格局""培育绿色创新的亚太增长动能""树牢普惠包容的亚太发展理念"三点建议，强调改革开放是中国和世界共同发展进步的历史进程，中国发展将为亚太和世界发展提供更多新机遇。习近平主席的重要讲话为亚太合作行稳致远指明了方向，为携手开创亚太发展新时代明确了路径。

开放融通是不可阻挡的历史趋势，也是亚太合作的成功经验所在。亚太各方要坚持多边主义和开放型经济大方向，坚定维护以世界贸易组织为核心的多边贸易体制，充分激活亚太经合组织作为全球经贸规则"孵化器"的作用，着力推进区域经济一体化和互联互通，拆除割裂贸易、投资、技术、服务流通的高墙，维护产业链供应链稳定通畅，促进亚太和世界经济循环。本次会议通过关于亚太自贸区建设新的指导文件，将为推动亚太开放型经济发展注入新动力。中国坚持以开放促改革，主动对接国际高标准经贸规则，积极扩大自主开放，持续扩大面向全球的高标准自由贸易区网络，是亚太乃至全球开放合作的倡导者和行动派。

绿色是这个时代的底色，创新是从根本上打开增长之锁的钥匙。只有积极推进绿色创新合作，才能不断拓展亚太增长的空间。亚太各方要抓住新一轮科技革

命和产业变革机遇，在人工智能、量子信息、生命健康等前沿领域加强交流合作，营造开放、公平、公正、非歧视的创新生态，推动亚太地区实现生产力跃升。要坚持生态优先、节约集约、绿色低碳发展，推动数字化绿色化协同转型发展，塑造亚太发展新动能新优势。中国正在因地制宜发展新质生产力，深化同各方绿色创新合作，将发布《全球数据跨境流动合作倡议》，愿同各方共同促进高效、便利、安全的数据跨境流动。中方在亚太经合组织提出贸易单证数字化、绿色供应链能力建设、人工智能交流对话、粮食产业数字化等倡议，为亚太高质量发展贡献力量。

只有坚持普惠包容，才能有效应对发展不平衡不充分问题。习近平主席强调，要用好亚太经合组织平台，加强经济技术合作，加大对发展中经济体和弱势群体的支持，共同做大并分好经济发展"蛋糕"，让更多经济体、更多民众共享发展成果。中方将在亚太经合组织推进提高居民收入、促进中小企业集群式发展等倡议，助力亚太经济普惠包容发展。

开放融通、绿色创新、普惠包容与中国新发展理念一脉相承，彰显中国致力于以自身发展更好为亚太发展赋能，携手各方共促亚太高质量发展的坚定决心。中国共产党二十届三中全会对进一步全面深化改革、推进中国式现代化作出系统部署，提出了300多项重要改革举措，将为中国经济社会发展注入强大动力，也将为各国共同发展提供广阔机遇。中方欢迎各方继续搭乘中国发展快车，同中国经济共同发展，为实现和平发展、互利合作、共同繁荣的世界各国现代化共同努力。

2026年中方将第三次担任亚太经合组织东道主。中方期待同各方一道深化亚太合作，共同落实2040年布特拉加亚愿景，推进亚太共同体和亚太自贸区建设，打造各领域务实合作成果，共同推动亚太和世界经济增长。

（2024年11月18日　第03版）

构建全球可持续发展伙伴关系

世界经济增长动力不足，全球发展面临严峻挑战。二十国集团成员应该发挥表率作用，为各国谋发展，为人类谋福祉，为世界谋进步

"要把发展置于二十国集团合作的核心位置，把实现联合国2030年可持续发展议程作为优先工作，构建全球可持续发展伙伴关系，推动实现更加包容、更加普惠、更有韧性的全球发展。"当地时间11月17日，在赴里约热内卢出席二十国集团领导人第十九次峰会并对巴西进行国事访问之际，习近平主席在巴西媒体发表署名文章指出。

当前，世界经济增长动力不足，全球发展面临严峻挑战。二十国集团成员应该发挥表率作用，为各国谋发展，为人类谋福祉，为世界谋进步。里约热内卢峰会以"构建公正的世界和可持续的星球"为主题，回应时代呼唤，承载各国期待。习近平主席在峰会上发表重要讲话、同各国领导人深入交流，将进一步凝聚推动构建开放型世界经济、完善全球经济治理的共识。

破解全球性问题，需要靠发展这把"金钥匙"。中国始终致力于推动发展问题重回国际议程中心位置，是全球发展的重要贡献者。巴西将"抗击饥饿与贫困"作为里约热内卢峰会的主要议题，倡议成立"抗击饥饿与贫困全球联盟"，这与中方的一贯主张相契合。在2016年二十国集团领导人杭州峰会上，中方推动首次将发展问题置于二十国集团合作的突出位置；2022年二十国集团领导人巴厘岛峰会上，中方清晰回答了世界需要什么样的发展这一重大命题。中方倡导坚持以人民

为中心，全面落实联合国2030年可持续发展议程，提升地区和全球发展的公平性、有效性、包容性，努力不让任何一个国家在通往现代化的道路上掉队，得到国际社会的广泛认同和赞誉。

中国以实实在在的行动为各国谋发展，让发展更具可持续性和包容性。从共同发起《二十国集团支持非洲和最不发达国家工业化倡议》，到全面落实二十国集团缓债倡议，再到宣布支持全球南方合作的八项举措，中国始终以开放包容的姿态分享发展机遇。中国提出全球发展倡议3年多来，已经动员近200亿美元发展资金，开展1100多个项目。中方宣布中非携手推进现代化的十大伙伴行动，给予包括非洲在内40多个最不发达国家100%税目产品零关税待遇，成为实施这一重大举措的首个发展中大国和主要经济体。卢旺达经济和政治事务专家鲁萨·巴吉里夏表示，期待中方在此次峰会上引领关于包容性增长和可持续发展的讨论，推动各方在加强贸易投资合作、稳定供应链等议题上取得成果。

建设一个公正的世界，需要二十国集团本着相互尊重、平等合作、互利共赢原则，支持"全球南方"国家实现更大发展。在二十国集团框架内，中国始终主张践行真正的多边主义，坚持共商共建共享的全球治理观，以公平正义、开放包容为理念引领全球治理体系改革。从第一个明确表态支持非盟加入二十国集团，到推动弥合南北"数字鸿沟"，再到推进国际金融架构改革，中国一直为完善全球治理体系、提高发展中国家代表性和发言权贡献力量。建设一个可持续的星球，需要二十国集团倡导可持续的生产方式、生活方式，实现人与自然和谐共生。中国大力推进生态文明建设，积极参与绿色低碳、环境保护、能源转型、应对气候变化等领域国际合作，为建设一个可持续的星球作出重要贡献。

二十国集团是国际经济合作重要平台。面对时代挑战，二十国集团成员迫切需要加强协调，提升行动力，为全球可持续发展注入更大动力和更强信心。中方愿同各方一道努力，推动里约热内卢峰会在坚持多边主义、构建开放型世界经济、支持可持续发展方面取得积极成果，发出明确信号，推动各国实现共同繁荣，携手构建人类命运共同体。

（2024年11月18日 第05版）

扛起历史责任　展现历史主动 推动历史进步

二十国集团应牢记成立初心，从里约热内卢再出发，弘扬伙伴关系，践行真正的多边主义，凝聚起战胜困难和挑战的强大力量

当地时间11月18日，习近平主席出席二十国集团领导人第十九次峰会并发表重要讲话，围绕"抗击饥饿与贫困"议题、"全球治理机构改革"议题阐释中国理念和主张，宣布中国支持全球发展的八项行动，提出二十国集团在经济、金融、贸易、数字、生态和安全治理方面的具体举措。习近平主席的重要讲话为完善全球治理、解决全球发展面临的现实问题提供重要理念指引，为建设一个共同发展的公正世界、构建公正合理的全球治理体系进一步凝聚共识和力量。

建设一个共同发展的公正世界，需要各方共同扛起历史责任，展现历史主动，推动历史进步。习近平主席指出，世界繁荣稳定不可能建立在贫者愈贫、富者愈富的基础之上，各国应该推动更加包容、更加普惠、更有韧性的全球发展。各方需要在贸易投资、发展合作等领域增加资源投入、做强发展机构；要支持发展中国家采取可持续的生产和生活方式，建设生态文明；要营造开放、包容、非歧视的国际经济合作环境，推动普惠包容的经济全球化；要坚持多边主义，维护以联合国为核心的国际体系、以国际法为基础的国际秩序、以联合国宪章宗旨和原则为基础的国际关系基本准则。各方只有团结合作，才能实现建设一个共同发展的公正世界的目标。

中国始终是支持全球发展事业的行动派和实干家。中国已经实现8亿贫困人口

全部脱贫，提前完成联合国2030年可持续发展议程的减贫目标。中国脱贫历程表明，本着滴水穿石、一张蓝图绘到底的韧性、恒心和奋斗精神，发展中国家的贫困问题是可以解决的，弱鸟是可以先飞、高飞的。中国可以成功，其他发展中国家同样可以成功。习近平主席宣布中国支持全球发展的八项行动，包括携手高质量共建"一带一路"、落实全球发展倡议、支持非洲发展、支持减贫和粮食安全国际合作等，充分表明中国是发展中国家可靠的长期合作伙伴，希望同广大发展中国家携手实现现代化。国际人士认为，中国支持全球发展的八项行动将助力实现更加公正、包容和可持续的全球发展。

建设一个共同发展的公正世界，需要携手构建公正合理的全球治理体系。当前，"全球南方"声势卓然壮大，但全球治理体系改革长期滞后。走过16年历程的二十国集团领导人峰会应该承前启后、继往开来，继续做完善全球治理、推动历史进步的力量。习近平主席提出二十国集团要完善全球经济治理，建设合作型世界经济；完善全球金融治理，建设稳定型世界经济；完善全球贸易治理，建设开放型世界经济；完善全球数字治理，建设创新型世界经济；完善全球生态治理，建设生态友好型世界经济，同时强调二十国集团要支持联合国及其安理会发挥更大作用，支持一切有利于和平解决危机的努力。这为推动国际社会携手应对挑战与危机、开辟合作共赢的新境界注入重要动力。

千里之行，始于足下。作为国际经济合作的主要论坛，二十国集团应牢记成立初心，从里约热内卢再出发，弘扬伙伴关系，践行真正的多边主义，凝聚起战胜困难和挑战的强大力量。中方愿同各方一道，共担时代责任，携手建设一个共同发展的公正世界，开辟共同发展繁荣的美好未来。

（2024年11月21日　第03版）

开启中巴关系下一个"黄金五十年"

将中巴关系定位提升为携手构建更公正世界和更可持续星球的中巴命运共同体，将共建"一带一路"倡议同巴西发展战略对接，彰显了两国关系的全球性、战略性、长远性

当地时间11月20日上午，中国和巴西关系发展迎来历史性时刻。习近平主席在巴西利亚总统官邸黎明宫同巴西总统卢拉举行亲切友好、富有成果的会谈，双方将中巴关系定位提升为携手构建更公正世界和更可持续星球的中巴命运共同体，同时将共建"一带一路"倡议同巴西发展战略对接。这彰显了两国关系的全球性、战略性、长远性，符合两国人民普遍期待，将为双方推进各自现代化提供动力支撑，同时也彰显了中巴携手维护国际公平正义、促进世界共同发展的决心。

巴西是首个同中国建立战略伙伴关系的国家、首个同中国建立全面战略伙伴关系的拉美国家。近年来，在习近平主席和卢拉总统战略引领下，两国日益成为命运与共的可靠朋友、共促和平的积极力量，中巴关系正处于历史最好时期。欢迎仪式上，卢拉总统特地安排巴西艺术家演唱著名中文歌曲《我的祖国》。特别的安排，特殊的礼遇，彰显中巴两国的深情厚谊。

中国和巴西是东西半球两大发展中国家，两国关系始终保持稳定发展，不仅增进了两国人民福祉，也维护了广大发展中国家共同利益，壮大了全球南方的力量和声音，为世界和平稳定作出突出贡献。当前，世界格局加速演变，中巴两个发展中大国提升双边关系定位，加强发展战略对接，体现了双方识变、应变、求变的决心，必将推动两国关系继往开来、开启下一个"黄金50年"，同时为全球南方国家团结自强树立榜样，为提升发展中国家在全球治理中的代表性和发言权作出新的贡献。

习近平主席就未来中巴关系发展提出4方面建议，强调"命运与共，不断巩固战略互信""发展与共，持续深化发展战略对接""担当与共，为维护世界和平和正义展现中巴力量""休戚与共，为构建人类命运共同体作出中巴贡献"，进一步丰富了新时代中巴关系的内涵，体现了中方愿同巴方做相互成就的"黄金搭档"，朝着构建人类命运共同体、构建更公正世界和更可持续星球的目标不断迈进，为人类和平和进步事业作出更大贡献的诚意和决心。

中国和巴西做好两国发展战略对接这篇大文章，将助力各自现代化建设跑出加速度。双方共同把握共建"一带一路"倡议同巴西发展战略对接的历史机遇，深化经贸、基础设施、金融、科技、环保等重点领域合作，加强航天、农业科技、清洁能源等领域合作，符合两国人民的长远和根本利益。中方把脱贫攻坚摆在治国理政的突出位置，支持巴方"零饥饿"计划，愿同巴方继续加强减贫合作，让两国人民过上更美好生活。"我们均深知民间疾苦，致力于改善民生，摆脱贫困。巴方高度钦佩习近平主席领导中国取得的发展成就，特别是使1亿人摆脱了贫困。"卢拉总统表示，巴中实现发展战略对接，将助力两国共同繁荣，向世界证明，我们能够通过自己的道路成功实现发展振兴和公平正义。

中国和巴西都有扬正义、树道义的传统和担当，双边关系的全局性、战略性、全球性影响日益突出。两国联合发表了关于政治解决乌克兰危机的"六点共识"，会同有关全球南方国家发起乌克兰危机"和平之友"小组，为全面、公正、持久解决巴勒斯坦问题不懈努力，共同发出要发展不要贫穷、要合作不要对抗、要公正不要霸权的新时代强音。面对层出不穷的新挑战、新变化，两国主动肩负起引领维护全球南方国家共同利益、推动国际秩序朝着更加公正合理方向发展的历史重任，将继续在联合国、二十国集团、金砖国家等多边机制内密切协作，共同应对饥饿与贫困、地区冲突、气候变化、网络安全等传统和非传统领域安全挑战，为维护世界和平和正义展现中巴力量，为构建人类命运共同体作出中巴贡献。

中国和巴西虽然相距遥远，但价值理念相近，共同利益广泛，友谊深厚牢固，中巴合作具有战略意义和世界影响。展望未来，中巴将坚持发展中大国相互尊重、互利友好、合作共赢的正确相处之道，勇做"破风者"和"逐浪者"，并肩开辟新航道，携手驶向属于两国人民以及人类更加美好的未来。

（2024年11月22日　第03版）

中国智慧点亮全球治理的"拉美时刻"

充满生机和希望的南半球初夏时节，见证了中国特色大国外交新的历史性时刻。11月13日至23日，习近平主席应邀赴秘鲁出席亚太经合组织第三十一次领导人非正式会议并对秘鲁进行国事访问，赴巴西出席二十国集团领导人第十九次峰会并对巴西进行国事访问。在人类历史的十字路口，习近平主席的拉美之行发出坚定维护多边主义的明确信息，用中国智慧点亮全球治理的"拉美时刻"，为携手建设更加美好的世界汇聚磅礴力量。

洞察世界经济发展规律，以坚持开放发展回答世界之问。早在2017年1月，面对逆全球化思潮抬头，习近平主席就在达沃斯世界经济论坛年会上振聋发聩地指出，"搞保护主义如同把自己关进黑屋子"，"让世界经济的大海退回到一个一个孤立的小湖泊、小河流，是不可能的"，为迷茫中的世界指明了方向。如今，世界再次处于关键历史节点，国际社会又一次把目光投向中国，期待习近平主席再次拨云破雾，提出中国方案。

经济全球化的发展大势从未改变，越是困难时刻，越要坚定信心。习近平主席深刻指出，经济全球化是社会生产力发展的客观要求，是科技进步的必然结果，是浩浩荡荡的历史潮流，虽然遭遇过逆风和回头浪，但其发展大势从未改变，提出坚持创新驱动、与时俱进、以人为本，推动普惠包容的经济全球化，更好惠及不同国家、不同群体。着眼于推动构建亚太命运共同体，努力开创亚太发展新时代，习近平主席呼吁亚太经济体始终坚持真正的多边主义，构建开放融通的亚太合作格局、培育绿色创新的亚太增长动能、树牢普惠包容的亚太发展理念，引领亚太开放合作启新程。2026年中方将第三次担任亚太经合组织东道主，充分彰显历史主动和责任担当。智利总统博里奇表示，期待在亚太经合组织等多边框架内同中方密切沟通，共同反对保护主义，维护全球自由贸易和产供链安全畅通。

"国际社会面临的挑战只能通过多边方式予以应对。"《二十国集团领导人里约热内卢峰会宣言》如是指出。习近平主席出席二十国集团领导人第十九次峰会并发表重要讲话，全面系统阐释中国的全球治理观，从历史长周期和全人类共同发展繁荣的高度，为全球治理把脉开方，并从经济、金融、贸易、数字、生态等五个方面提出完善全球治理的理念主张，呼吁建设合作型、稳定型、开放型、创新型、生态友好型世界经济，为完善全球治理指明了方向。外国领导人表示，高度赞赏习近平主席就全球治理阐述的精辟主张，愿同中方加强沟通协作。

发展是人类社会的永恒主题，更是破解当前全球性问题的"金钥匙"。习近平主席始终高度重视发展问题，强调应该推动更加包容、更加普惠、更有韧性的全球发展，建设一个共同发展的公正世界，宣布中国支持全球发展的八项行动，包括加入"抗击饥饿与贫困全球联盟"，同巴西、南非、非盟共同发起"开放科学国际合作倡议"，扩大对最不发达国家单边开放等，展现了宏阔的全球视野，顺应了世界经济和科技的发展趋势，为推动全球可持续发展注入新动力。国际舆论认为中国的方案既有理念指引，又有务实路径，将对有效应对全球性挑战产生重要和深远影响。

中国始终是全球南方的一员，是支持各国共同发展的行动派、实干家。习近平主席结合亲身经历，生动讲述中国脱贫故事，指出本着滴水穿石、一张蓝图绘到底的韧性、恒心和奋斗精神，发展中国家的贫困问题是可以解决的，弱鸟是可以先飞、高飞的。中国可以成功，其他发展中国家同样可以成功。中国成功打赢脱贫攻坚战的世界意义，极大增强了发展中国家的信心和底气。"习近平主席教会我们如何摆脱极端贫困、成为一个强大的国家，是我们学习的榜样。"秘鲁总统博鲁阿尔特表示，"我们从中国身上学习到，没有什么是不可能的。"

　　世界百年未有之大变局加速演进，单边主义和保护主义上升。关键时刻，各方更需要不畏浮云遮望眼，展现智慧和担当，推动历史进步。在习近平外交思想的正确指引下，中国高举人类命运共同体旗帜，在国际风云变幻中从容自信、占据主动，在世界大变局中乘风破浪、勇毅前行，不断为维护世界和平、稳定和发展作出新贡献，坚定推动人类迈向更加美好的未来。

（2024年11月24日　第02版）

深化拓展伙伴关系　促进世界和平发展

志合者，不以山海为远，只要坚持平等相待、互利共赢、互学互鉴、公道正义，就能不断深化拓展伙伴关系，为世界和平发展作出更大贡献

习近平主席的拉美之行是一次跨越山海的友谊之旅，共促发展的团结之旅，拓展伙伴关系的合作之旅。从利马到里约热内卢再到巴西利亚，习近平主席此次出访再次证明，志合者，不以山海为远，只要坚持平等相待、互利共赢、互学互鉴、公道正义，就能不断深化拓展伙伴关系，为世界和平发展作出更大贡献。

坚持平等相待，深情厚谊跨越山海。古老文明的深厚积淀，赋予中秘两国智慧和胸怀，能够看清历史前进方向，顺应时代发展潮流，始终坚持平等相待、互尊互信、互学互鉴，成为不同体量、不同制度、不同文化国家团结合作的典范。中国和巴西始终坚持相互尊重、平等相待，理解和支持各自人民选择的发展道路，两国关系始终走在中国同发展中国家关系的前列。秘鲁总统博鲁阿尔特为习近平主席举行秘鲁共和国成立以来最为盛大的欢迎仪式，巴西总统卢拉首次在其官邸举行最高礼遇的隆重欢迎仪式并安排巴方艺术家现场演唱中国歌曲《我的祖国》，点滴细节彰显中秘、中巴的深情厚谊。

坚持互利共赢，合作之路越走越宽广。中秘签署自贸协定升级议定书、共建"一带一路"合作规划，体现了双方坚定开放合作、实现互利共赢的决心和承诺。中秘共建"一带一路"重点项目钱凯港开港，不仅标志着"从钱凯到上海"的新时代亚拉陆海新通道诞生，也意味着拉美和加勒比地区将拥有"新时代的印加古

道",带动地区整体发展和一体化建设。因此,不仅博鲁阿尔特总统称赞钱凯港开港,智利总统博里奇、玻利维亚总统阿尔塞也在会见习近平主席时祝贺钱凯港开港。中国和巴西始终坚持互利共赢、优势互补,携手推进各自现代化进程。中国和巴西签署关于共建"一带一路"倡议同巴西发展战略对接的合作规划,将促进双方互利合作的再深化、再提速。卢拉总统表示,双方加强发展战略对接,将极大助力巴西再工业化进程,促进南美一体化建设,树立发展中国家团结合作、互利共赢的典范。

坚持互学互鉴,双边关系行稳致远。中秘都是文明古国,文明的智慧让双方理念相近、心灵相通。中国古语说:"治国有常,而利民为本。"秘鲁谚语说:"人民的声音就是上天的声音。"让人民过上更美好生活的共同追求,是中秘拓展深化各领域互利合作的重要动力。双方加强人文交流、文明互鉴,不仅将进一步夯实双边关系发展社会民意基础,也将为人类文明进步作出贡献。中国和巴西始终坚持开放包容、互学互鉴,有着天然的亲近感和对美好事物的共同追求。近年来,文化交流成为连接两国人民的新桥梁,双方相互了解和友好感情不断加深,两国友好的时代内涵不断丰富,让双边关系的提升水到渠成。

坚持公道正义,促进世界和平发展。全球南方群体性崛起,但其声音和诉求在全球治理体系中尚未得到充分反映。通过习近平主席此访,中秘树立互利共赢合作新典范,中巴开启构建命运共同体新篇章,彰显中国与两国促进共同发展、维护国际公平正义的决心。中国积极支持秘鲁举办亚太经合组织第三十一次领导人非正式会议、积极支持巴西举办二十国集团领导人第十九次峰会,发出坚定维护多边主义的明确信息,不仅展现了公道正义、勇于担当、开放包容的负责任大国形象,也将引领全球南方更好携手维护国际公平正义,实现团结自强。拉美国家领导人表示,"期待在亚太经合组织等多边框架内同中方密切沟通,共同反对保护主义,维护全球自由贸易和产供链安全畅通""反对'新冷战',主张推进世界多极化和基于平等和相互尊重的全球伙伴关系"。

习近平主席拉美之行取得圆满成功，是习近平外交思想的又一次成功实践。面对世界百年未有之大变局，坚持自信自立、开放包容、公道正义、合作共赢的方针原则，坚定不移推动构建人类命运共同体，中国特色大国外交将不断开创新局面，为以中国式现代化全面推进强国建设、民族复兴伟业营造更有利国际环境、提供更坚实战略支撑。

（2024年11月25日　第03版）

05

携手共建高水平中非命运共同体

推动构建高水平中非命运共同体

中国将一如既往同非洲坚定站在一起，继承弘扬中非友好合作精神，支持非洲加快自主发展，推动中非合作提质升级，让更多中非合作成果惠及非洲各国

尼日利亚莱基深水港开港运营，津巴布韦、安哥拉的国际机场航站楼顺利落成，科特迪瓦科科迪桥建成通车，中国援建的突尼斯国际外交学院启用……过去一年，中非友好合作不断收获硕果。非洲国家领导人认为，非洲经济实现提速，安全更有保障，人民得到实惠，这些都离不开中国的长期无私帮助。

发展同非洲国家的团结合作是中国对外政策的重要基石，也是中国长期坚定的战略选择。中国始终秉持真实亲诚理念发展对非关系，坚持同非洲人民同呼吸、共命运，坚持同非洲国家相互尊重、共同发展。从"十大合作计划"到"八大行动"再到"九项工程"，从构建更加紧密的中非命运共同体到构建新时代中非命运共同体，再到共筑高水平中非命运共同体，习近平主席为中非合作擘画蓝图，引领中非关系不断迈上新台阶。今年中非合作论坛新一届会议将在中国举行，中非领导人共商未来发展大计，必将为中非关系发展注入新动能。

中国对非洲朋友始终以诚相待，真心实意为非洲发展提供支持，中非合作已经成为南南合作和国际对非合作的典范。当前，中国正以中国式现代化全面推进中华民族伟大复兴，非洲正朝着非盟《2063年议程》描绘的美好愿景加速前进。中非携手推进现代化事业，必将为双方人民创造更加美好的未来，为推动构建人类命运共同体树立典范。非洲国家领导人高度赞赏习近平主席的执政理念和人民

情怀，钦佩中国国家建设取得举世瞩目成就，表示将继续积极参与高质量共建"一带一路"，携手落实全球发展倡议、全球安全倡议、全球文明倡议。2023年8月，习近平主席在中非领导人对话会上提出发起"支持非洲工业化倡议"、实施"中国助力非洲农业现代化计划"和"中非人才培养合作计划"三项举措，助力非洲一体化和现代化事业步入快车道。中国愿同非洲各国一道，探索既符合各自国情、保持自身独立性，又能实现共同发展繁荣的有效路径，携手迈向现代化。

中国是世界上最大的发展中国家，非洲是发展中国家最集中的大陆。当前国际形势下，中国和非洲比以往任何时候都更需要加强团结合作。双方将坚持弘扬国际关系基本准则，反对一切形式的霸权主义和强权政治，反对干涉别国内政，维护发展中国家共同利益。"中国是伟大的国家，任何国家、任何势力都不可能阻止中国前进的脚步""世界上只有一个中国，台湾是中国一部分""坚定奉行一个中国原则，支持中国早日实现国家统一"……许多非洲国家以及非洲联盟近日纷纷重申恪守一个中国原则，坚定支持中方维护国家主权和领土完整，支持中国统一大业。中国支持非洲成为世界政治、经济、文明发展的重要一极，愿以自身新发展为非方提供新机遇。中国是第一个明确表态支持非盟加入二十国集团的国家，坚定维护国际公平正义，坚定支持非洲提升国际地位和话语权，充分彰显中非友好合作精神。多哥总统福雷表示，非洲人民需要中国这样的朋友，照顾非洲实际，倾听非洲诉求，从不将自己意志强加于人。

无论形势如何发展，相互尊重、相互理解、相互支持、相互帮助始终是中非友好的底色和主线。中国将一如既往同非洲坚定站在一起，继承弘扬中非友好合作精神，支持非洲加快自主发展，推动中非合作提质升级，让更多中非合作成果惠及非洲各国，为推动构建高水平中非命运共同体作出新的更大贡献。

（2024年01月21日　第03版）

谱写中非命运共同体建设新篇章

中非领导人共商中非友好合作大计，共绘中非发展美好蓝图，必将开辟中非关系发展新境界，谱写中非命运共同体建设新篇章

2024年中非合作论坛峰会将于9月4日至6日在北京举行。本次峰会主题为"携手推进现代化，共筑高水平中非命运共同体"。今年的论坛会议是中非合作论坛第四次以峰会的形式举办，中非合作论坛非方成员领导人将应邀与会，有关非洲地区组织和国际组织代表将出席峰会有关活动。中非领导人共商中非友好合作大计，共绘中非发展美好蓝图，必将开辟中非关系发展新境界，谱写中非命运共同体建设新篇章。

中国是最大的发展中国家，非洲是发展中国家最集中的大陆。相似的历史遭遇、共同的历史使命让中国与非洲紧紧相连。"真诚友好、平等相待，互利共赢、共同发展，主持公道、捍卫正义，顺应时势、开放包容"的中非友好合作精神，是中非双方数十年来休戚与共、并肩奋斗的真实写照，是中非友好关系继往开来的力量源泉。中国始终把发展同非洲国家团结合作作为对外政策的重要基石，始终秉持真实亲诚理念发展对非关系，是非洲国家维护独立自主和推进发展振兴道路上的可靠朋友和真诚伙伴。中非双方以2024年中非合作论坛峰会为契机，继续发扬中非友好合作精神，在合作共赢、共同发展的道路上结伴前行，将进一步拉紧新时代中非命运共同体的纽带。

自2000年成立以来，中非合作论坛聚焦实现中非人民共同富裕与可持续发展，坚持共商共建共享原则，已发展为中非开展集体对话的重要平台和务实合作的有效机制。习近平主席2015年出席中非合作论坛约翰内斯堡峰会开幕式并发表致辞，主持2018年中非合作论坛北京峰会并在开幕式上发表主旨讲话，2021年出席中非合作论坛第八届部长级会议开幕式并发表主旨演讲。从"十大合作计划"到"八大行动"再到"九项工程"，中非在实现经济发展和民族振兴的道路上互帮互助，不断拓展合作新领域，为引领国际对非合作正确方向发挥了积极作用。

中非双方始终聚焦合作，推进落实中非合作论坛各项成果，有力促进了中非共同发展，给中非人民带来了实实在在的利益，为共筑高水平中非命运共同体打下坚实基础。"非中双方在友好、互尊、互信、互利基础上积极推动非中关系发展，用丰硕的合作成果证明了非中合作论坛是一个团结、稳固、高效的合作机制""非中合作论坛促进了非中关系蓬勃发展""非中携手积极践行非中合作论坛平等磋商、增进了解、扩大共识、加强友谊、促进合作的宗旨，相信将达成更多成果，继续造福非中人民"……论坛机制和成果受到非洲人士的热烈欢迎和国际社会的高度评价。

非洲国家和人民正沿着自主选择的现代化道路前进，中国一直予以坚定支持并愿做非洲现代化道路的同行者。在去年8月举行的中非领导人对话会上，中方宣布发起"支持非洲工业化倡议"，实施"中国助力非洲农业现代化计划"和"中非人才培养合作计划"。这三大举措涵盖非洲实现现代化迫切需要的领域，展现中国以实际行动支持非洲发展的诚意。中国和非洲通过共同探索现代化的生动实践回答历史之问，携手推进合作共赢、和合共生、文明共兴的历史伟业，必将为双方人民创造更加美好的未来，为推动构建人类命运共同体树立典范。

当今世界正值百年未有之大变局，以中国和非洲为代表的"全球南方"蓬勃发展，深刻影响世界历史进程。期待中非双方以2024年中非合作论坛峰会为契机，进一步深化团结合作，维护发展中国家共同利益，共同倡导平等有序的世界多极化和普惠包容的经济全球化，为携手推进现代化、共筑高水平中非命运共同体凝聚更多共识，为促进人类现代化、推动构建人类命运共同体作出新的贡献。

（2024年07月31日　第03版）

共叙友好情谊　共商合作大计

——携手共建高水平中非命运共同体①

中国和非洲通过共同探索现代化的生动实践回答历史之问，携手推进合作共赢、和合共生、文明共兴的历史伟业，必将为双方人民创造更加美好的未来，为推动构建人类命运共同体树立典范

习近平主席将于9月5日出席2024年中非合作论坛峰会开幕式并发表主旨讲话。峰会期间，习近平主席还将为应邀与会的中非合作论坛非方成员领导人、有关非洲地区组织和国际组织代表等举行欢迎宴会和相关双边活动。时隔6年，中非领导人再次相聚北京，共叙友好情谊、共商合作大计，必将为中非政治互信不断深化、务实合作提质升级注入新动力，为携手共建高水平中非命运共同体凝聚共识和力量。

习近平主席高度重视中非关系，亲自擘画、亲力亲为，引领中非关系行稳致远。2013年3月，习近平主席访问非洲期间提出真实亲诚对非政策理念和正确义利观，为新时代对非合作提供了根本遵循。2015年12月，习近平主席出席中非合作论坛约翰内斯堡峰会开幕式并发表致辞，提出中非共同实施"十大合作计划"。中非领导人一致同意将中非新型战略伙伴关系提升为全面战略合作伙伴关系。2018年9月，习近平主席主持中非合作论坛北京峰会并在开幕式上发表主旨讲话，宣布中国愿以打造新时代更加紧密的中非命运共同体为指引，在推进中非"十大合作计划"基础上，同非洲国家密切配合，未来3年和今后一段时间重点实施"八大行动"。2021年11月，习近平主席出席中非合作论坛第八届部长级会议开幕式并发表主旨演讲，提炼总结"中非友好合作精神"，宣布中国将同非洲国家密切配合，共同实施"九项工程"。在元首外交引领下，中非关系进入共筑高水平中非命运共同体的新阶段，中非命运共同体建设持续走在构建人类命运共同体的前列。

"中非关系最大的'义'，就是用中国发展助力非洲的发展，最终实现互利共赢、共同发展。"从"十大合作计划"到"八大行动"再到"九项工程"，中非合作持续拓展深化。中国是对非投资规模最大的发展中国家。从援加纳渔港综合设施、毛里塔尼亚努瓦克肖特立交桥等"贸易促进工程"项目，到援中非共和国菌草、埃塞俄比亚绿色河岸、莱索托光伏电站、多哥草原区发展等"绿色发展工程"项目，再到援塞拉利昂外交培训学院、马里巴马科大学、博茨瓦纳小学等"能力建设工程"项目……目前，"九项工程"项下对非援助和发展合作项目已全部落实。大量手牵手、心连心的友好合作故事，汇聚成一幅中非携手开创未来的生动画卷。

实现现代化是中国和非洲国家共同的追求。2023年8月，习近平主席在中非领导人对话会上宣布中方发起"支持非洲工业化倡议"，实施"中国助力非洲农业现代化计划"和"中非人才培养合作计划"。这三大举措聚焦非洲实现现代化迫切需要的工业化、农业现代化和人才培养领域，是中国以实际行动支持非洲发展的生动体现。非洲国家普遍认为，中国是非洲实现现代化的重要合作伙伴。中国和非洲通过共同探索现代化的生动实践回答历史之问，携手推进合作共赢、和合共生、文明共兴的历史伟业，必将为双方人民创造更加美好的未来，为推动构建人类命运共同体树立典范。

中国对非合作始终秉持真实亲诚理念和正确义利观，契合非洲国家的根本利益和国际关系基本准则。中国对非合作的出发点永远是中非双方人民的根本利益，主线和底色永远是真诚平等、互利共赢、捍卫正义、开放包容。当前，以中国和非洲为代表的"全球南方"蓬勃发展，深刻影响世界历史进程。中非加强团结合作，不仅是中非双方实现共同发展的必由之路，也将为推动平等有序的世界多极化、普惠包容的经济全球化注入强劲动力。"期待2024年中非合作论坛峰会开启双方务实合作新篇""非中合作将迎来更大成就""为建设更加和平繁荣的世界作出新贡献"……对即将举行的2024年中非合作论坛峰会，非洲各界充满期待。

独行快，众行远。以2024年中非合作论坛峰会为契机，中非双方将进一步发扬传统友好，深化团结协作，促进各领域合作蓬勃开展，绘就现代化事业新画卷，谱写共建高水平中非命运共同体新篇章。

（2024年08月24日　第03版）

坚定做非洲现代化道路的同行者
——携手共建高水平中非命运共同体②

中非是发展振兴道路上的好伙伴，是现代化道路的同行者。追求实效是中非合作的鲜明特点，求"质"向"新"是中非合作的不懈追求，授人以渔是中非合作的作为担当

2023年，中非贸易额达2821亿美元，中国连续15年保持非洲第一大贸易伙伴国地位；截至2023年年底，中国对非直接投资存量超过400亿美元，成为非洲最主要的外资来源国之一；过去3年，中国企业为非洲创造超过110万个就业岗位……中非合作的蛋糕越做越大，有力促进中非共同发展，为双方人民带来实实在在的福祉。

追求实效是中非合作的鲜明特点。习近平主席强调："中非合作要给中非人民带来看得见、摸得着的成果和实惠。"2013年以来，中国在非洲参与建设6000多公里铁路、6000多公里公路、80多个大型电力设施，打通了非洲发展的大动脉；建成24个农业技术示范中心，推广300多项先进适用技术，带动相关地区农作物平均增产30%至60%，非洲国家100多万小农户从中受益；中企在非洲投资建设的经贸合作区覆盖农业、加工制造、商贸物流等行业，为当地纳税增收、出口创汇作出重要贡献……依托中非合作论坛和共建"一带一路"平台，中非务实合作不断推进，取得丰硕成果，有效助力双方共同发展。

求"质"向"新"是中非合作的不懈追求。发展新质生产力已成为推动中非高质量合作的关键引擎。近年来，在中非务实合作"九项工程"框架内数字创新、

绿色发展等工程的带动下，中企在非洲实施了一大批清洁能源项目，为非洲提供锂电池、光伏产品等优质新能源产品；双方共建10余个双边联合实验室或联合研究中心，在资源遥感、可再生能源、生态农业等领域开展联合研究；中企帮助非洲国家新增和升级通信骨干网约15万公里、网络服务覆盖约7亿用户；双方共同制定并发布《中非数字合作发展行动计划》，未来3年将共建10个数字转型示范项目，共同培养1000名数字人才……中非合作向新兴领域不断延伸，为非洲经济转型发展增添强劲动力。

授人以渔是中非合作的作为担当。非洲是一片充满希望的大陆，国际对非合作应助力非洲提升自主发展能力。近年来，中方在非洲投资建设的合作园区发挥"筑巢引凤"作用，积极打造产业集群，形成产业发展优势。双方围绕新科技、新产业、新业态等开展密切交流，帮助非洲增强可持续发展能力。去年8月，中方在中非领导人对话会上宣布发起"支持非洲工业化倡议"，实施"中国助力非洲农业现代化计划"和"中非人才培养合作计划"。这三大举措聚焦非洲实现现代化迫切需要的工业化、农业现代化和人才培养领域，是中国以实际行动支持非洲发展的生动体现。津巴布韦前驻华大使马丁·切东多感慨："谁才是真正帮助非洲国家开拓资源、创造财富的人，答案不言而喻。"

中非是发展振兴道路上的好伙伴，是现代化道路的同行者。非洲国家正在经历新的觉醒，普遍认为外部强加的模式没有给非洲带来稳定和繁荣，探索符合本国国情的发展道路、把前途和命运掌握在自己手里的决心更加坚定。在这一新的历史进程中，中国将继续和非洲兄弟坚定站在一起，支持非洲获得思想上和观念上的真正独立，帮助非洲提高自主发展能力，支持非洲加快现代化进程。中方将同非方共同努力，推动高质量共建"一带一路"、全球发展倡议、全球安全倡议、全球文明倡议同非盟《2063年议程》和非洲各国的发展战略进一步紧密对接，深化治国理政经验交流，推出契合新时代中非发展需要的合作举措，推动中非合作迈上新台阶、取得新成果。

合作共赢、幸福共享是携手构建高水平中非命运共同体的应有之义。中国坚持把自身发展同助力非洲发展紧密结合，实现合作共赢、共同发展。中国坚持把中非人民利益放在首位，为中非人民福祉而推进合作，让合作成果惠及中非人民。中方将继续同非方弘扬传统友好、深化团结协作，开辟中非共同发展新境界。

（2024年08月26日　第03版）

为中非合作提供更深厚的精神滋养

——携手共建高水平中非命运共同体③

中非携手推进文明互鉴、文化共兴，有助于维护世界文明多样性，为解决当今世界面临的问题贡献智慧，共同推动人类社会发展进步

在刚果（金）首都金沙萨，一座形似非洲鼓的大型建筑即将落成，这是由中国建筑师设计修建的中部非洲文化艺术中心，其设计融合了中国和非洲的文化艺术理念，象征着团结圆满和中非世代友好的情谊。作为2018年中非合作论坛北京峰会"八大行动"重点项目之一，中部非洲文化艺术中心的落成将为中非人文合作再添一张亮丽名片。

中国和非洲都是人类文明的发祥地，都以文化底蕴深厚、璀璨多姿著称于世。双方都为各自灿烂的文明而自豪，也愿为世界文明多样性作出更大贡献。中国传统文化倡导"仁民爱物、天下大同"，南部非洲的乌班图精神崇尚"仁爱、共享"；中国人历来讲究"天人合一"，非洲谚语讲"和谐，万事皆成"；中非两大文明都强调人与人命运与共、人与自然和谐共生。中非携手推进文明互鉴、文化共兴，有助于维护世界文明多样性，为解决当今世界面临的问题贡献智慧，共同推动人类社会发展进步。

促进中非文明交流互鉴、交融共存，能够为彼此文明复兴、文化进步、文艺繁荣提供持久助力，为中非合作提供更深厚的精神滋养。从"十大合作计划"到"八大行动"再到"九项工程"，人文交流都是新时代中非合作的重要内容。在中非合作论坛框架下，一系列文化交流活动精彩纷呈。中非文明对话大会、中非媒

体合作论坛暨中非智库高端对话、中非民间论坛等举行，为中非关系发展贡献智慧；推进签证便利化、增加直航航线，旅游合作促进中非民心相通；中国高校新开设祖鲁语、阿姆哈拉语、马达加斯加语等非洲语言专业，非洲国家积极推动中文教育，中非语言文化交流持续深入；中国援外医疗题材剧《欢迎来到麦乐村》等电视剧热播，肯尼亚、南非、尼日利亚等国家举办中国电影节，中非影视合作不断拓展……中非人文领域交流合作全面开花，为携手共建高水平中非命运共同体筑牢民意基础。

促进中非文明交流互鉴、交融共存，有助于推动可持续发展。中非两大文明对人与自然和谐共生的重视，正转化为双方开展可持续发展合作的动力。在设立于肯尼亚乔莫·肯雅塔农业技术大学的中非联合研究中心，中非专家在生物多样性研究、生态环境保护等领域取得了一批重要研究成果；中非环境合作中心成立4年来，围绕"中非绿色使者计划""中非绿色创新计划"等项目开展卓有成效的合作，为非洲培养大批环保管理、污染防治、绿色经济等领域专业人才……中非双方积极推动科技人才交流与培养、技术转移与创新，加强在应对气候变化、应用清洁能源、防控荒漠化和水土流失、保护野生动植物等领域交流合作，为全球生态文明建设作出积极贡献。

促进中非文明交流互鉴、交融共存，有助于双方理解彼此的发展道路，为实现各自发展愿景创造良好环境。当前，中国正在以中国式现代化全面推进中华民族伟大复兴。中国式现代化是人口规模巨大的现代化，是全体人民共同富裕的现代化，是物质文明和精神文明相协调的现代化，是人与自然和谐共生的现代化，是走和平发展道路的现代化。推进一体化是非洲国家和人民自主选择的现代化道路，非洲正朝着非盟《2063年议程》描绘的美好愿景加速前进，全力建设和平、团结、繁荣、自强的新非洲。非洲国家普遍希望借鉴中国发展经验，探索符合本国国情的现代化道路。中非通过交流聚合璀璨文化的精髓，依托互鉴激发优秀传统文化的创新性，将为双方携手同行现代化之路开辟更加光明的前景。

2024年中非合作论坛峰会是加强中非友好团结的盛会，也是促进中非文明互鉴、文化共兴的重要契机。中非双方将加强交流互鉴，携手推进合作共赢、和合共生、文明共兴的历史伟业，在携手共建高水平中非命运共同体的道路上行稳致远。

（2024年08月28日　第03版）

为世界注入更多稳定性和正能量

——携手共建高水平中非命运共同体④

面对百年变局，中非关系行得稳、中非合作搞得好，全球发展就有更多新动能，世界就有更多稳定性

当今世界变乱交织，人类社会面临前所未有的挑战，发展中国家比以往任何时候都更需要加强团结合作。面对百年变局，中非关系行得稳、中非合作搞得好，全球发展就有更多新动能，世界就有更多稳定性。这是28亿中非人民肩负的国际责任和历史使命。

中非从来都是命运共同体。中非关系的本质特征是真诚友好、相互尊重、平等互利、共同发展。在数十年休戚与共、并肩奋斗的进程中，中非双方缔造了历久弥坚的中非友好合作精神，那就是"真诚友好、平等相待，互利共赢、共同发展，主持公道、捍卫正义，顺应时势、开放包容"。中非关系的本质特征和中非友好合作精神，对于构建相互尊重、公平正义、合作共赢的新型国际关系具有重要启示意义，中非携手共建高水平中非命运共同体将为推动构建人类命运共同体树立典范。

当前，以中国和非洲为代表的"全球南方"蓬勃发展，深刻影响世界历史进程。中国坚定支持非洲国家实现民族独立，走符合自身国情的发展道路，支持非洲一体化建设和联合自强的努力，增强了全球南方国家联合自强的信心和底气。2023年8月，习近平主席在中非领导人对话会上宣布中方发起"支持非洲工业化倡议"，实施"中国助力非洲农业现代化计划"和"中非人才培养合作计划"。这三大举措聚焦非洲实现现代化迫切需要的工业化、农业现代化和人才培养领域，是中国以实际行动支持非洲发展的生动体现。赞比亚总统希奇莱马说，中国发展带动全球南方国家取得进步，提升了全球南方国家在国际事务中的代表性和发言权，推动国际秩序朝着更加公正合理的方向发展。

中国和非洲是推动全球治理体系和国际秩序变革的重要合作伙伴。中非双方秉持和平共处五项原则，持续深化战略互信，始终在涉及彼此核心利益问题上相互支持。中非在国际舞台上密切配合，坚定维护以联合国为核心的国际体系、以国际法为基础的国际秩序、以联合国宪章宗旨和原则为基础的国际关系基本准则。中国坚定支持非洲国家成为世界政治、经济、文明发展的重要一极。中国是第一个明确表态支持非盟加入二十国集团的国家，坚定支持非洲提升国际地位和话语权。中非理直气壮坚持发展中国家的正义主张，把共同诉求和共同利益转化为共同行动，在纷繁复杂的变局中谱写了守望相助的精彩篇章。

中国和非洲是推动建设开放包容的世界经济的重要合作伙伴。中非开启外交关系68年来，从穷兄弟间的互帮互助到引领国际对非合作潮流，中非合作从不封闭排他，而是开放自信、开拓创新，不仅为非洲经济社会发展带来机遇，而且为国际对非合作创造了更加有利的条件。中非共建"一带一路"，是敞开胸怀拥抱世界的开放包容之路。中非愿同所有有能力、有意愿的国家加强第三方合作，实现互利共赢，打造多赢合作平台。中国提出全球发展倡议，中国和非洲国家共同发起"支持非洲发展伙伴倡议"，欢迎更多国家和组织特别是非洲传统合作伙伴加入。在保护主义抬头、经济全球化遭遇逆流的背景下，中非坚持拆墙而不是筑墙、开放而不是隔绝，坚持共商共建共享，不搞赢者通吃，推动构建开放型世界经济，有利于发展中国家更好融入国际分工，共享经济全球化成果。

新时代中非关系正蓄积起强劲动能，迎来广阔美好的前景。中国愿同非洲一道，以2024年中非合作论坛峰会为契机，携手共建高水平中非命运共同体，共同倡导平等有序的世界多极化和普惠包容的经济全球化，共同发出中非参与引领全球治理体系改革的时代强音，为世界注入更多稳定性和正能量。

（2024年08月30日　第03版）

续写中非人民相知相亲友谊新篇章

　　"刚中双方情如兄弟，友谊牢固真挚，双边合作基于平等尊重和高度互信，实现了互利共赢""马中两国人民拥有兄弟般情谊，双边合作真诚务实""塞中友谊基于相互尊重、互利共赢，两国关系一直保持良好发展"……来华出席2024年中非合作论坛北京峰会的非洲国家领导人的话，体现了非洲国家与中国的深厚友谊，展现出非洲国家继续深化与中国的友好合作关系的良好愿望。

　　2013年3月，习近平主席访问非洲期间提出真实亲诚对非政策理念和正确义利观。在真实亲诚对非政策理念和正确义利观指引下，中国携手非洲国家在团结合作的道路上坚定前行，中非关系实现跨越式发展。

　　中非是真朋友、好朋友，中非关系贵在真诚友好、平等相待。中国是最大的发展中国家，非洲是发展中国家最集中的大陆，中非始终是休戚与共的命运共同体和合作共赢的利益共同体。中国对非洲合作的出发点始终是双方人民的根本利益，主线底色始终是真诚平等、互利共赢、公道正义、开放包容。

　　中国始终致力于以中国发展带动非洲发展，以中国式现代化促进非洲现代化。中非双方将共建"一带一路"倡议、全球发展倡议同非盟《2063年议程》及非洲各国发展战略有机对接，依托中非合作论坛平台共同实施"十大合作计划""八大行动""九项工程"，聚焦非洲工业化、农业现代化、人才培养等重点领域，推动中非合作向更高水平、更深层次、更宽领域发展。中国建立非洲农产品输华"绿色通道"，在杂交水稻、大豆、木薯、蔬菜、菌草种植等方面助力非洲实现粮食自主。坦桑尼亚桑给巴尔总统姆维尼表示，中国为非洲的发展作出了很大的贡献。

中非人民有着天然的亲近感，中非关系的根基和血脉在人民，中非关系发展更多面向人民。近年来，中非青年大联欢、智库论坛、联合研究交流计划等活动成功举行，"九项工程"框架下"人文交流工程"立项实施援刚果（金）艺术文化中心、阿尔及利亚歌剧院技术援助等项目，持续推动中非文明互鉴。"中非高校百校合作计划"、鲁班工坊等为非洲培养人才作出贡献。中非人民在交流合作中不断增进相互了解和友谊。肯尼亚《民族报》报道指出，中国在非洲得到越来越多民众的认可和支持，非洲民众"相信中国是致力于促进相互合作的可靠伙伴"。

中非始终以诚相待，不断开拓合作新的契合点和增长点，不断推动合作水平迈上新台阶。中国和非洲都处在快速发展过程中，只有保持相互认知不断与时俱进，在国际事务中不断加强磋商与协作，才能坦诚面对中非关系面临的新情况新问题，才能对出现的问题，本着相互尊重、合作共赢的精神加以妥善解决。中国发展中非关系没有私心杂念，只有真情厚谊；从不搞你输我赢的零和游戏，只有脚踏实地的真抓实干；从不开口惠无实的空头支票，只有以诚相待、言出必行的举措成果。非洲国家充分感受到中国发展中非关系的诚意，普遍希望深化与中国的各领域合作。

中非合作论坛不仅是推进中非务实合作的有效机制，也是南南合作的一面旗帜。以2024年中非合作论坛北京峰会为重要契机，中国将继续秉持真实亲诚对非政策理念和正确义利观，携手非洲共同奔赴现代化新征程，共筑高水平中非命运共同体，续写中非人民相知相亲友谊新篇章。

（2024年09月04日　第05版）

携手走在现代化进程的前列

　　"构建命运共同体是人类的共同梦想，现代化是梦想连接现实的必由之路。"习近平主席在2024年中非合作论坛北京峰会欢迎宴会上发表祝酒辞，深刻阐释构建命运共同体与现代化之间的关系。此次峰会，中非双方领导人围绕"携手推进现代化，共筑高水平中非命运共同体"这一主题共叙友谊、共商合作，共同明确携手推进现代化、共筑高水平中非命运共同体的努力方向和实现路径，将为中非继续做构建命运共同体的先行者、携手走在现代化进程的前列注入强大动力。

　　中非命运共同体根植于传统友好。上世纪中叶以来，中非在反帝反殖反霸的斗争中并肩奋斗，在发展振兴、逐梦现代化的道路上携手同行。不论国际形势如何变化，中非友谊赓续传承、历久弥坚。新时代以来，在元首外交战略引领下，中非合作结出累累硕果，中非命运共同体的内涵日益丰富、路径越发清晰。从多次强调中非从来都是命运共同体，到提出构建"责任共担、合作共赢、幸福共享、文化共兴、安全共筑、和谐共生"的中非命运共同体；从提炼总结"真诚友好、平等相待，互利共赢、共同发展，主持公道、捍卫正义，顺应时势、开放包容"的中非友好合作精神，到提出中国坚定支持并愿做非洲现代化道路的同行者，习近平主席同非洲领导人一道推动中非命运共同体建设不断迈上新台阶。

　　中非命运共同体彰显于合作共赢。24年前，中非合作论坛迎着新世纪的曙光应运而生。依托这一重要平台，中非携手建起一条条公路、铁路，一座座学校、医院，一片片工业园区、经济特区，改变了无数人的生活和命运，受到中非人民广泛欢迎和国际社会高度评价。习近平主席将出席此次峰会开幕式并发表主旨讲话，阐述关于中非共建高水平命运共同体的新理念新主张，宣布对非务实合作的新行动新举措。峰会将通过《宣言》和《行动计划》两份成果文件，凝聚双方重大共识，规划中非未来3年高质量合作实施路径，推动中非携手共建高水平命运共同体。

中非命运共同体壮大于与时偕行。中非是现代化道路的同行者，双方将在现代化新征程上携手共建高水平中非命运共同体。中国秉持真实亲诚理念和正确义利观，同非洲国家真诚互相支持和帮助。从"十大合作计划"到"八大行动"再到"九项工程"，从"支持非洲工业化倡议"到"中国助力非洲农业现代化计划"再到"中非人才培养合作计划"，中国想非洲之所想、急非洲之所急，推动中非合作不断拓展新领域，取得新成果。蒙内铁路、杂交水稻、菌草种植、鲁班工坊……中国经验、中国技术、中国方案，助力非洲国家推进现代化事业。非洲是高质量共建"一带一路"、落实全球发展倡议的示范区，已成为当今世界响应中方重大倡议主张最主动、最积极的方向。中非在重大国际和地区问题上通力协作，共同发出全球南方的时代强音。

中非命运共同体建设基础牢、起点高、前景广，为构建人类命运共同体树立了光辉典范。以此次峰会为契机，中非携手擦亮论坛"金字招牌"，将掀起携手推进现代化、共筑高水平中非命运共同体的合作新热潮。只要28亿多中非人民同心同向，就一定能在现代化道路上共创辉煌，引领全球南方现代化事业蓬勃发展，为构建人类命运共同体作出更大贡献。

（2024年09月05日 第06版）

共逐现代化之梦　共筑命运共同体

9月5日，习近平主席出席中非合作论坛北京峰会开幕式并发表主旨讲话，宣布中国同所有非洲建交国的双边关系提升到战略关系层面，中非关系整体定位提升至新时代全天候中非命运共同体，深刻阐释中非要携手推进公正合理、开放共赢、人民至上、多元包容、生态友好、和平安全的现代化，并宣布将实施中非携手推进现代化十大伙伴行动。中非共逐现代化之梦，共筑命运共同体，这是双方在各自发展的关键时期作出的重要选择，必将引领全球南方现代化事业蓬勃发展，为构建人类命运共同体作出更大贡献。

中国始终把发展同非洲国家关系作为对外政策的基石，中非合作论坛是加强中非团结合作的最重要平台和机制。论坛成立24年来特别是新时代以来，中非坚持相互理解、彼此支持，在国际风云变幻中坚定捍卫彼此正当权益，以互利共赢合作造福亿万中非百姓，树立了新型国际关系的典范。当前，世界百年未有之大变局加速演进，中非发展面临共同的机遇与挑战。中国同所有非洲建交国的双边关系提升到战略关系层面，中非关系整体定位提升至新时代全天候中非命运共同体，必将引领中非命运共同体建设继续走在构建人类命运共同体的前列，为双方人民带来更大福祉。联合国秘书长古特雷斯说，中非伙伴关系是全球南南合作的主要支柱，中非共同努力将为非洲大陆创造发展新动能。

实现现代化是世界各国不可剥夺的权利。现代化道路上一个都不能少，一国都不能掉队。中国和非洲占世界总人口的三分之一，没有中非的现代化，就没有世界的现代化。当前，中国正坚定不移以中国式现代化全面推进强国建设、民族复兴伟业。非洲也正经历新的觉醒，朝着非盟《2063年议程》描绘的现代化目标稳步迈进。中非共逐现代化之梦，必将掀起全球南方现代化热潮，谱写构建人类命运共同体的崭新篇章。习近平主席提出，中非要携手推进公正合理、开放共赢、人民至上、多元包容、生态友好、和平安全的现代化，揭示现代化发展规律，顺应时代发展潮流，反映中非共同理念，符合双方人民利益，为中非携手走好现代化之路提供了理念引领，对推动世界现代化行稳致远具有启示意义。

中方愿同非洲国家共同努力，深化中非合作，以中非现代化助力全球南方现代化。习近平主席宣布，未来3年，中方愿同非方开展中非携手推进现代化十大伙伴行动。这一合作方案覆盖面广，涵盖文明互鉴、贸易繁荣、产业链合作、互联互通、发展合作、卫生健康、兴农惠民、人文交流、绿色发展、安全共筑等中非推进现代化事业的各个重要领域，将推动中非合作进一步拓展广度和深度。南非总统拉马福萨表示，"十大伙伴行动"与非洲发展议程高度契合，可以帮助非洲推动跨境跨区域互联互通，实现融合发展。今年7月，中国共产党二十届三中全会成功召开，对进一步全面深化改革、推进中国式现代化作出系统部署。这将进一步深刻改变中国，也必将为非洲国家、为中非共逐现代化之梦提供新机遇、注入新动能。

中非携手推进现代化是属于全人类进步的伟大事业。只要28亿多中非人民同心同向，就一定能在现代化道路上共创辉煌，绘就人类发展史上崭新画卷，共同推动世界走向和平、安全、繁荣、进步的光明前景。

（2024年09月08日　第02版）

凝聚起28亿多中非人民的磅礴力量

习近平主席日前在中非合作论坛北京峰会开幕式上发表主旨讲话，提议将中国同所有非洲建交国的双边关系提升到战略关系层面，将中非关系整体定位提升至新时代全天候中非命运共同体。中国与53个非洲建交国实现战略伙伴关系全覆盖，与非洲的整体关系提升为新时代全天候中非命运共同体，这是此次峰会取得的重要成果，必将凝聚起28亿多中非人民的磅礴力量，为中非携手推进现代化注入强大动能。

中非友好的基础是中国同每一个非洲建交国家的牢固双边关系。此次峰会前，中国已同20多个非洲国家建立多种形式的伙伴关系。此次峰会期间，习近平主席同与会非洲国家元首和政府首脑等举行双边会晤，就重大战略性问题进行深入沟通，中方总共与30个国家建立或提升了战略伙伴关系。"在实现梦想的道路上，中国是伟大的伙伴""中国意味着希望和未来，唯有同中国深化合作，才有可能实现国家发展""对非洲而言，中国是未来，是兄弟"……非洲国家领导人的积极评价充分表明，中国和53个非洲战略伙伴将继续并肩站在一起，为促进中非人民福祉、维护世界和平稳定发挥更大作用。

中非友好穿越时空、跨越山海、薪火相传。经过近70年的辛勤耕耘，中非关系正处于历史最好时期。中非合作论坛成立24年来特别是新时代以来，中国同非洲兄弟姐妹们本着真实亲诚理念，携手前行。中非在世界百年变局中肩并肩、手拉手，坚定捍卫彼此正当权益；在经济全球化大潮中强筋骨、壮体魄，累累硕果惠及中非亿万百姓；在大灾大疫面前同甘苦、共拼搏，书写了一个个中非友好的感人故事；始终相互理解、彼此支持，树立了新型国际关系的典范。从新型伙伴关系到全面战略合作伙伴关系，再到新时代全天候命运共同体，中非关系水平不断提升，定位更加清晰，内涵更加丰富，彰显了中非28亿多人民在百年变局中风雨同舟、携手同行的坚定意志。

当前，世界百年变局加速演进，人类社会面临前所未有的挑战。国际形势越是复杂，全球南方国家越要坚持独立自主、团结协作，共同维护国际公平正义。峰会期间，中非双方就国际形势和全球治理进行了战略对表，一致同意在涉及彼此核心利益问题上坚定相互支持，捍卫发展中国家正当利益，促进国际公平正义；一致同意践行真正的多边主义，推进落实三大全球倡议，倡导平等有序的世界多极化和普惠包容的经济全球化；一致同意打破"小院高墙"、反对歧视偏见、纠正历史不公，推动现代化发展事业惠及全体人民。中非领导人团结一致发出求和平、促发展的呼声，成为中非关系的又一丰碑和全球南方合作的又一典范。中非共同发出全球南方的正义声音，共同推动全球治理体系朝着更加公正合理的方向发展，有利于维护发展中国家共同利益，为世界注入更多稳定性和正能量。

中非命运共同体根植于传统友好，彰显于合作共赢，壮大于与时偕行。面向未来，中非双方将始终秉持历久弥坚的中非友好合作精神，在现代化征程上携手同行，共筑新时代全天候中非命运共同体，为构建人类命运共同体作出更大贡献。

（2024年09月09日　第03版）

在现代化征程上携手同行

习近平主席在中非合作论坛北京峰会开幕式上发表主旨讲话，提出中非要携手推进公正合理、开放共赢、人民至上、多元包容、生态友好、和平安全的现代化。中非携手推进现代化六大主张得到非洲领导人广泛认同，形成了中非双方的政治共识，标志着中非对走向现代化的规律认识不断深化，对掌握自身命运的历史自觉不断增强，对引领全球南方加快现代化、推动世界现代化必将产生重大和深远影响。

六大主张揭示现代化发展规律，为中非携手推进现代化提供正确理念引领。实现现代化是发展中国家不可剥夺的正当权利，如何实现现代化，实现什么样的现代化，是摆在全球南方面前的历史课题。当前，中国正坚定不移以中国式现代化全面推进强国建设、民族复兴伟业。非洲也正经历新的觉醒，朝着非盟《2063年议程》描绘的现代化目标稳步迈进。双方深化对现代化发展规律的共性认识，明确推进国家现代化建设既要遵循现代化一般规律，更要符合本国实际，要坚持走互利合作的阳光大道，要共同推动现代化惠及全体人民，要实现物质文明和精神文明协调发展，要坚持绿色发展，要维护和平稳定的发展环境，将指引双方更好地在现代化道路上彼此支持、相互借力、共同前进。

六大主张契合中非共同发展需求，为中非携手推进现代化打开广阔合作空间。加强治国理政经验交流，支持各国探索适合本国国情的现代化道路；深化工业、农业、基础设施、贸易投资等领域合作，树立高质量共建"一带一路"的标杆，共同打造落实全球发展倡议的样板；积极开展人才培养、减贫、就业等领域合作，提升人民在现代化进程中的获得感、幸福感、安全感；密切人文交流，在现代化进程中倡导不同文明相互尊重、包容共存，共同推动全球文明倡议结出更多硕果；帮助非方打造"绿色增长引擎"，缩小能源可及性差距，坚持共同但有区别的责任原则，共同推动全球绿色低碳转型；帮助非洲提升自主维护和平稳定的能力，推动全球安全倡议率先在非洲落地，促进高质量发展和高水平安全良性互动，共同维护世界和平稳定……这些合作举措是落实六大主张的具体行动，将为双方携手推进现代化注入强劲动能。

六大主张反映全球南方共同追求，将引领中非为推进世界现代化贡献更大力量。回顾历史，西方现代化进程曾给广大发展中国家带来深重苦难。第二次世界大战结束后，以中国和非洲为代表的第三世界国家相继实现独立和发展，不断纠正现代化进程中的历史不公。当前，全球南方正更加独立自主地探索现代化道路。中国式现代化为全球提供了一种全新的现代化模式，为更多国家独立自主探索适合自己的现代化道路增添了信心。公正合理、开放共赢、人民至上、多元包容、生态友好、和平安全，这些理念不仅是中非共同的追求，也反映广大全球南方国家的普遍共识，是推动实现和平发展、互利合作、共同繁荣的世界现代化的必然要求。

现代化道路上一个都不能少，一国都不能掉队。中非在现代化征程上携手同行，推进公正合理、开放共赢、人民至上、多元包容、生态友好、和平安全的现代化，必将引领全球南方现代化事业蓬勃发展，为推进世界现代化作出更大贡献。

（2024年09月11日　第02版）

以中非现代化助力全球南方现代化

"未来3年，中方愿同非方开展中非携手推进现代化十大伙伴行动，深化中非合作，引领全球南方现代化。"在中非合作论坛北京峰会开幕式上，习近平主席着眼中非携手推进现代化的现实需要，郑重宣布中非携手推进现代化的一系列重大举措，开启了中非共逐现代化之梦、引领全球南方现代化的新篇章。

谋发展、求合作是中国和非洲国家的共同追求。中非携手推进现代化十大伙伴行动涵盖文明互鉴、贸易繁荣、产业链合作、互联互通、发展合作、卫生健康、兴农惠民、人文交流、绿色发展、安全共筑等，全方位规划了中非合作的重点方向和优先领域。中非双方通过了未来3年加强中非合作的《关于共筑新时代全天候中非命运共同体的北京宣言》和《中非合作论坛—北京行动计划（2025—2027）》，以共同发展凝聚中非合作动能。中非合作共赢的崭新行动蓝图，将有力推动中非现代化进程，以中非现代化助力全球南方现代化。

携手非洲推进现代化，中国不仅有真诚的意愿，更有务实的举措、有力的行动。"十大伙伴行动"涵盖中非合作方方面面，每一项都有具体目标，每一项都是务实行动，体现了中国助力非洲可持续发展的深远考量。南非总统拉马福萨表示，"十大伙伴行动"与非洲发展议程高度契合，可以帮助非洲推动跨境跨区域互联互通，实现融合发展。非盟委员会主席法基表示，"十大伙伴行动"有力表明中国愿助力推进包括非洲在内的全球南方现代化建设。纳米比亚总统姆本巴认为，习近平主席宣布的非中携手推进现代化的系列新举措，将指引非中双方开创共同发展繁荣的光明未来。

中国和非洲人口占世界总人口的1/3，没有中非的现代化，就没有世界的现代化。从2015年提出中非共同实施"十大合作计划"，到2018年提出重点实施"八大行动"；从2021年宣布中非务实合作"九项工程"，再到此次提出中非携手推进现代化"十大伙伴行动"……新时代以来，中非双方将共建"一带一路"倡议、全球发展倡议同非盟《2063年议程》及非洲各国发展战略有机对接，结合落实中非合作论坛历届会议成果，聚焦非洲工业化、农业现代化、人才培养等重点领域，不断推动中非合作向更高水平、更深层次、更宽领域发展，为实现现代化积蓄动能。"中国真正关心发展中国家的需求。"马拉维总统查克维拉认为，中方的支持基于广泛深入的交流合作，非中合作是全球合作的典范。

中非携手推进现代化十大伙伴行动再次表明，中国追求的不是独善其身的现代化，愿同包括广大发展中国家在内的各国一道，推动实现和平发展、互利合作、共同繁荣的世界现代化。中国是最大的发展中国家，致力于以高水平开放促进高质量发展，以中国式现代化全面推进强国建设、民族复兴伟业。非洲是发展中国家最集中的大陆，已全面启动非盟《2063年议程》第二个十年实施计划，加快推进非洲大陆自贸区建设，致力于打造一体化、繁荣、和平的非洲。迈向现代化的道路上，中国愿同非洲国家互学互鉴、互帮互助、并肩前行。无论过去还是现在，中非都是构建命运共同体的先行者，未来也必将携手走在现代化进程的前列。

2024年中非合作论坛北京峰会明确了中非关系下阶段发展方向，为中非携手推进现代化注入新动力，是中非关系史上新的里程碑。站在新的历史起点上，中方将继续秉持真实亲诚理念和正确义利观，同中非合作论坛非方成员一道努力，落实好此次峰会成果，更好造福中国和非洲人民。

（2024年09月13日　第02版）

06/

以比天空更宽阔的
胸怀对待不同文明

推动不同文明和谐共处、相互成就

全球文明倡议意蕴深刻、内涵丰富、体系完整，为推动文明交流互鉴、促进人类文明进步贡献了中国智慧。中国不仅是全球文明倡议的提出者，更是积极践行者

2023年3月15日，在中国共产党与世界政党高层对话会上，中共中央总书记、国家主席习近平郑重提出全球文明倡议，强调要共同倡导尊重世界文明多样性、共同倡导弘扬全人类共同价值、共同倡导重视文明传承和创新、共同倡导加强国际人文交流合作。全球文明倡议意蕴深刻、内涵丰富、体系完整，为推动文明交流互鉴、促进人类文明进步贡献了中国智慧。一年来，全球文明倡议从理念转化为实践，促进不同文明包容共存、交流互鉴，为繁荣世界文明百花园发挥重要作用。

中华民族自古就有开放包容、兼收并蓄的文化胸怀，中华文明历来赞赏不同文明间的相互理解和尊重。全球文明倡议植根于中华优秀传统文化土壤，顺应时代发展潮流，是对当今各国推动文明发展进步、共同构建人类命运共同体时代潮流的真挚响应。爱尔兰前总理、国际行动理事会联席主席埃亨认为，人类发展的历史也是多元文化和谐共存、携手并进的历史，全球文明倡议为促进世界和人类进步提供了中国方案。

不同文明之间平等交流、互学互鉴，将为人类破解时代难题、实现共同发展提供强大的精神指引。当前，求和平、谋发展、促合作已经成为不可阻挡的时代潮流，但个别国家固守"非此即彼""非黑即白"思维，大搞意识形态对抗，加剧世界的不稳定性不确定性。全球文明倡议推动各方以文明交流超越文明隔阂、文明互鉴超越文明冲突、文明包容超越文明优越，在包容"不同"中寻求"共同"，在尊重"差异"中谋求"大同"，对于减少冲突和对抗、凝聚应对共同挑战的合力具有重大意义。

中国不仅是全球文明倡议的提出者，更是积极践行者。从"读懂中国"国际会议、首届"良渚论坛"到成都大运会、杭州亚运会等，多元互动的人文交流为各国人民搭建起增进友谊的平台；从举办纪念费城交响乐团访华50周年音乐会，到2024"中国—东盟人文交流年"开幕，形式多样的民间交往精彩纷呈；从建立丝绸之路国际剧院联盟、美术馆联盟等到组织"艺汇丝路"采风活动，共建"一带一路"文化和旅游交流充满活力……中国携手各方落实全球文明倡议，中华文明与其他文明交流互鉴、携手发展的行动更加坚定。

全球文明倡议彰显中国式现代化的世界意义。联合国教科文组织认为，发展最终应以文化概念来定义，文化的繁荣是发展的最高目标。中国式现代化的成功实践，打破了"现代化＝西方化"的迷思，有力证明了通往现代化的道路不止一条，人类文明是多样的、多彩的，各国能够基于自身文明传承和实际国情走出各具特色的现代化之路。作为人类文明新形态，中国式现代化为其他国家探索现代化道路提供了有益借鉴，有助于广大发展中国家把发展进步的命运掌握在自己手中，共同绘就百花齐放的人类社会现代化新图景。国际人士指出，"中国走出一条中国式现代化道路，本身就是全球文明倡议的生动实践"，"全球文明倡议有助于使各种实现现代化的方式都能得到尊重，保护丰富的全球文明"。

全球文明倡议是继全球发展倡议、全球安全倡议之后，新时代中国为国际社会提供的又一重要国际公共产品，进一步丰富和拓展了构建人类命运共同体的实践路径，充分表明在变乱交织的国际环境中，中国始终是世界的和平力量、稳定力量、进步力量。当前，构建人类命运共同体已从理念主张发展为科学体系，从中国倡议扩大为国际共识，从美好愿景转化为实践成果，展现出强大生命力。三大全球倡议紧密相连、相互依托、相互促进，为构建人类命运共同体提供有力支撑，为建设更加美好的世界提供中国方案，彰显了中国共产党以实际行动为世界谋大同的使命担当。

全球文明倡议守护的是人类文明发展的美好未来。中方愿同各方一道，践行全球文明倡议、加强文明交流互鉴，弘扬平等、互鉴、对话、包容的文明观，推动不同文明和谐共处、相互成就，让世界文明百花园姹紫嫣红、生机盎然。

（2024年03月15日　第03版）

构筑起一条安全畅通的产供链生命线

中欧班列以快速、稳定、可靠的优势，为中欧庞大的货物贸易保驾护航，成为国际物流中陆路运输的重要方式

近期，在地缘风险频发的背景下，中欧班列需求激增引起国际舆论广泛关注。作为共建"一带一路"的旗舰项目和标志性品牌，中欧班列开创了亚欧国际运输新格局，搭建起沿线经贸合作新平台，在动荡世界中构筑起一条安全畅通的产供链生命线。

中欧班列以快速、稳定、可靠的优势，为中欧庞大的货物贸易保驾护航，成为国际物流中陆路运输的重要方式。中国国家铁路集团有限公司公布的最新数据显示，今年前两个月，中欧班列累计开行2928列，发送货物31.7万标箱，同比分别增长9%、10%。截至今年2月底，中欧班列国内出发城市达120个，通达欧洲25个国家219个城市。"中欧班列提前订满""对铁路运输的需求暴涨"等内容频频见诸国际媒体，凸显中欧班列畅通中欧及沿线国家贸易的"稳定器"和"加速器"作用。

中欧班列有效提升亚欧大陆铁路联通水平和海铁、公铁、空铁等多式联运发展水平，开辟了亚欧大陆供应链的新通道。提高沿线通关便利化水平，不断优化口岸营商环境，持续完善国际运输规则……中欧班列不断提升亚欧大陆互联互通水平，跑出互利共赢"加速度"。中欧班列跨境电商专列、邮政专列以及"班列＋园区""班列＋口岸"等新业态不断涌现，为沿线国家带来了巨大发展机遇。西班牙中国问题专家胡里奥·里奥斯认为，中欧班列以一种崭新互补的方式融合了欧

中双方需求，其重要价值之一就是激发沿线国家的经贸合作潜能。

中欧班列为高质量共建"一带一路"提供有力支撑。共建"一带一路"践行的是互联互通、互利互惠，谋求的是共同发展、合作共赢。在第三届"一带一路"国际合作高峰论坛开幕式上，习近平主席宣布中国支持高质量共建"一带一路"的八项行动，其中"加快推进中欧班列高质量发展""办好中欧班列国际合作论坛"是构建"一带一路"立体互联互通网络的重要举措。近年来，随着货源地不断扩大，高新科技产品增多，中欧班列正从简单的"通道经济"向"附加值经济"转变，在高质量发展的轨道上带动沿途市场共同受益。美国《外交政策》杂志网站刊文认为，"'一带一路'倡议代表了每个国家为了本国利益都应该去做的事：建立尽可能多的供应通道。这既可以对冲不可预见的供应中断，又可以增强本国的联通性和影响力。"

中欧班列日夜兼程，体现了中国扩大高水平对外开放的决心和行动。中欧班列运输服务网络基本覆盖亚欧大陆全境，有效扩大了中国与沿线各国经贸往来，加速了要素资源跨国流动。数据显示，中国与欧洲25个通达国家的进出口值从2013年的4万亿元增长到2022年的7.42万亿元，贸易规模持续扩大，贸易往来更加便捷。今年的中国全国两会再次释放扩大高水平对外开放的积极信号。中方主动对接高标准国际经贸规则，稳步扩大制度型开放，推动外贸质升量稳，加大吸引外资力度，推动高质量共建"一带一路"走深走实，深化多双边和区域经济合作，将给各国带来更多合作共赢的机遇。

中欧班列通达亚欧大陆，日益成为惠及各国人民的"幸福之路"、造福世界的"繁荣之路"。中国将继续同各方一道，坚持共商共建共享原则，推动中欧班列朝着更高质量、更好效益、更加安全方向发展，为促进世界经济发展、增进各国人民福祉作出贡献。

（2024年03月18日　第03版）

以比天空更宽阔的胸怀对待不同文明

只有交流互鉴，一种文明才能充满生命力。只要秉持包容精神，就不存在什么"文明冲突"，就可以实现文明和谐

"文明因交流而多彩，文明因互鉴而丰富。文明交流互鉴，是推动人类文明进步和世界和平发展的重要动力。"2014年3月27日，习近平主席在联合国教科文组织总部发表演讲，强调应该推动不同文明相互尊重、和谐共处，让文明交流互鉴成为增进各国人民友谊的桥梁、推动人类社会进步的动力、维护世界和平的纽带。10年来，习近平主席有关文明交流互鉴的主张在国际社会日益深入人心，为推动构建人类命运共同体提供强大的精神动力。

一部人类发展史，也是一部多元文明共生并进的历史。世界上有200多个国家和地区，2500多个民族和多种宗教。多样带来交流，交流孕育融合，融合产生进步。"文明是多彩的，人类文明因多样才有交流互鉴的价值""文明是平等的，人类文明因平等才有交流互鉴的前提""文明是包容的，人类文明因包容才有交流互鉴的动力"……习近平主席在演讲中深刻阐述推动文明交流互鉴需要秉持正确的态度和原则，为人类文明进步提供了正确指引。"中国领导人的远见与联合国教科文组织的使命不谋而合。"时任联合国教科文组织总干事博科娃表示。

10年来，习近平主席在不同场合深入阐述新时代中国的文明观，为推动文明交流互鉴、促进人类文明进步不断贡献中国智慧和方案。2015年9月出席第七十届联合国大会一般性辩论，提出和平、发展、公平、正义、民主、自由是全人类

共同价值；2018 年 6 月在上海合作组织成员国元首理事会第十八次会议上，强调要树立平等、互鉴、对话、包容的文明观；2019 年 5 月在亚洲文明对话大会开幕式上，提出加强世界上不同国家、不同民族、不同文化的交流互鉴，夯实共建亚洲命运共同体、人类命运共同体的人文基础的 4 点主张；2023 年 3 月在中国共产党与世界政党高层对话会上，郑重提出全球文明倡议，强调要共同倡导尊重世界文明多样性、共同倡导弘扬全人类共同价值、共同倡导重视文明传承和创新、共同倡导加强国际人文交流合作……透过习近平主席的重要论述，国际社会看到中国推动人类文明进步的大国胸怀与担当。

"只要世界人民在心灵中坚定了和平理念、扬起了和平风帆，就能形成防止和反对战争的强大力量。"习近平主席的重要论述，对应对当下变乱交织的国际形势具有重要启示意义。当前，世界上一些地区冲突延宕不止，恐怖袭击时有发生，唯我独尊的霸权思维仍在侵蚀和平的根基。中国始终以人类前途为怀、以人民福祉为念，坚定走团结合作的人间正道，积极为解决地区热点和全球性问题提出中国方案。中国携手各方落实全球文明倡议，通过多种平台和形式为世界上爱好和平的人民搭建多样文明荟萃绽放的舞台。巴基斯坦塔克西拉亚洲文明研究所所长加尼·乌尔·拉赫曼表示，要解决人类面临的共同挑战，从文明视角入手，弘扬平等、互鉴、对话、包容的文明观，无疑是一项着眼长远的治本之策。

在各国前途命运紧密相连的今天，不同文明包容共存、交流互鉴，在推动人类社会现代化进程、繁荣世界文明百花园中具有不可替代的作用。10 年前，习近平主席在演讲中用文明之笔描绘人类命运与共的底色，强调"我们应该从不同文明中寻求智慧、汲取营养，为人们提供精神支撑和心灵慰藉，携手解决人类共同面临的各种挑战"。10 年来，从高质量共建"一带一路"到落实三大全球倡议，从开展治国理政经验交流到加强发展战略对接，中国始终倡导不同文明兼容并蓄、交流互鉴，推动各国相互理解、相互尊重、相互信任。国际人士表示，各国携起手来，一定能够建设一个更加美好、和平、繁荣的世界。

"对待不同文明，我们需要比天空更宽阔的胸怀。"历史告诉我们，只有交流互鉴，一种文明才能充满生命力。只要秉持包容精神，就不存在什么"文明冲突"，就可以实现文明和谐。中国将继续秉持平等、互鉴、对话、包容的文明观，同各方一道落实全球文明倡议，努力开创世界各国人文交流、文化交融、民心相通的新局面，为推动构建人类命运共同体贡献力量。

（2024年03月27日　第02版）

落实全球安全倡议　维护世界和平安宁

全球安全倡议超越冷战零和思维，摒弃以损害他国安全为代价追求绝对安全的过时逻辑，彰显出中国共产党"为世界谋大同"的初心使命，展现了中华文化"兼济天下"的深厚情怀

世界百年未有之大变局加速演进，局部冲突和动荡频发，全球性问题加剧，世界进入新的动荡变革期。两年前，在博鳌亚洲论坛2022年年会开幕式上，习近平主席从全人类前途命运和安危福祉出发，提出全球安全倡议，为推动国际社会凝心聚力应对安全挑战提供了中国方案。两年来，中国与各方携手践行全球安全倡议，为维护世界和平安宁作出积极贡献。

全球安全倡议之所以得到100多个国家和国际地区组织支持、赞赏，写入多份中国与其他国家、国际组织交往合作的双多边文件，关键在于其秉持大道为公、计利天下的格局风范，倡导走对话而不对抗、结伴而不结盟、共赢而非零和的新型安全之路；勇立时代潮头，致力于为化解矛盾分歧、管控风险危机、破解全球安全难题提供可行良方；唱响合作强音，为各方协力维护世界和平安宁注入动力。博鳌亚洲论坛秘书长政策顾问扎法尔·乌丁·马赫默德表示，全球安全倡议具有远见和智慧，为各国通过对话协商化解矛盾分歧、实现友好合作贡献了中国智慧。

"安全是发展的前提，人类是不可分割的安全共同体。"全球安全倡议倡导坚持共同、综合、合作、可持续的安全观，坚持尊重各国主权、领土完整，坚持遵守联合国宪章宗旨和原则，坚持重视各国合理安全关切，坚持通过对话协商以和

平方式解决国家间的分歧和争端，坚持统筹维护传统领域和非传统领域安全，是人类命运共同体理念在全球安全领域的生动实践。全球安全倡议超越冷战零和思维，摒弃以损害他国安全为代价追求绝对安全的过时逻辑，彰显出中国共产党"为世界谋大同"的初心使命，展现了中华文化"兼济天下"的深厚情怀。

全球安全倡议强调对话，为消除国际安全赤字提供了可行方案。中方发布《关于政治解决乌克兰危机的中国立场》文件，积极开展穿梭外交，推动政治解决乌克兰危机；中方发布《关于阿富汗问题的中国立场》文件，进一步凝聚地区国家稳阿助阿的共识与合力。中方成功促成沙特和伊朗和解，为有关地区国家化解矛盾分歧、实现睦邻友好树立典范，被认为是"全球安全倡议的成功实践"；中方斡旋促成缅甸冲突相关方举行多轮和谈，达成正式停火等系列重要成果文件，为缓和缅北局势、维护地区和平稳定发挥关键作用。美国哥伦比亚大学可持续发展中心主任杰弗里·萨克斯认为，在这个地缘政治危机充斥的时代，中国提出的全球安全倡议，以及坚持以对话协商方式解决地区冲突的立场，正是我们所需要的。

全球安全倡议高举团结旗帜，凝聚了以团结合作谋求共同安全的国际共识。当前国际安全环境恶化，以"零和思维""绝对安全""霸权安全"等为内核的传统安全观念难辞其咎。全球安全倡议不针对特定国家，不排斥特定一方，致力于尊重和保障每一个国家的安全。中方发布《全球安全倡议概念文件》，明确提出20个重点合作方向和5大类合作平台机制，就是为了最大程度汇聚促进国际安全的合力。中方对一切有助于维护国际和地区安全的行动持开放态度，愿同各方围绕倡议进行坦诚沟通，努力寻找合作最大公约数，共同开展倡议合作行动。

全球安全倡议服务的是全世界人民的利益，维护的是全世界人民的安宁。中国将坚定践行真正的多边主义，同各方携手同心、行而不辍，推动落实全球安全倡议，共同开辟迈向持久和平、普遍安全的阳光大道。

（2024年04月22日　第03版）

推动巴勒斯坦问题全面、公正、持久解决

近日举行的中阿合作论坛第十届部长级会议就巴勒斯坦问题发出维护和平、捍卫正义的强烈呼声。习近平主席出席会议开幕式并发表主旨讲话，阐明中方关于巴勒斯坦问题的立场主张。会议发表《中国和阿拉伯国家关于巴勒斯坦问题的联合声明》，表明中阿推动加沙冲突尽快平息、推动巴勒斯坦问题全面、公正、持久解决的高度共识。

去年10月以来，巴以冲突剧烈升级，人民遭受沉重苦难。在中阿合作论坛第十届部长级会议开幕式上，习近平主席郑重阐明中方立场主张，强调"战争不能再无限继续，正义也不能永久缺席，'两国方案'更不能任意动摇"。会议发表的《中国和阿拉伯国家关于巴勒斯坦问题的联合声明》表达中阿对加沙冲突延宕造成人道危机的深切担忧，表明双方推动加沙停火止战、确保人道救援、反对强制迁移巴勒斯坦人民、支持巴勒斯坦成为联合国正式会员国，以及在"两国方案"基础上推动巴勒斯坦问题早日解决的坚定态度。巴勒斯坦外交事务国务部长法尔辛表示，这一声明有利于加强国际社会对巴勒斯坦正义事业的支持，体现了中国在巴勒斯坦问题上秉持的立场。

历史反复证明，巴以局势之所以屡陷动荡，根本原因在于联合国决议没有得到切实执行，"两国方案"基础不断被侵蚀，中东和平进程偏离正轨。只有还巴勒斯坦人民以公道，全面落实"两国方案"，才能彻底走出巴以冲突的恶性循环，才能从根本上消除产生各种极端思潮的土壤，才能实现中东地区的持久和平。"两国方案"是解决巴以问题的唯一现实出路，巴勒斯坦成为联合国正式会员国是迈向

这一目标的重要一步。中方坚定支持建立以1967年边界为基础、以东耶路撒冷为首都、享有完全主权的独立的巴勒斯坦国，支持巴勒斯坦成为联合国正式会员国，支持召开更大规模、更具权威、更有实效的国际和会。阿联酋《国民报》发表社论指出，中国就巴勒斯坦问题提出的主张与阿拉伯国家的立场一致，将引发中东民众的广泛共鸣。

新一轮巴以冲突爆发以来，中国同广大阿拉伯国家保持密切沟通协作，同国际社会有关各方广泛凝聚共识，以最大的紧迫感推动全面停火止战。中方高度关注加沙人道局势，通过双多边渠道向加沙提供多批紧急人道主义援助，并将继续为缓解加沙人道主义危机和战后重建提供支持和紧急人道主义援助。中方代表多次出访地区国家、出席有关国际和平会议，积极穿梭斡旋。去年11月，作为联合国安理会当月轮值主席国，中国推动安理会通过本轮巴以冲突爆发以来首份决议，发布《中国关于解决巴以冲突的立场文件》，积极推动安理会采取有意义、负责任的行动。中方积极推动巴勒斯坦各派别通过对话协商实现内部和解，坚定支持"巴人治巴"。今年以来，中方分别与埃及、阿盟秘书处、法国、阿拉伯国家等发表联合声明，为推动解决巴勒斯坦问题凝聚共识。出席中阿合作论坛第十届部长级会议开幕式的阿方领导人们均高度赞赏中国在巴勒斯坦问题上秉持的公道正义立场，表示愿同中方密切协作，致力于推动缓解加沙地区紧张局势和人道危机，实现巴勒斯坦人民独立建国，推动巴勒斯坦问题早日得到全面公正解决。

当前加沙地区的局势不可持续，无条件立即停火是国际共识，改善人道主义状况是当务之急。作为联合国安理会常任理事国和负责任大国，中国将继续同阿拉伯国家坚定站在一起，主持公道，伸张正义，推动巴勒斯坦问题早日得到全面、公正、持久解决。

（2024年06月04日　第03版）

携手促合作　共同谋发展

共建"一带一路"践行的是互联互通、互利互惠，谋求的是共同发展、合作共赢，符合时代进步的逻辑，走的是人间正道

6月6日，中国—吉尔吉斯斯坦—乌兹别克斯坦铁路项目三国政府间协定签字仪式在北京举行，国家主席习近平、吉尔吉斯斯坦总统扎帕罗夫、乌兹别克斯坦总统米尔济约耶夫视频祝贺协定签署。习近平主席指出，三国政府间协定的签署，将为中吉乌铁路项目建设提供坚实的法律基础，标志着中吉乌铁路正由设想变为现实，向国际社会展现了三国携手促合作、共同谋发展的坚定决心。

中吉乌铁路是中国同中亚互联互通的战略性项目，是三国共建"一带一路"合作的标志性工程。1996年，乌兹别克斯坦率先提出中吉乌铁路的设想。在近30年时间内，三国就项目举行了多轮磋商和谈判。去年5月，中吉乌铁路项目可行性研究基本完成，项目推进工作驶入快车道。三国政府间协定的签署，是中吉乌铁路项目取得的重大阶段性成果。扎帕罗夫总统表示，中吉乌铁路是三国共建"一带一路"的旗舰工程，建成后将成为亚洲到欧洲和波斯湾国家的新运输线，对促进沿线各国乃至整个地区互联互通、加强经贸往来意义重大。米尔济约耶夫总统表示，中吉乌铁路将成为联通中国同中亚国家的最短陆上通道，还可打通南亚、中东国家大市场，有利于进一步扩大地区国家对华合作，深化国家间友好关系，符合各国长远利益。

中吉乌铁路项目三国政府间协定的签署，表明中国和中亚国家高质量共建

"一带一路"合作正加快推进。中亚地区是"一带一路"的首倡之地，是高质量共建"一带一路"示范区，中国同中亚五国实现了签署共建"一带一路"合作文件全覆盖。中哈霍尔果斯国际边境合作中心与中哈连云港物流合作基地建成，打开了中亚国家通向太平洋的大门；中国企业承建的中亚第一长隧道"安格连—帕普"铁路隧道顺利贯通，结束了当地民众出行需要翻山越岭或绕行他国的历史；中吉乌公路正式通车，成为跨越高山、畅通无阻的国际运输大动脉；途经中亚的中欧班列在开行总量中占比近80%，成为驰骋欧亚大陆的"钢铁驼队"……中国同中亚国家共建"一带一路"取得实打实、沉甸甸的成果，广泛惠及地区各国人民。在去年5月举行的首届中国—中亚峰会上，各方高度评价共建"一带一路"倡议对引领国际合作的重要意义，表示将加强共建"一带一路"倡议同中亚五国倡议和发展战略对接，深化各领域务实合作，形成深度互补、高度共赢的合作新格局。

中国同中亚国家加快推进高质量共建"一带一路"合作，充分表明共建"一带一路"倡议顺潮流、得民心、惠民生、利天下。倡议提出10年多来，中国同150多个国家和30多个国际组织签署200多份共建"一带一路"合作文件，共建"一带一路"已经成为世界上范围最广、规模最大的国际合作平台。共建"一带一路"不仅给相关国家带来实实在在的利益，也为推进经济全球化健康发展、破解全球发展难题和完善全球治理体系作出积极贡献。

共建"一带一路"践行的是互联互通、互利互惠，谋求的是共同发展、合作共赢，符合时代进步的逻辑，走的是人间正道。中方期待同各方紧密合作，齐心协力，早日建成中吉乌铁路，让中国—中亚合作跑出加速度。中方将继续同包括中亚国家在内的各方深化"一带一路"合作伙伴关系，打造更多高质量发展的合作带、惠及民生的幸福路，为实现世界各国的现代化作出不懈努力。

（2024年06月08日　第02版）

全球文明倡议顺应时代潮流、契合时代需求

中国为国际社会提供的公共产品，汇聚的是共建美好世界的最大公约数，给世界带来的是繁荣稳定的巨大红利，创造的是扎扎实实的民生福祉

第七十八届联合国大会近日协商一致通过中国提出的设立文明对话国际日决议，决定将6月10日设立为文明对话国际日。决议倡导尊重文明多样性，倡导不同文明间的平等对话和相互尊重，充分体现习近平主席提出的全球文明倡议的核心要义。国际社会一致支持联大设立文明对话国际日，充分表明全球文明倡议顺应时代潮流、契合时代需求。

去年3月，习近平主席提出全球文明倡议，强调要共同倡导尊重世界文明多样性、共同倡导弘扬全人类共同价值、共同倡导重视文明传承和创新、共同倡导加强国际人文交流合作。在各国前途命运紧密相连的今天，全球文明倡议回答了不同文明如何相处、人类文明向何处去等重大问题，为推动文明交流互鉴、促进人类文明进步贡献了中国智慧和中国方案。

中方倡议联大设立文明对话国际日，有助于落实全球文明倡议，为人类社会团结应对共同挑战注入正能量。中方积极致力于推动各国相互理解、相互尊重、相互信任，以文明交流互鉴凝聚和平发展的共识。仅今年以来，全球文明倡议已写入中国和巴基斯坦、阿联酋、巴林、突尼斯、埃及、赤道几内亚、塞尔维亚、匈牙利等十几个国家的双边文件中，得到越来越广泛的认同和支持。在多重危机挑战交织叠加、世界进入新的动荡变革期的当下，国际社会更加深刻地认识到，

不同文明间的交流互鉴有助于增进理解信任、促进团结合作，为人类发展进步提供重要动力。

联大关于设立文明对话国际日的决议，明确所有文明成就都是人类社会的共同财富，突出强调文明对话对于维护世界和平、促进共同发展、增进人类福祉、实现共同进步的重要作用，体现了世界各国坚持平等包容、守护世界文明多样性的普遍愿望。决议邀请联合国会员国、联合国各机构等庆祝该国际日。中方将同各方密切协作，共同举行丰富多彩的文明对话活动，倡导尊重文明多样性，弘扬全人类共同价值，重视文明的传承和创新，积极推动人文交流与合作，实现人类文明共同繁荣进步。

国际社会一致支持联大设立文明对话国际日，充分表明中国理念和中国方案正越来越多地成为国际共识。无论国际风云如何变幻，中国坚定站在历史正确的一边、站在人类文明进步的一边，高举和平、发展、合作、共赢旗帜，弘扬全人类共同价值，推动落实全球发展倡议、全球安全倡议、全球文明倡议，推动构建持久和平、普遍安全、共同繁荣、开放包容、清洁美丽的世界。中国为国际社会提供的公共产品，汇聚的是共建美好世界的最大公约数，给世界带来的是繁荣稳定的巨大红利，创造的是扎扎实实的民生福祉。联合国秘书长古特雷斯表示，联合国高度赞赏中国坚定维护多边主义，支持习近平主席提出的三大全球倡议，坚定致力于深化同中国的合作。

世界百年未有之大变局加速演进，局部冲突和动荡频发，全球性问题加剧，各方迫切需要加强对话与合作，共同为动荡不安的国际局势注入稳定性和正能量。中国立天下之正位、行天下之大道，将继续携手各方积极落实三大全球倡议，坚定不移推动构建人类命运共同体。

（2024年06月10日　第03版）

劝和促谈，中方是最坚定、最积极的

乌克兰危机仍在持续，影响不断外溢，冲突有进一步升级的危险。推动局势降温，为停火止战积累条件，这是解决乌克兰危机的当务之急。中方不是乌克兰危机的制造者、当事方，一直为劝和奔走，为促谈尽力。中方的客观公正立场和建设性作用，得到了国际社会广泛认同。

在乌克兰问题上，中国的立场一以贯之，就是劝和促谈。乌克兰危机全面升级以来，习近平主席同包括俄罗斯、乌克兰在内的各国领导人深入沟通，提出"四个应该""四个共同""三点思考"，已成为中方推动政治解决乌克兰危机的根本遵循。在此基础上，中方发布《关于政治解决乌克兰危机的中国立场》文件，提出尊重各国主权、摒弃冷战思维、停火止战、启动和谈等12点重要原则。中国向乌克兰提供多批人道主义援助，多次派遣特使赴相关国家斡旋。中国没有隔岸观火，而是始终秉持客观公正立场，一直在为实现和平发挥积极作用。

解决乌克兰危机，世界需要发出更多客观、平衡、富有积极意义和建设性的声音，为推动实现和平寻求"最大公约数"。中国和巴西不久前共同发表关于政治解决乌克兰危机的"六点共识"，呼吁有关各方遵守局势降温"三原则"，即战场不外溢、战事不升级、各方不拱火，强调对话谈判是解决危机的唯一可行出路，呼吁各方共同努力推动局势降温缓和，同时呼吁各方加大人道援助、反对使用核武器、反对攻击核电站、维护全球产业链供应链稳定等。截至6月12日，已有来自五大洲的103个国家和国际组织通过不同方式对"六点共识"作出积极回应，其中55个国家已确认加入或正在认真研究加入方式。俄罗斯、乌克兰也对共识的大部分内容予以肯定。这些充分证明"六点共识"符合大多数国家的共同期望。支持"六点共识"的国家越来越多，政治解决危机的积极势头就越明显，实现和平的前景就越光明。

在劝和促谈上，中方是最坚定、最积极的，只要有一线希望就全力去争取。作为二战以来欧洲地区最大的地缘政治冲突，乌克兰危机长期延续不仅加重两国人民的灾难，也将给本地区和全世界带来难以预料的风险与挑战，不符合各方利益。历史反复证明，任何冲突最终只能通过谈判解决。各方应本着负责任的态度加大停火止战的外交努力，鼓励俄乌双方谈起来、谈下去。早一点谈起来，和平就有可能早一天到来。中方鼓励和支持世界上一切有助于缓和局势、实现和平的倡议和努力。中方支持适时召开国际和会，同时认为和会应具备"俄乌双方认可、各方平等参与、对所有和平方案进行公平讨论"三个重要元素。中方对于召开和平会议的立场是公平、公正的，是出于推动政治解决乌克兰危机的真心。

乌克兰危机有着复杂的历史经纬和现实纠葛，解决乌克兰危机既要治标也要治本，既要谋当下也要计长远。乌克兰的主权安全应当得到维护，俄罗斯的合理安全关切同样应当得到尊重，欧洲的和平稳定值得捍卫，其他国家的和平稳定同样值得守护。一国的安全不能以损害他国安全为代价，地区安全不能以强化甚至扩张军事集团来保障，各国的合理安全利益和关切都应得到重视和妥善解决。只有摒弃冷战思维，推动各方平等对话协商，妥善解决各方的合理关切，构建均衡、有效、可持续的欧洲安全架构，才能实现欧洲的长治久安。中方反对个别国家利用乌克兰危机甩锅、抹黑第三国，煽动"新冷战"，强迫别国选边站队，因为这种做法不仅无法政治解决当前危机，而且可能重蹈阵营对抗的覆辙。

形势再复杂，也不能放弃对话协商；冲突再尖锐，也要坚持政治解决。有关各方应以和平为重、以人道为重，将资源和精力集中到停火止战的外交努力上来，共同推动乌克兰危机早日得到政治解决。中方将继续秉持客观公正立场，为止战凝聚共识，为和谈铺路搭桥，为推动政治解决乌克兰危机贡献中国智慧。

（2024年06月15日　第03版）

破解安全难题　维护全球稳定

7月18日，全球安全倡议研究中心成立暨《全球安全倡议落实进展报告》发布仪式举行。报告指出，全球安全倡议提出两年多来，中国与各方携手同行，以倡议为框架稳步推进安全合作，取得一系列重要先期成果。全球安全倡议得到100多个国家、国际地区组织的支持赞赏，倡议及其核心理念写入90余份中国与其他国家、国际组织交往合作的双多边文件，成为具有全球影响力的国际共识。事实表明，面对变乱交织的世界，全球安全倡议破解安全难题、维护全球稳定的时代价值进一步彰显，正汇聚起全球应对安全挑战的普遍共识与强大合力。

2022年4月，习近平主席立足人类前途命运，郑重提出全球安全倡议。全球安全倡议明确回答了"世界需要什么样的安全理念、各国怎样实现共同安全"的时代课题，是人类命运共同体理念在安全领域的生动实践，为人类社会通往持久和平和普遍安全指明了方向和路径。在世界百年未有之大变局加速演进、国际局势动荡不安的当下，全球安全倡议倡导和衷共济，秉持开放包容，点亮了政治解决热点问题的希望之光，增强了协同完善安全治理的国际合力，搭建了促进国际安全交流合作的平台。

作为世界安全稳定的重要建设者，中国坚定不移推进落实全球安全倡议。去年2月，中方发布《全球安全倡议概念文件》，针对当前国际社会最突出、最紧迫的安全关切，明确提出20个重点合作方向以及五大类合作平台和机制，全球安全倡议由理念倡议向实践落地迈出实质性步伐。全球安全倡议载入《中华人民共和国对外关系法》，充分表明中国政府致力于长期推动落实全球安全倡议的决心与意志。去年年底召开的中央外事工作会议，将落实全球安全倡议明确为构建人类命运共同体的战略引领之一，彰显了全球安全倡议在新征程上中国外交战略顶层设计中的地位。

两年多来，中方同国际社会一道，全面践行全球安全倡议，在传统和非传统安全诸多领域推动取得一系列振奋人心的合作成果，为维护世界和平安宁注入强劲动力。中方在倡议框架下提出的20项重点合作方向积极开展交流合作，并推动完善各类合作平台和机制。针对乌克兰危机、巴以冲突、阿富汗问题等专门发布立场文件；成功促成沙特和伊朗和解，带动中东地区形成"和解潮"；与各方深入开展维和、反恐、气变、防灾减灾、数字治理、打击跨国犯罪等领域安全合作……中方推动落实全球安全倡议，为解决地区热点问题、维护世界和平安宁发挥重要作用。

展望未来，各方应树立共同、综合、合作、可持续的安全观，围绕全球安全问题开展多种形式的对话交流，不断丰富、充实全球安全倡议理念内涵；探讨和推进双多边安全合作，拓展全球安全倡议合作领域，创新合作理念和方式；在国际和地区热点问题上坚持劝和促谈；坚持真正的多边主义，推动全球安全治理体系变革。中方将继续与所有爱好和平、致力发展的国际社会成员一道，积极践行全球安全倡议，为促进人类共同安全、世界持久和平作出新的贡献。

（2024年07月20日　第04版）

维护地区和平稳定的大国担当

中方推动巴勒斯坦内部和解，是落实全球安全倡议、维护中东和平稳定的最新实践。中方真诚期待巴勒斯坦各派在内部和解的基础上，早日实现巴勒斯坦民族团结统一和独立建国

应中方邀请，巴勒斯坦14个派别高级别代表近日在北京举行和解对话，并共同签署《关于结束分裂加强巴勒斯坦民族团结的北京宣言》。这是巴勒斯坦解放事业中的重要历史性时刻，是推动解决巴勒斯坦问题、实现中东和平稳定的重要一步，为饱受苦难的巴勒斯坦人民带来了宝贵希望。国际社会高度肯定中方积极斡旋、推动巴勒斯坦内部和解，认为这充分体现中国秉持公正立场、维护地区和平稳定的大国担当。

巴勒斯坦各派只有用一个声音说话，正义之声才能更加响亮，唯有携起手来并肩前进，民族解放事业才能取得成功。此次巴勒斯坦各派齐聚北京对话，达成的最重要共识是实现14个派别的大和解、大团结，最核心成果是明确巴解组织是所有巴勒斯坦人民的唯一合法代表，最突出亮点是同意围绕加沙战后治理组建临时民族和解政府，最强烈呼吁是要根据联合国有关决议实现巴勒斯坦真正的独立建国。巴勒斯坦民族解放运动（法塔赫）副主席马哈茂德·阿鲁勒说："中国是一道光。中国为巴勒斯坦各派和解所作的努力在国际舞台上实属罕见。"中东国家舆论认为，《关于结束分裂加强巴勒斯坦民族团结的北京宣言》的成功签署，充分彰显中国对巴勒斯坦人民恢复民族合法权利正义事业的坚定支持。

　　巴勒斯坦问题是中东和平的根源性问题，不公正解决巴勒斯坦问题，中东就没有持久的和平稳定。习近平主席连续11年向联合国"声援巴勒斯坦人民国际日"纪念大会致贺电，出席金砖国家领导人巴以问题特别视频峰会，多次提出解决巴勒斯坦问题的倡议和主张，为解决好巴勒斯坦问题贡献了中国智慧和中国方案。推动巴勒斯坦内部实现和解、团结，有利于巴勒斯坦人民的正义事业，有利于推动巴勒斯坦问题早日得到全面、公正、持久解决。中国一贯支持巴勒斯坦各派通过对话协商实现和解、团结，为巴各派开展和解对话提供平台、创造机会。巴勒斯坦民族倡议组织主席穆斯塔法·巴尔古提表示："中国正派而且诚实，真正想要帮助我们，不干涉我们的内政，通过加强我们的团结来支持我们的事业。"

　　当前，加沙冲突的外溢影响正加速显现，中东局势令人担忧。中方认为，当务之急是尽快实现全面停火止战，重中之重是确保人道主义救援，根本出路是落实"两国方案"。在今年5月举行的中阿合作论坛第十届部长级会议开幕式上，习近平主席再次郑重阐明中方立场主张，强调"战争不能再无限继续，正义也不能永久缺席，'两国方案'更不能任意动摇"。中方同国际社会一道，以最大的紧迫感推动全面停火止战，并通过双多边渠道向加沙提供多批紧急人道主义援助。此次巴勒斯坦各派在北京举行和解对话期间，中方提出走出当前冲突困境的"三步走"倡议：推动加沙地带尽快实现全面、持久、可持续停火，确保人道主义援助和救援顺畅准入；秉持"巴人治巴"原则，携手推进加沙战后治理；推动巴勒斯坦成为联合国正式会员国，并着手落实"两国方案"。中国倡议立足当下、着眼长远，有助于凝聚各方共识，推动巴勒斯坦问题回到政治解决的正确轨道上来。

　　中方推动巴勒斯坦内部和解，是落实全球安全倡议、维护中东和平稳定的最新实践。近年来，中国先后提出关于实现中东安全稳定的五点倡议、政治解决叙利亚问题的四点主张、落实巴勒斯坦问题"两国方案"的三点思路，成功推动沙特和伊朗在北京对话并恢复外交关系，目的就是鼓励地区国家团结自强，通过对话协商化解彼此矛盾分歧。中国在中东地区没有私利，不搞"小圈子"，持续为推动冲突降级、局势降温发挥作用，坚定支持中东地区国家人民将命运掌握在自己手中。阿联酋政治学者阿卜杜勒阿齐兹·谢希认为，中国已经成为支持中东实现和平和发展的最重要力量之一。

在巴勒斯坦问题上，中方始终站在和平一边，站在公道一边，站在良知一边。中方真诚期待巴勒斯坦各派在内部和解的基础上，早日实现巴勒斯坦民族团结统一和独立建国。面向未来，中方将同有关各方一道继续为此作出不懈努力，为维护中东地区和平稳定发挥建设性作用。

（2024年07月26日　第03版）

不断凝聚维护和平稳定的各方共识

中国秉持构建人类命运共同体理念，全面践行全球安全倡议，积极推动地区热点问题解决，为维护世界和平稳定尽责

以"共筑和平、共享未来"为主题的第十一届北京香山论坛近日闭幕。本届论坛期间，来自100余个国家、国际组织官方代表及专家学者和各国观察员等秉持平等、开放、包容、互鉴精神，共话和平发展之道，共聚维护和平稳定的正向力量，共倡平等有序的世界多极化，为应对全球安全挑战、推动构建人类命运共同体贡献智慧。

安全问题事关各国人民的福祉，事关世界和平与发展的崇高事业，事关人类的前途命运。当前，国际安全形势日趋复杂，地缘竞争愈发激烈，热点问题此起彼伏，军备竞赛持续升级，冷战思维沉渣泛起，非传统安全挑战层出不穷。各国人民对和平安全的向往更加强烈，对团结合作的呼声更为迫切。

"面对世界百年未有之大变局，面对世界人民对安全稳定的期盼，中国践行全球安全倡议，不断凝聚各方共识，推动消弭国际冲突根源、完善全球安全治理，为共建持久和平、普遍安全的世界作出不懈努力。"习近平主席向第十一届北京香山论坛致贺信，展现了中国致力于维护世界和平稳定、推动构建人类命运共同体的坚定决心。

改善国际安全治理，破解国际安全难题，离不开正确理念的指引。中国秉持构建人类命运共同体理念，全面践行全球安全倡议，积极推动地区热点问题解决，为维护世界和平稳定尽责。从针对乌克兰危机、巴以冲突、阿富汗问题等专门发

布立场文件，到成功促成沙特与伊朗和解，再到推动巴勒斯坦内部和解，中国持之以恒劝和促谈，为政治解决地区热点问题、维护世界和平与安全作出贡献。"在全球和地区热点问题上，中国发挥了劝和促谈、消解冲突的积极作用，已成为维护全球安全的重要力量。"出席本届北京香山论坛的外国代表指出。

加强团结合作、增进沟通理解是各国共迎挑战、共创未来的有效途径。北京香山论坛影响力不断扩大，成为中国提供、世界共享的国际公共安全产品和推进全球安全倡议的重要合作平台。中方真诚希望各方秉持公道正义理念，展现开放包容胸襟，在对话中增进了解、在交流中提升互信，碰撞出实现世界和平安全愿景的更多智慧。本届北京香山论坛聚焦国际社会安全关切，设置"安全合作与亚太繁荣稳定""多极化与国际秩序走向"等4个全体会议议题，以及"东盟与亚太地区安全架构""维护东北亚安全稳定"等8个平行分组会议议题，充分体现了国际社会破解安全难题的迫切需求，反映了各国人民加强团结合作的共同期盼。

习近平主席在和平共处五项原则发表70周年纪念大会上指出，全球南方国家要共同做维护和平的稳定力量，推动以和平方式解决国家间分歧和争端，建设性参与国际地区热点问题的政治解决。本届北京香山论坛，60多个全球南方国家的代表出席，首次设置"'全球南方'与世界和平发展"全体会议议题，提升了全球南方国家在和平与安全问题上的声量。这不仅体现出北京香山论坛是平等、共享的舞台，也表明无论是发达国家还是发展中国家，无论是大国还是小国，都应平等地参与国际事务、平等地表达利益诉求、平等地维护正当权益，都可以为维护世界和平与安全、推动人类文明整体进步贡献力量。

"历史和现实告诉我们，各国必须共担维护和平责任，同走和平发展道路，共谋和平、共护和平、共享和平。"中国将继续同各方一道践行全球安全倡议，共同维护世界安全稳定，推动构建人类命运共同体。

（2024年09月17日　第03版）

高质量共建"一带一路" 拓展共赢发展新空间

共建"一带一路"始终秉持和平合作、开放包容、互学互鉴、互利共赢的丝路精神，始终坚持共商共建共享的原则，合作领域不断拓展、合作范围不断扩大、合作层次不断提升，国际感召力、影响力、凝聚力不断增强

"要坚持一张蓝图绘到底，一茬接着一茬干，勇于战胜各种风险挑战，坚定不移推进高质量共建'一带一路'，为推动构建人类命运共同体作出更大贡献。"12月2日，习近平总书记出席第四次"一带一路"建设工作座谈会并发表重要讲话，充分肯定共建"一带一路"取得的重大成就，对推动共建"一带一路"高质量发展作出全面部署，为下一个金色十年推动共建"一带一路"高质量发展提供了重要遵循、指引了前进方向。

面对世界之变、时代之变、历史之变，习近平主席开创性提出共建"一带一路"倡议，成为人类发展史上具有里程碑意义的事件。11年来，共建"一带一路"始终秉持和平合作、开放包容、互学互鉴、互利共赢的丝路精神，始终坚持共商共建共享的原则，合作领域不断拓展、合作范围不断扩大、合作层次不断提升，国际感召力、影响力、凝聚力不断增强，取得了重大成就，为增进同共建国家友谊、促进共建国家经济社会发展作出了中国贡献。中国已同150多个国家、30多个国际组织签署共建"一带一路"合作文件，成功举办三届"一带一路"国际合作高峰论坛，成立20多个专业领域多边合作平台。今年以来，中国与埃及、东帝汶、秘鲁等多个国家签署共建"一带一路"合作规划，巴西成为共建"一带一路"

国际合作大家庭成员。"历史上从来没有任何一个倡议像'一带一路'这样，能够把150多个国家凝聚在一起。"新开发银行行长罗塞芙表示。

共建"一带一路"跨越不同文明、文化、社会制度、发展阶段差异，汇集着人类共同发展的最大公约数，符合时代进步的逻辑，走的是人间正道。中国主张通过高质量共建"一带一路"同世界各国分享中国式现代化的发展机遇，为世界和平发展注入更多信心与力量。中国去年宣布支持高质量共建"一带一路"的八项行动，坚定不移深化"一带一路"合作伙伴关系，建设一个开放包容、互联互通、共同发展的世界，展现负责任大国担当。共建"一带一路"倡议及其核心理念被写入联合国、二十国集团、亚太经合组织以及其他国际和区域组织等有关文件，对全球发展的驱动力、引领力持续增强。比利时布鲁盖尔研究所近期发布的研究报告显示，2013年以来，共建"一带一路"倡议在联合国文件中被引用近千次，仅2019年就超过500次，充分表明中国倡议具有全球视野。

共建"一带一路"源自中国，成果和机遇属于世界。中国与共建国家基础设施"硬联通"硕果累累。中欧班列通达欧洲25个国家的227个城市，"丝路海运"航线通达全球46个国家的145座港口，空中丝绸之路覆盖54个国家104个城市，一大批标志性工程建成投用，许多"小而美"民生项目落地生根。中国与共建国家规则标准"软联通"稳步推进。中国已与69个国家和组织签署了113份标准化合作文件，与30个国家和地区签署23个自贸协定，贸易投资自由化便利化水平显著提升。中国与共建国家人民"心联通"持续深化。设立实施"丝绸之路"中国政府奖学金，开展"丝路心相通"行动等活动，一系列民间组织、智库、媒体、青年交流精彩纷呈。顺应全球发展新趋势，高质量共建"一带一路"在绿色、数字、创新等领域合作新亮点不断涌现、新活力持续迸发。高质量共建"一带一路"为世界经济增长注入新动能，为全球发展开辟新空间，为国际经济合作打造新平台，实现了共建国家的互利共赢。刚果（布）总统萨苏称赞："共建'一带一路'是一项伟大的工程，为世界提供了崭新的包容发展的新模式。"

共建"一带一路"已经进入高质量发展新阶段。中国期待与共建国家携手前行，继续坚持共商共建共享、开放绿色廉洁、高标准惠民生可持续的指导原则，以高质量共建"一带一路"八项行动为指引，以互联互通为主线，完善推进高质量共建"一带一路"机制，不断拓展更高水平、更具韧性、更可持续的共赢发展新空间，推动实现世界各国的现代化，助力构建人类命运共同体。

（2024年12月04日　第07版）

春节申遗成功，促进文明交流互鉴

　　年味十足的旋律响彻评审会场，春联、舞龙、中国结等春节文化元素轮流在大屏播放……12月4日，中国申报的"春节——中国人庆祝传统新年的社会实践"在联合国教科文组织保护非物质文化遗产政府间委员会第十九届常会上通过评审，列入联合国教科文组织人类非物质文化遗产代表作名录。春节申遗成功，彰显中国传统文化及其蕴含的中华文明理念的世界感召力进一步增强。

　　"除夕和春节，是中华民族传统节日，是万家团圆、辞旧迎新的喜庆日子。"习近平总书记曾这样讲述春节在中华文化中的重要意义。春节寄托着中华民族独特的精神情感基因，是内涵最为深厚、内容最为丰富、参与人数最多、影响最为广泛的中国传统节日。春节维系和强化着个人、家庭和国家的情感纽带，传承着和平、和睦、和谐等中华文明理念，也承载着家庭和睦、社会包容、人与自然和谐共生等全人类的共同价值，对中华文明的绵延赓续发挥了重要作用。

　　世界文化和自然遗产是人类文明发展和自然演进的重要成果，也是促进不同文明交流互鉴的重要载体。春节蕴含着中华民族和中华文明和平、和睦、和谐的价值追求，既是中国的也是世界的。2023年，中国文化和旅游部着手推动春节申遗；同年8月，"春节——中国人庆祝传统新年的社会实践"成为中国2024年度申报联合国教科文组织人类非物质文化遗产代表作名录的唯一项目，囊括了楹联习俗、年画、闻喜花馍、庙会等全国各地的春节文化习俗。春节申遗成功，体现了中国对于加强文化和自然遗产保护传承利用工作的重视，对于建设物质文明和精神文明相协调的中国式现代化具有积极意义，为世界文明百花园增添了绚丽的色彩。联合国教科文组织保护非物质文化遗产政府间委员会主席南希·奥韦拉尔祝贺春节申遗成功，认为"中国在保护文化遗产方面为许多国家树立了榜样"。

春节申遗成功，是中国践行全球文明倡议、促进不同文明交流互鉴的务实行动，将有力推动不同文明和谐共处、促进各国人民相知相亲。联合国大会通过决议将春节（农历新年）列为联合国假日，近20个国家将春节作为法定节假日，全球约1/5的人口以不同形式庆祝春节，"欢乐春节""四海同春"等春节民俗活动走进近200个国家和地区，联合国秘书长多次发表春节贺辞、许多国家的政要出席春节庆祝活动……春节已成为世界普遍接受、认同和欣赏的中华文化符号，全球共庆春节，分享欢乐喜庆的节日气氛，感受中国的多彩文化和开放胸怀。春节列入联合国教科文组织人类非物质文化遗产代表作名录，将使更多国家的民众了解春节及其蕴含的价值理念，搭建起不同文明交流互鉴的桥梁。

文化遗产是全人类共同的宝贵财富。中国将以春节申遗成功为新起点，保护好、传承好春节蕴含的文化价值与精神内涵，让中华文明同世界各国人民创造的丰富多彩的文明一道，为人类提供正确的精神指引和强大的精神动力。

（2024年12月06日　第03版）

惠及世界的"幸福路"越走越宽广

只有合作共赢才能办成事、办好事、办大事，这是构建人类命运共同体理念提出10多年来的实践带来的启示，也是10多年来中国携手各方推动共建"一带一路"的宝贵经验

"建设中吉乌铁路是三国政府着眼区域互联互通、促进地区繁荣稳定作出的战略决策，彰显了三国人民对打通这条战略通道的美好愿望。"12月27日，中国—吉尔吉斯斯坦—乌兹别克斯坦铁路项目启动仪式在吉尔吉斯斯坦贾拉拉巴德市举行，习近平主席在贺信中对项目建设提出殷切希望。中吉乌铁路项目启动仪式的举行，标志着项目已由设想付诸实施，向着建成通车目标迈出了关键一步，充分展现高质量共建"一带一路"的强大吸引力。

中吉乌铁路是中吉乌三国元首亲自推动的共建"一带一路"合作标志性工程，是中国同中亚互联互通的战略性项目。起自中国新疆喀什，经吉尔吉斯斯坦进入乌兹别克斯坦境内，未来可向西亚、南亚延伸，中吉乌铁路建成后将极大促进三国互联互通，带动地区经济社会实现更快发展。中吉乌铁路项目的启动，向国际社会展现了中国和中亚国家携手促合作、共同谋发展的坚定决心。长期以来，中国同中亚国家平等相待、相互尊重，建立了高度互信，开展了广泛合作，树立了邻国关系的典范。中国中亚合作水平整体提升、高质量发展不断取得新成效，为构建更加紧密的中国—中亚命运共同体持续注入动力。

中吉乌铁路项目的启动，展现高质量共建"一带一路"的强大吸引力。努力

把中吉乌铁路打造成为共建"一带一路"合作新的示范项目，更好助力沿线地区经济社会发展和民生福祉改善，这是三国的共同愿望。中亚地区是共建"一带一路"框架内合作项目最多的地区之一，截至2024年，中国对中亚五国累计完成工程承包营业额超过600亿美元，贸易总额增长势头强劲、投资总额不断上升。共建"一带一路"倡议提出10多年来，中国持续与共建国家分享发展成果，让构建人类命运共同体理念深入人心。中欧班列累计开行突破10万列，钱凯港成为新时代亚拉陆海新通道最新地标，155个国家加入共建"一带一路"合作大家庭，高质量共建"一带一路"走深走实，惠及世界的"幸福路"越走越宽广。

建设中吉乌铁路，是中国式现代化给世界带来机遇、促进发展繁荣的生动写照。中国正在以中国式现代化全面推进强国建设、民族复兴伟业。中国追求的不是中国独善其身的现代化，而是期待同广大发展中国家在内的各国一道，共同实现现代化。一条条陆海空大通道将中国与各国紧密相连，也将中国式现代化的机遇带给各国。中吉乌铁路将构建一条连接亚欧的陆路新通道，有效带动沿线地区的产业发展、资源开发和城市化建设。近年来，从中老铁路创造经济社会效益双丰收，到中泰铁路持续推进带动区域互联互通，再到中越边境铁路、中蒙跨境铁路等重点项目取得重要进展，条条大路通中国，让更多国家搭乘中国发展快车，参与到普惠包容的经济全球化进程中来。

只有合作共赢才能办成事、办好事、办大事，这是构建人类命运共同体理念提出10多年来的实践带来的启示，也是10多年来中国携手各方推动共建"一带一路"的宝贵经验。中国将继续本着合作共赢理念，不断以中国式现代化新成就为世界发展提供新机遇，同各方一道，努力推动实现和平发展、互利合作、共同繁荣的世界现代化，更好造福各国人民。

（2024年12月29日　第02版）

07

以"同球共济"精神
促进共同发展

携手迈向更加幸福、美好的明天

在中华文化中，喜庆祥和的春节，体现了和睦、和谐、和平的精神内核。共庆新春是不同文明交流互鉴、美美与共的生动体现，是各国携手同心、共创美好未来的生动体现

在中国，春节是阖家团圆的时刻，神州大地洋溢着喜庆、涌动着活力。与此同时，世界各地的春节庆祝活动也好戏连台。联合国大会通过决议将春节（农历新年）列为联合国假日，近20个国家将春节作为法定节假日，全球约1/5的人口以不同形式庆祝春节，春节民俗活动已走进近200个国家和地区。

在中华文化中，喜庆祥和的春节，体现了和睦、和谐、和平的精神内核。春节成为联合国假日，是践行全球文明倡议、倡导尊重世界文明多样性的务实行动，与联合国倡导的多元、包容文化价值理念一致。全球共庆新春，推动不同文明和谐共处、交流互鉴，促进各国人民相知相亲、携手同行。

共庆新春是不同文明交流互鉴、美美与共的生动体现。"美好的春节洋溢着幸福与祥和气息，促进友谊、和谐与团结""春节是一个为了更加团结友爱、为每个人创造更美好世界的节日"……外国领导人和国际组织负责人在祝贺新春时表示。春节的文化内涵与各国人民追求幸福生活的愿望高度契合，春节的价值得到越来越多各国人士的认同。连日来，许多国家的政要出席春节庆祝活动，许多国家的民众一起喜迎新春，充分表明加强文明交流互鉴可以将各国人民团结在一起。

共庆新春是各国携手同心、共创美好未来的生动体现。今年的春节是联合国

大会通过决议将春节（农历新年）列为联合国假日后的首个农历新年。联合国日内瓦办事处、联合国维也纳办事处、联合国内罗毕办事处等举办丰富多彩的庆祝活动。联合国秘书长古特雷斯发布春节视频致辞，对中国和中国人民坚定支持联合国、多边主义和全球进步表示感谢，表示"只要我们携手共进，就能实现一个可持续、公正与和平的未来"。许多国家的政要也表示，期待加强友好合作，共同应对日益复杂的全球挑战，共同推动构建人类命运共同体。

"龙是中华民族的图腾，具有刚健威武的雄姿、勇猛无畏的气概、福泽四海的情怀、强大无比的力量，既象征着五千年来中华民族自强不息、奋斗进取的精神血脉，更承载着新时代新征程亿万中华儿女推进强国建设、民族复兴伟业的坚定意志和美好愿望。"新的一年，中国将继续坚定不移推进中国式现代化，为中国人民创造更加美好的生活，同时将坚持胸怀天下，携手各方推动构建人类命运共同体，携手迈向更加幸福、美好的明天。

（2024年02月12日　第03版）

中国为国际人权事业发展提供了典范

中国走出了一条顺应世界潮流、适合中国国情的人权发展道路,为国际人权事业发展提供了典范,为各国特别是全球南方国家自主探索人权发展道路提供了全新选择

当地时间1月26日,在瑞士日内瓦举行的联合国人权理事会国别人权审议工作组第四十五届会议一致通过中国参加第四轮国别人权审议报告,充分说明国际社会对中国在促进和保障人权方面作出的不懈努力和取得的历史性成就的肯定。

国别人权审议是各国在联合国框架内就人权问题进行平等坦诚交流、开展建设性对话与合作的重要平台。中方高度重视本轮审议工作,本着坦诚开放态度参加审议,同各方交流互鉴、共同进步。审议过程中,积极评价中国人权事业成就的声音在会场成为主流。120多个国家充分肯定中国在促进和保护人权方面取得的巨大成就,高度评价中国特色人权理念和实践,赞赏中国的发展进步为世界人权事业作出的重要贡献。

作为世界上唯一持续制定和实施四期国家人权行动计划的主要大国,中国坚持以系统性思维谋划人权建设,人权事业取得历史性成就。中国坚持以人民为中心的发展思想,把生存权和发展权作为首要人权,注重在发展中保障和改善民生,保证发展成果由人民共享,努力推动经济、社会、文化权利和公民及政治权利全面协调发展,显著提高了人权保障水平。自2018年参加第三轮国别人权审议以来，中国取得脱贫攻坚战的全面胜利，开创性探索全链条、全方位、全覆盖的全过程人民民主，先后制定了民法典、个人信息保护法、无障碍环境建设法等保障人民各项权利的新法律……一系列促进和保护人权的成果实实在在。在本轮审议中，不少发展中国家代表表示，中国人权发展道路符合中国国情、契合人民愿望。

中国走出了一条顺应世界潮流、适合中国国情的人权发展道路，为国际人权事业发展提供了典范，为各国特别是全球南方国家自主探索人权发展道路提供了全新选择。长期以来，一些西方国家打着所谓"普世人权""人权高于主权"等旗号，在世界上强行推广西方民主人权观念和制度，利用人权问题大肆干涉他国内政，导致一些国家战乱频发、社会长期动荡、人民流离失所。世界上没有放之四海而皆准的人权发展道路，也不存在定于一尊的人权发展模式。各国人民有权利也应当自主探索符合本国实际的人权发展道路。中方主张尊重世界文明多样性，践行全球文明倡议，加强交流互鉴，鼓励和尊重各国选择的人权发展道路，以各具特色的现代化保障各国人民公平享有人权。

中国在推进自身人权事业高质量发展的同时，广泛开展人权领域交流合作，为全球人权治理作出中国贡献。自第三轮审议以来，中国加入《马拉喀什条约》等人权条约，积极参加履约审议。习近平主席提出"以安全守护人权""以发展促进人权""以合作推进人权"，产生深远影响。联合国人权理事会第五十三届会议再次通过中国提交的"发展对享有所有人权的贡献"决议；2023年10月，联合国人权理事会首次协商一致通过中国主提的消除不平等背景下促进和保护经社文权利决议草案，彰显中国为促进国际人权正义与进步所作的贡献。中方在本轮审议期间宣布将采取30项人权保障新举措，涉及增进民生福祉、加强人权法律保障、促进国际人权合作、支持联合国人权机制工作等。多国代表表示，期待中国在全球人权治理中发挥引领作用，维护国际公平正义。

在以中国式现代化全面推进中华民族伟大复兴的历史进程中，中国将始终高举和平发展合作共赢旗帜，倡导平等有序的世界多极化和普惠包容的经济全球化，以自身新发展为世界提供新机遇，推动全球人权治理朝着更加公平公正合理包容的方向发展，与各国携手谱写世界人权事业新篇章。

（2024年01月29日　第03版）

坚定维护多边贸易体制　共建开放型世界经济

世界贸易组织第十三届部长级会议正在阿联酋首都阿布扎比举行。本届会议是世贸组织改革启动后的首届部长级会议，聚焦世贸组织改革、重建争端解决机制、促进投资便利化等议题，被视为重振多边贸易体制、共同应对全球挑战的重要契机。中国坚定维护多边贸易体制，高度重视世贸组织工作，将与各方共同努力，推动会议取得成功，共建开放型世界经济。

当前，世界经济复苏缓慢，贸易增长动能不足，保护主义、泛安全化冲击世界经济，粮食和能源安全、气候变化、发展失衡等全球性挑战增加。世贸组织是多边主义的重要支柱，是全球治理的重要舞台。对世贸组织进行必要改革，推动多边贸易规则与时俱进，使世贸组织在全球经济治理中发挥更大作用，是普遍共识、大势所趋。2022年6月举行的世贸组织第十二届部长级会议达成成果文件，重申加强以世贸组织为核心的多边贸易体制，推进世贸组织必要改革，提振了各方对多边贸易体制的信心。

推动世贸组织改革，必须坚定维护以世贸组织为核心的多边贸易体制的权威性和有效性，积极推动恢复世贸组织争端解决机制正常运转。以世贸组织为核心、以规则为基础的多边贸易体制是经济全球化和自由贸易的基石，为推动全球贸易发展、促进经济增长和可持续发展作出了重要贡献。近年来，单边主义和保护主义抬头，多边贸易体制遭受严重冲击。世贸组织改革应该维护多边贸易体制在全球贸易自由化、便利化进程中的主渠道地位，优先处理危及世贸组织生存的关键问题。

加入世贸组织以来，中国始终坚定支持多边贸易体制，践行真正的多边主义，切实履行世贸组织承诺，全面深入参与世贸组织改革。过去一年，中方成为首个完成《渔业补贴协定》批约的发展中大国，引领完成投资便利化协定文本谈判，推动世贸组织实质性结束部分全球数字贸易规则谈判，对世贸组织和全球经贸发展所作贡献有目共睹。本届会议上，中方支持恢复争端解决机制正常运转，支持将投资便利化协定纳入世贸组织法律框架，以实际行动推动会议取得更多务实成果。世贸组织总干事伊维拉指出，中国一直建设性参与世贸组织工作，在捍卫自身正当权益的同时，能够站在全体成员的立场上思考处理问题。

推动世贸组织改革，必须坚持经济全球化大方向，反对单边主义、保护主义，反对将经贸问题政治化、武器化、泛安全化，推动建设开放型世界经济。单边主义、保护主义与全球可持续发展背道而驰，也是当前世贸组织危机的根源，世贸组织改革应该将单边主义和保护主义做法关进制度的笼子。从全面参与多哈回合各项议题谈判到积极推动诸边贸易自由化进程，从有力促进世贸组织新议题讨论到切实履行《贸易便利化协定》，中国坚定不移引领经济全球化进程，为维护多边贸易体制贡献中国智慧与方案。"中国在多边贸易体制中具有举足轻重地位，为维护多边贸易体制作出了积极贡献。"摩洛哥工业、贸易、投资和数字经济部部长里亚德·迈祖尔表示。

推动世贸组织改革，必须维护开放、包容、非歧视等世贸组织核心价值和基本原则，保障发展中国家发展利益和政策空间。近年来，个别国家为谋求一己私利，违背世贸组织规则，实施单边贸易霸凌，制定歧视性产业政策，扰乱全球产业链供应链，严重影响国际贸易秩序，损害世贸组织成员共同利益。中国秉持人类命运共同体理念，以实际行动支持发展中国家融入多边贸易体制。近日举行的世贸组织第十二届"中国项目"圆桌会高层论坛，通过分享阿拉伯国家加入世贸组织事例，探讨优化技术援助和能力建设，帮助更多地区国家尽快加入世贸组织并从中受益。中国将继续在多边贸易体制框架内开展南南合作，进一步做实做好

"中国项目"，提升多边贸易体制的开放性、包容性、普惠性和平衡性。

　　作为世贸组织最大的发展中成员和多边贸易体制的积极参与者、坚定支持者和重要贡献者，中国将一如既往支持世贸组织改革朝着正确方向发展，支持多边贸易体制包容性发展，支持发展中成员合法权益，推动世贸组织在完善全球经济治理、促进世界经济繁荣稳定方面发挥更大作用。

（2024年02月28日　第03版）

民主是多样的　世界是多彩的

中国全过程人民民主随着现代化进程的推进不断拓展和深化，激发出全体人民参与现代化建设的热情，将制度优势转化为国家治理效能，成为"中国之治"的坚实基础

3月20日，第三届"民主：全人类共同价值"国际论坛在北京举办。中外嘉宾齐聚一堂，围绕"民主与治理现代化""数字时代的民主与法治""人工智能与民主的未来""多极化世界中的民主与全球治理"等议题展开讨论，共商民主真谛和互鉴之道。出席论坛的嘉宾充分肯定中国全过程人民民主实践，认为中国的民主道路走得通、走得好，为人类民主事业发展探索了新的路径。

民主是人类文明发展进步的重要标志，是中国共产党和中国人民始终不渝坚持的重要理念。中国走的是一条中国特色社会主义政治发展道路，人民民主是一种全过程的民主。中国全过程人民民主实现了过程民主和成果民主、程序民主和实质民主、直接民主和间接民主、人民民主和国家意志相统一，是全链条、全方位、全覆盖的民主，是最广泛的、最真实的、最管用的社会主义民主。2024年中国全国两会期间，来自各地各行各业近5000名代表委员齐聚北京，将人民所思所盼融入国家发展顶层设计；《政府工作报告》集思广益，约1万人直接参与报告修改；多部委负责人密集回应关切、通达民心……外媒记者透过中国全国两会感知中国民主体现人民意志、保障人民权益、与人民同心同向，认为"中国式民主是人类民主故事的重要篇章"。

中国发展民主，始终立足人口多、基础弱、底子薄的基本国情，始终传承5000多年中华文明，注重从中华优秀传统文化中汲取智慧和养分，始终准确把握中国所处的历史阶段，紧密结合经济社会发展水平推进民主，始终坚持问题导向，每解决一个问题就把民主建设向前推进一步。经过长期探索，中国走出了一条具有中国特色的民主发展道路，保障了14亿多人民充分的民主权利，调动了广大群众的积极性主动性创造性，成就了经济快速发展和社会长期稳定的"中国奇迹"。中国全过程人民民主扎根在广袤的中华大地，符合中国国情，得到人民衷心拥护。哈佛大学肯尼迪学院民调结果显示，中国民众对政府满意度长期保持在90%以上。

发展全过程人民民主是中国式现代化的本质要求之一。中国全过程人民民主随着现代化进程的推进不断拓展和深化，激发出全体人民参与现代化建设的热情，将制度优势转化为国家治理效能，成为"中国之治"的坚实基础。国际人士认为，随着全过程人民民主不断发展，中国人民日益享有更加广泛的权利和自由。全过程人民民主创造了人类政治文明新形态，为世界其他国家发展民主政治提供了科学的借鉴。

民主是历史的、具体的、发展的，各国民主植根于本国的历史文化传统，成长于本国人民的实践探索和智慧创造，民主道路不同，民主形态各异。民主的目的是保障和增进全人类福祉，不应成为隔阂彼此的藩篱，不应成为少数国家服务自身狭隘政治目的的工具。中国是世界上最大的发展中国家，充分尊重广大发展中国家追求民主、发展民主、实现民主的探索，充分尊重各国人民自主选择发展道路的权利，反对以民主之名在国际社会制造分裂、传播偏见、破坏和平。

民主是多样的，世界是多彩的。中国愿同世界各国一道，弘扬和平、发展、公平、正义、民主、自由的全人类共同价值，本着相互尊重、求同存异的精神，共同丰富发展人类政治文明，为人类民主事业作出新贡献。

（2024年03月21日　第03版）

积极参与和引领人工智能全球治理

作为人工智能大国，中国有信心有能力进一步参与并发挥引领作用，与各方一道秉持共商共建共享理念，协力共同促进人工智能治理，推动全球治理体系变革朝着正确方向前进

2023年10月，习近平主席宣布提出《全球人工智能治理倡议》。倡议聚焦人工智能这一事关人类未来的重要领域，系统回答了为什么要加强全球治理以及如何治理的问题，为保障人工智能健康发展提供了中国方案。倡议既为中国积极参与人工智能全球治理提供了根本遵循，也成为中国为世界贡献的重要公共产品。近半年来，中国积极落实倡议，高举构建人类命运共同体旗帜，唱响中国理念主张，深入参与人工智能全球治理，受到国际社会广泛关注。

元首外交发挥了重要引领作用。习近平主席同各方就人工智能全球治理进行战略沟通，推动对话合作。中国应邀出席在英国举行的人工智能安全峰会，积极参加联合国教科文组织、国际电信联盟、国际标准化组织等关于人工智能伦理讨论和技术标准制定，大力推动联合国加强人工智能能力建设国际合作。中国在博鳌亚洲论坛、世界互联网大会乌镇峰会围绕人工智能全球治理进行研讨，引导二十国集团、金砖国家等开展相关交流合作。中国两名专家入选联合国人工智能高级别咨询机构，为事关未来国际治理原则和机构创设的讨论贡献了重要看法和主张。可以说，中国已成为全球人工智能治理不可或缺的重要参与方，国际社会对中国的作用普遍予以高度评价。

　　参与和引领人工智能全球治理，有助于促进人工智能发展。面对国际治理理念之争，中国大力倡导人工智能发展与安全并重的原则，强调治理的根本目的不是限制发展，而是防范人工智能的潜在风险，充分挖掘和利用其带来的机遇。中国积极推动为人工智能发展创造开放、透明、包容的环境，坚决反对在人工智能领域搞"小院高墙"，利用技术垄断和单边制裁措施制造发展壁垒，恶意阻挠他国人工智能发展。中国大力促进国际合作，主张共享人工智能知识成果、开源人工智能技术。

　　参与和引领人工智能全球治理，有助于推动建立公平公正的国际体系。当前，国际上正在深入讨论人工智能安全风险和治理原则、机制等重大问题。中国主张人工智能发展坚持"智能向善"宗旨，遵守适用的国际法，符合和平、发展、公平、正义、民主、自由的全人类共同价值。中国强调联合国发挥主渠道作用，在广泛参与、协商一致基础上形成国际共识，明确支持建立联合国框架下的国际治理机构，协调人工智能发展、安全、治理重大议题。

　　参与和引领人工智能全球治理，体现中国负责任大国担当。全球人工智能发展和治理并不均衡。中国积极为发展中国家仗义执言，旗帜鲜明主张各国都有平等发展和利用人工智能的权利，呼吁增强发展中国家在人工智能全球治理中的代表性和发言权，确保各国权利平等、机会平等、规则平等。中国推动人工智能能力建设国际合作，主张人工智能赋能可持续发展，弥合不断扩大的数字鸿沟和智能鸿沟。

　　伴随着人工智能技术飞速发展，人工智能全球治理进程加快推进。作为人工智能大国，中国有信心有能力进一步参与并发挥引领作用，与各方一道秉持共商共建共享理念，协力共同促进人工智能治理，推动全球治理体系变革朝着正确方向前进。

（2024年04月03日　第03版）

为人类和平利用太空作出开拓性贡献

嫦娥六号的"月背征途"不仅是中国外空探索的历史性一步，也是人类和平利用太空的历史性一步

6月4日，嫦娥六号完成世界首次月球背面采样和起飞，迈出人类和平利用外空的历史性步伐。"这是中国航天工程的一项跨越式成就""中国雄心勃勃的航天计划的关键里程碑""人类探索月球的历史性时刻"……国际社会密切关注嫦娥六号的月背之旅，认为此次探月任务对推进人类探索太空事业具有重要意义。

嫦娥六号的"月背征途"不仅是中国外空探索的历史性一步，也是人类和平利用太空的历史性一步。嫦娥六号任务之前，人类共对月球进行了10次采样，均位于月球的正面。月球背面南极—艾特肯盆地，被公认为月球上最大、最古老、最深的盆地。采集这里的样品并进行分析研究，将填补人类获取月球背面样本的空白，深化人类对月球成因和太阳系演化历史的认知。为了完成这突破性一步，嫦娥六号采取大量创新，成功克服月背着陆、采样、起飞每一个环节出现的技术难关。欧洲航天局局长阿施巴赫尔祝贺嫦娥六号任务迄今取得的巨大成功，认为这是"了不起的成就"。卡塔尔半岛电视台报道认为，这是中国太空探索领域的又一重大突破，展示了中国日益增强的科技实力和自主创新能力。

中方一直积极推动月球与深空探测领域国际合作。嫦娥六号"国际范儿"满满，搭载欧洲航天局、法国、意大利、巴基斯坦的国际载荷。中方和合作方科学家共享科学数据，联合开展研究。法国月球氡气探测仪在地月转移、环月阶段和月面工作段均进行了开机工作。欧洲航天局月表负离子分析仪于月面工作段进行了开机工作。安装在着陆器顶部的意大利激光角反射器成为月球背面可用于距离测量的位置控制点。随嫦娥六号任务搭载升空的巴基斯坦立方星是巴迈向太空的第一步，凝结着巴科学工程人才努力奋斗的心血。巴基斯坦总理夏巴兹·谢里夫表示，嫦娥六号任务选择巴基斯坦参与国际合作是对巴科学家能力的认可，是巴技术发展的历史性时刻。

今年是中国探月工程正式立项20周年。从嫦娥一号拍摄全月球影像图，到嫦娥四号实现人类首次月球背面软着陆；从嫦娥五号带着月壤胜利归来，再到嫦娥六号成功实现月背"挖宝"……20年来，中国探月工程不断刷新人类月球探测的纪录。中国航天人始终坚持追逐梦想、勇于探索、协同攻坚、合作共赢的探月精神，为建设航天强国砥砺奋进，也为人类和平利用太空、推动构建人类命运共同体作出开拓性贡献。欧洲航天局行星科学团队负责人詹姆斯·卡彭特说，他和同事们很欣喜地看到中国的月球探测工程从无到有，一步步走向世界级，"这对于我们来说也是非常棒的学习过程"。中国计划于2026年前后发射的嫦娥七号，将搭载埃及、巴林、意大利、俄罗斯、瑞士、泰国、国际月球天文台协会等7个国家、国际组织的6台载荷，共同飞赴月球，开展相关科研工作。中国联合多国共同建设的国际月球科研站大科学工程也正在加快推进。前不久，国际月球科研站刚刚新增尼加拉瓜、亚太空间合作组织、阿拉伯天文学和空间科学联盟3个合作国家和机构。

全世界共同期待，嫦娥六号带着"蟾宫宝藏"平安返回地球。展望未来，人类探索太空的步伐永无止境。中方愿继续在平等互利、和平利用、包容发展的基础上，深入开展航天国际交流合作，同各国分享发展成果，共同探寻宇宙奥秘，携手拓展人类认知、增进人类福祉、服务人类文明。

（2024年06月06日　第03版）

携手实现揽月九天的共同梦想

嫦娥六号任务取得圆满成功，让国际社会看到了中国建设航天强国、科技强国取得的成就，看到了中国实现高水平科技自立自强的决心，也看到了中国坚持科技开放合作的诚意

6月25日，嫦娥六号返回器携带来自月背的月球样品安全返回地球。这是人类历史上首次实现月球背面采样返回，是中国建设航天强国、科技强国取得的又一标志性成果。习近平总书记代表党中央、国务院和中央军委致电祝贺探月工程嫦娥六号任务取得圆满成功，鼓励中国航天人加强国际交流合作，向着航天强国目标勇毅前行，为探索宇宙奥秘、增进人类福祉再立新功。

"嫦娥六号的工作像时钟一样精准，令人叹为观止""中国已经掌握并完善了月球轨道进入、着陆、自主采样和返回能力"……从发射升空到安全着陆，嫦娥六号的探月之旅举世瞩目。嫦娥六号任务取得圆满成功，让国际社会看到了中国建设航天强国、科技强国取得的成就，看到了中国实现高水平科技自立自强的决心。

实施探月工程20年来，从嫦娥一号到嫦娥六号，中国不断开启人类月球探测新篇章。从嫦娥四号实现人类首次月背软着陆，到嫦娥六号实现人类首次月背采样返回；从圆满完成"绕、落、回"三步走目标，到探月工程四期任务全面推进，中国深空探索的脚步迈向更远，愈发坚实。"嫦娥"揽月取得的成就，表明中国战略高技术领域正迎来新跨越。科技兴则民族兴，科技强则国家强。中国将锚定

2035年建成科技强国的战略目标，加强顶层设计和统筹谋划，加快实现高水平科技自立自强。

"嫦娥"是中国的，也属于全人类。嫦娥六号任务吸引国际社会高度关注，还在于其搭载欧空局、法国、意大利、巴基斯坦的4个国际载荷同步开展月球探测和研究，标志着人类团结合作、开启和平利用外空新篇章。有关国家专家学者表示，在探月方面，中国是最可靠的合作伙伴之一。联合国秘书长发言人迪雅里克表示，嫦娥六号任务的成功执行是"了不起的成就"，是国际合作在外层空间事务方面的伟大体现。

外层空间是人类的共同疆域，空间探索是人类的共同事业。中国探月工程始终秉持"平等互利、和平利用、合作共赢"的原则。中方开放了嫦娥五号月球样品的国际申请，与国际同行开展联合研究，共享科学成果。中国倡导的国际月球科研站大科学工程，已与十几个国家、国际组织签署合作文件。日前，嫦娥七号确认将在轨道器上搭载埃及、巴林、意大利、俄罗斯、瑞士、泰国、国际月球天文台协会等7个国家、国际组织的6台载荷。中国将继续坚持开放合作，让航天探索和航天科技成果为创造人类更加美好的未来贡献力量。

科技进步是世界性、时代性课题，唯有开放合作才是正道。习近平总书记指出："国际环境越复杂，我们越要敞开胸怀、打开大门，统筹开放和安全，在开放合作中实现自立自强。"中国深入践行构建人类命运共同体理念，推动科技开放合作。中国主动发起国际科技合作倡议，牵头组织国际大科学计划，作为全球创新重要一极的影响力持续提升。中国将积极融入全球创新网络，深度参与全球科技治理，同世界各国携手打造开放、公平、公正、非歧视的国际科技发展环境，共同应对全球性挑战，让科技更好造福人类。

揽月九天是各国人民千百年来的共同梦想，和平利用外空是全人类共同的事业。中国将继续与志同道合的国际伙伴一道，探索外空这一人类的共同疆域，实现揽月九天这一各国人民的共同梦想，携手推进和平利用外空这一全人类共同事业。中国坚持科技开放合作造福人类，奉行互利共赢的开放战略，将继续为应对全球性挑战、促进人类发展进步贡献中国智慧和中国力量。

（2024年06月27日　第03版）

以共商促共享　以善治促善智

7月4日至6日，2024世界人工智能大会暨人工智能全球治理高级别会议在上海举行。这是落实习近平主席提出的《全球人工智能治理倡议》的重要举措。此次大会主题是"以共商促共享　以善治促善智"，体现了上述倡议的核心要义，反映了国际社会的共同呼声。

2023年10月，习近平主席宣布提出《全球人工智能治理倡议》，就国际社会普遍关切的人工智能发展与治理问题提出建设性解决思路，为相关国际讨论和规则制定提供了中国方案。倡议既为中国积极参与人工智能全球治理提供了根本遵循，也成为中国为世界贡献的重要公共产品。中国积极落实倡议，唱响中国理念主张，深入参与人工智能全球治理，获得国际社会广泛关注和积极评价。

本次大会为人工智能国际交流合作搭建重要平台。大会秉持开放包容、平等参与原则，邀请各国各界代表共商人工智能发展、安全和治理大计，推动构建开放、公正、有效的治理机制，确保人工智能创新成果真正造福全人类。大会举办丰富多彩的活动，包括一场开幕式暨全体会议，下设全球治理、产业发展、科学前沿三大主论坛，10场主题论坛和若干场行业论坛，涵盖人工智能治理、大模型、具身智能、投融资、教育、人才等重点话题，并举行人工智能展览展示、评奖赛事、智能体验等活动。确认出席大会的嘉宾逾千位，20余万专业人士线下参与，涵盖官产学各界。各国嘉宾齐聚黄浦江畔，就人工智能发展与治理充分交流看法，相互学习借鉴，广泛凝聚共识，深入探讨务实合作。

中国积极参与和引领人工智能全球治理进程，体现负责任大国担当。第七十八届联合国大会日前协商一致通过中国主提的加强人工智能能力建设国际合作决议，140多国参加决议联署。该决议作为联合国首份关于人工智能能力建设国际合作的决议，充分反映了《全球人工智能治理倡议》和全球发展倡议的核心要义，顺应了广大会员国特别是发展中国家的热切期待，体现了对多边主义和联合国的积极支持，为推动人工智能在全世界实现更加普惠、更加包容的发展发挥重要作用，得到国际社会尤其是全球南方国家的普遍支持和高度赞赏，是在联合国平台践行人类命运共同体理念的又一重大举措。该决议获得协商一致通过，表明广大会员国普遍赞同通过对话合作加强人工智能全球治理，充分彰显中国对人工智能发展和治理的负责任态度和重要引领作用，也说明在人工智能发展和治理领域搞"小院高墙"和排他性"小圈子"不符合时代潮流和各方利益。

风好正是扬帆时，奋楫逐浪向未来。人工智能驱动的科技革命和产业变革孕育着巨大新机遇，无疑将给世界带来更多信心和希望。作为人工智能大国，中方将高举人类命运共同体旗帜，充分展现大国责任担当，以此次大会为契机，继续秉持共商共建共享理念，深入参与和引领人工智能全球治理进程，同各方一道共同推动全球人工智能健康、安全、公平、有序发展。

（2024年07月05日　第06版）

坚定推进核领域全球治理

《不扩散核武器条约》第十一次审议大会第二次筹备会正在瑞士日内瓦举行。中方向此次会议提交了关于互不首先使用核武器倡议、无核安保、核军控、美英澳核潜艇合作等四份工作文件。在全球战略安全环境持续恶化、核冲突与核战争风险上升的背景下，中方此举是积极践行全球安全倡议的重要举措，充分体现出中国始终坚守和平追求、促进世界和平稳定的负责任大国担当。

中方上述工作文件的核心主张是：核武器国家应当切实回应无核武器国家的关切和诉求，就互不首先使用核武器缔结条约或发表政治声明；应该支持裁军谈判会议尽早谈判缔结一项关于保证不对无核武器国家和无核武器区使用或威胁使用核武器的国际法律文书；所有国家均应秉持维护全球战略稳定、各国安全不受减损原则，循序渐进推动国际核裁军进程和减少核风险合作；各国应明确反对核不扩散领域的双重标准，反对将地缘政治私利凌驾于国际核不扩散体系之上。上述文件是中方为推动条约审议取得进展，切实提高条约的普遍性、权威性和有效性，破解当前国际安全困境提供的中国方案。

中方此次提交的文件回应了国际社会推进核领域全球治理的普遍诉求。当前，不首先使用核武器政策正日益成为国际军控领域的重要共识和优先方向。联合国秘书长古特雷斯近年来公开呼吁不首先使用任何核武器。东南亚国家联盟、非洲国家联盟、"新议程联盟"以及众多无核武器国家呼吁核武器国家采取不首先使用核武器的政策。与此同时，个别国家固守冷战思维，渲染大国竞争，大肆扩充军备，谋求绝对核优势，在核不扩散领域奉行双重标准，严重损害推进核领域全球治理的努力，为地区和平稳定带来负面影响。面对新形势新挑战，中方的有关主张有助于维护全球战略稳定，减少战略风险，推动不首先使用核武器政策得到普遍实施，为实现共同安全创造有利条件。

核武器是悬在人类头上的"达摩克利斯之剑"。中国一向主张全面禁止和彻底销毁核武器，是核武器国家中唯一承诺不首先使用核武器的国家。此次提交的文件是中国核政策的自然延续。1964年10月16日成功爆炸第一颗原子弹的当日，中国即向全世界庄严宣布，在任何时候、任何情况下都不首先使用核武器。此后，中国又承诺无条件不对无核武器国家和无核武器区使用或威胁使用核武器。1994年，中国向其他四个核武器国家提交了"互不首先使用核武器条约"草案，并一直积极推动与其他核武器国家在双边或多边基础上承诺互不首先使用核武器。中国坚定奉行防御性的国防政策，坚持自卫防御的核战略和不首先使用核武器的核政策，始终把自身核力量维持在国家安全需要的最低水平，不参加任何形式的军备竞赛。

中国一直积极倡导"核战争打不赢也打不得"理念，为中、俄、美、英、法五个核武器国家采取共同行动发挥了有力引领作用。2022年1月，中国推动五核国领导人共同发表《五个核武器国家领导人关于防止核战争与避免军备竞赛的联合声明》，申明"核战争打不赢也打不得"理念，重申核武器不瞄准彼此及其他任何国家。中国提出全球安全倡议，强调应坚持共同、综合、合作、可持续的安全观，并在2023年2月发布的《全球安全倡议概念文件》中强调要坚决维护"核战争打不赢也打不得"共识，为应对不断上升的核冲突风险提供了中国智慧。

中国坚定维护国际核不扩散体系，促进和平利用核能，秉持理性、协调、并进的核安全观。中方呼吁有关国家摒弃双重标准、停止削弱国际核不扩散体系的行为，主张通过政治外交手段解决地区核热点问题、维护和加强国际核不扩散体系。中方主张建立普惠包容的市场环境，发挥国际原子能机构的中心作用，保障"全球南方"国家平等有序参与核能国际合作，促进和平利用核能事业，同时认为和平利用核能不能以牺牲自然环境和人类健康为代价。

　　缔造一个普遍安全的世界是国际社会的共同愿望和目标。中方将与各方携手努力，推动构建人类命运共同体，为动荡与变革的时代增加更多稳定性与确定性，为改善国际安全环境，建设持久和平、普遍安全的世界作出新贡献。

（2024年07月27日　第03版）

奥林匹克理想的坚定追求者、行动派

中国始终致力于将团结友好的"朋友圈""伙伴群"越扩越大，弘扬当今时代最需要的"更团结"，为人类文明进步贡献智慧和力量

当地时间8月11日，第三十三届夏季奥运会在法国巴黎闭幕。中国体育代表团积极践行"更快、更高、更强——更团结"的奥林匹克格言，同世界各国各地区运动员公平竞争、友好交流，增长了技能、增进了友谊，向世界展示了中国力量和中国风貌、传播了中国声音和中国精神。

中国体育代表团大力弘扬中华体育精神和奥林匹克精神，坚持拿道德的金牌、风格的金牌、干净的金牌，以昂扬的斗志、顽强的作风、高超的技能，书写了中国体育昂扬奋进的崭新篇章。中国体育健儿顽强拼搏、奋勇争先、不负使命，充分展现了朝气、勇气、志气，进一步激发了亿万人民的爱国热情和中华儿女的民族自豪感。法国总统马克龙高度评价中国体育健儿的精彩表现，认为这证明了中国"具备培养优秀运动员的能力，并能够激励人心"。

中国体育健儿与来自世界各国各地区的运动员相聚五环旗下，用行动践行着奥林匹克格言中"更团结"的追求。比赛结束后主动关心对手伤情，向获得佳绩的对手表示祝贺，与各国各地区的运动员交心交流……中国体育健儿实现了运动成绩和精神文明的双丰收。在羽毛球女单比赛的颁奖仪式上，中国运动员手持西班牙奥委会徽章登上领奖台，向因伤退赛的西班牙选手表示祝福，国际奥委会指出"这就是奥林匹克价值观的意义"，西班牙奥委会认为这一举动体现了"美好的

奥林匹克精神"。

奥运赛场内外众多中国元素精彩纷呈。巴黎奥运会"中国之家"举行中国传统体育主题活动，包含武术表演、毽球表演，传统体育项目捶丸、投壶比赛和中国非遗书法篆刻、漆扇体验等环节，吸引各国友人打卡体验；奥运会期间，140辆中国生产的客车为来自世界各地的旅客提供接驳服务，其中12辆纯电动车为赛会提供交通服务；可沉浸式体验的大屏幕、采用一体压制技术的举重杠铃、植入智能芯片的柔道垫、融合科技与浪漫的乒乓球台等，"中国智造"得到各方充分认可……奥运赛场内外的中国元素，成为新时代中国开放创新的生动注脚。

奥林匹克运动承载着人类对和平、团结、进步的美好追求。从2008年的"同一个世界，同一个梦想"到2022年的"一起向未来"，中国积极参与奥林匹克运动，坚持不懈弘扬奥林匹克精神，是奥林匹克理想的坚定追求者、行动派。在世界百年变局加速演进、人类社会遭遇各种挑战的形势下，中国始终致力于将团结友好的"朋友圈""伙伴群"越扩越大，弘扬当今时代最需要的"更团结"，为人类文明进步贡献智慧和力量。

"事实再次证明，中国人民有意愿、有决心为促进奥林匹克运动发展、促进世界人民团结友谊作出贡献，而且有能力、有热情继续作出新的更大的贡献！"中方愿同国际社会继续携手合作，促进奥林匹克运动蓬勃发展，一起开创人类更加美好的未来。

（2024年08月13日　第03版）

共同迈向更加绿色、包容、可持续的未来

中国在持续推进自身能源转型的同时，积极做全球能源转型的推动者、贡献者，全方位加强能源国际合作，深度参与全球能源治理变革，为共创可持续的能源未来贡献中国力量

"中国已成为全球可再生能源转型的领导者""中国正迅速将其庞大的经济朝着更环保的方向转型"……《中国的能源转型》白皮书日前发布，国际舆论称赞中国能源转型取得的历史性成就。

维护能源安全、应对气候变化，是人类面临的共同挑战，加快能源绿色低碳发展是全球共同机遇。中国顺应全球能源发展大势，着眼于促进人与自然和谐共生、开创人类文明新形态，走出了一条符合中国国情、适应时代要求的能源转型之路。中国在持续推进自身能源转型的同时，积极做全球能源转型的推动者、贡献者，全方位加强能源国际合作，深度参与全球能源治理变革，为共创可持续的能源未来贡献中国力量。

中国致力于共同深化能源转型务实合作。中国坚持开放合作、互利共赢，反对泛化国家安全，积极推动落实全球发展倡议。中国发布《关于推进共建"一带一路"绿色发展的意见》等政策文件，与共建"一带一路"国家积极拓展绿色能源领域合作，为全球提供绿色动力。中国致力于推动完善能源领域双多边合作机制，加强能源转型政策和经验交流，打造高水平能源合作平台。中国倡导建立"一带一路"能源合作伙伴关系，推动中国—东盟、中国—阿盟、中国—非盟、中

国—中东欧、中国—中亚和亚太经济合作组织可持续能源中心等六大区域能源合作平台落地见效，成立上海合作组织能源部长会议机制，为全球能源治理变革贡献中国方案。联合国前副秘书长埃里克·索尔海姆认为，中国是全球绿色转型不可或缺的力量，是可再生能源发展的积极推动者。

中国致力于共同维护全球能源产业链供应链稳定畅通。近年来，国际形势趋于复杂，单边主义、贸易保护主义抬头，各种形式的绿色壁垒增多，维护全球能源产业链供应链稳定和开放条件下的能源安全困难增大。中国着眼于地球和人类的未来，以负责任的态度保障全球能源安全、促进绿色发展、维护市场秩序，以自身能源供给保障能力的全面提升，丰富了全球供给、缓解了全球通胀压力，彰显大国责任与担当。中国始终坚持真正的多边主义，反对各种形式的"脱钩断链""小院高墙"，与各国加强对话沟通，共同促进贸易和投资自由化便利化，共同构筑安全稳定、畅通高效、开放包容、互利共赢的全球能源产业链供应链体系。

中国致力于共同提升全球能源可及性。中国向全球提供优质的清洁能源产品和服务，持续加大科技创新力度，不断推动新能源技术快速迭代，有力促进全球风电、光伏成本大幅下降，为可再生能源在越来越多国家广泛经济利用创造了条件。中企承建的巴基斯坦卡洛特水电站，可满足当地500多万人的绿色用电需求；在阿根廷建设的高查瑞光伏电站，为当地25万个家庭提供清洁能源……"中国向其他国家提供相关服务和支持，显著提升了清洁能源技术的可及性，降低了全球使用绿色技术的成本。"国际能源署署长法提赫·比罗尔说。

中国致力于共同应对全球气候变化挑战。中国坚定实施积极应对气候变化国家战略，用实际行动为全球应对气候变化作出贡献。中国持续扩大开放合作，与100多个国家和地区开展绿色能源项目合作，水电、新能源等一大批标志性项目接连建成投产，2023年出口风电光伏产品助力其他国家减排二氧化碳约8.1亿吨。中国将继续携手各国坚持公平、共同但有区别的责任和各自能力原则，落实《巴黎协定》目标任务，构建公平合理、合作共赢的全球气候治理体系。

　　绿色革命关乎每个人的福祉，关乎子孙后代。中国尊重自然、顺应自然、保护自然，始终秉持构建人类命运共同体理念，加快能源绿色低碳发展，推动建立公平公正、均衡普惠的全球能源治理体系。各国应携起手来，加快全球能源转型步伐，共同迈向更加绿色、包容、可持续的未来。

（2024年09月01日　第02版）

积极推动全球人工智能包容普惠发展

《人工智能能力建设普惠计划》充分体现了中国作为人工智能大国的胸怀与担当，彰显了中国对全球人工智能发展与治理的引领作用

当地时间9月25日，"人工智能能力建设国际合作高级别会议"在纽约联合国总部举行。中方在会上提出《人工智能能力建设普惠计划》，引起国际社会广泛关注和积极支持。《人工智能能力建设普惠计划》充分体现了中国作为人工智能大国的胸怀与担当，彰显了中国对全球人工智能发展与治理的引领作用。

近年来，人工智能新技术不断突破，新业态持续涌现，新应用加快拓展，给各国经济社会发展带来巨大机遇。同时，人工智能技术伴生诸多风险挑战，广大发展中国家也远未真正从中受益，智能鸿沟和数字鸿沟叠加，进一步加剧各国间发展不平等。国际社会迫切需要加强人工智能领域国际合作，推动全球人工智能包容普惠发展。

去年10月，习近平主席提出《全球人工智能治理倡议》，围绕人工智能全球治理这一重大时代课题提出了中国方案、贡献了中国智慧。中方主张，在人工智能发展和治理进程中，要积极开展面向发展中国家的国际合作与援助，确保各方权利平等、机会平等、规则平等，不让任何一个国家掉队。

中方提出《人工智能能力建设普惠计划》，旨在落实《全球人工智能治理倡议》，促进各国特别是发展中国家人工智能能力建设。该计划强调秉持真正的多边主义，充分发挥联合国在国际发展合作中的统筹协调作用，基于主权平等、发展

导向、以人为本、普惠包容、多方协同原则开展人工智能能力建设国际合作，弥合智能鸿沟，推动落实联合国2030年可持续发展议程。

《人工智能能力建设普惠计划》围绕各方尤其是全球南方期待的人工智能基础设施、产业赋能、人才培养、数据建设、安全治理等领域合作提出"五大愿景"。该计划明确中方将采取"十项行动"，包括积极同各国特别是发展中国家开展人工智能基础设施建设、模型研发和赋能合作，深化人工智能产供链国际合作，共同开展人工智能语料建设，积极分享在人工智能测试、评估、认证与监管方面的政策与技术实践，面向发展中国家举办人工智能能力建设中短期教育培训，加强同发展中国家的人力资源援助合作。中方人工智能产业界和产业联盟愿同各国特别是发展中国家开展多种形式的交流活动，共享最佳实践。中方将于2025年底前重点面向发展中国家举办多期人工智能领域研修研讨项目。

在人工智能国际合作议题上，中方既是倡导者，也是实干家。今年以来，中方推动联合国大会协商一致通过加强人工智能能力建设国际合作决议、举办2024世界人工智能大会暨人工智能全球治理高级别会议和首届人工智能能力建设研讨班。《人工智能能力建设普惠计划》与上述行动一脉相承。我们愿同国际社会一道，切实推进《人工智能能力建设普惠计划》落实，推动各国共享智能红利，共同走向更加美好的智能未来。

（2024年09月27日　第14版）

为全球深空探索贡献中国智慧、中国力量

中方将继续敞开胸怀，深入推进多种形式的航天国际交流合作，同各国分享发展成果、完善外空治理，让航天科技成果更好造福人类

"太空计划是巨大的民族自豪感的来源，也是过去20年技术进步的标志""这三名航天员将要进行的一些实（试）验，将有助于中国为2030年之前让航天员登陆月球做好准备"……神舟十九号载人飞船发射近日取得圆满成功，与中国空间站天和核心舱成功对接，引发国际社会广泛关注。

探索浩瀚宇宙，发展航天事业，建设航天强国，是中国不懈追求的航天梦。长征十号运载火箭、梦舟载人飞船、揽月月面着陆器、登月航天服、载人月球车……锚定2030年前实现中国人登陆月球的目标，各项研制建设工作正在全面推进。神舟十九号乘组飞行期间，将重点围绕规划中的"太空格物"主题，覆盖空间生命科学、微重力基础物理、空间材料科学、航天医学、航天新技术等领域开展86项空间科学研究与技术试验，将取得一批科学成果。有外国媒体特别关注中国90后航天员首次飞上太空，认为"这是新一代的太空旅行者，也是对国家未来的投资"。

中国为国际科技合作提供广阔舞台，为全球深空探索贡献中国智慧、中国力量。天宫空间站拥有丰富的科学应用资源和完备的支持能力，神舟载人运输系统和天舟货运系统具备可靠稳定的人员物资天地往返能力，是开展国际合作的绝佳平台。中国空间站不仅仅是中国的空间站，也是促进人类航天技术发展、造福全

人类的空间站。目前，中国与联合国外空司合作的首批应用项目正在轨开展实验，还在与有关国家推动实施更多联合实验研究、磋商选拔训练航天员参与中国空间站飞行。联合国外空司司长霍拉-迈尼认为，中国是一个广受尊重的航天大国，期待进一步加强与中方在和平利用外空领域的合作，更好利用航天技术，造福全人类。

中国不仅敞开合作的大门，还积极拓展与新兴航天国家的合作交流，让更多国家获得探索太空、利用太空的机会。中方迄今已经向上百个科研团队发放了月球科研样品，牵头发起金砖国家遥感卫星星座、"一带一路"空间信息走廊等多边合作项目。从"天宫"带回的药用植物种子正在巴基斯坦实验种植；中国和巴西联合研制的中巴地球资源卫星为亚马孙雨林生态保驾护航；中国"风云"气象卫星为120多个国家和地区提供气象监测预报和灾害应急响应服务……中国航天事业在开放合作、互利共赢中成长壮大、惠及全球。

中国坚持倡导开展多形式、多渠道的航天国际交流合作。截至2023年11月，中国已与50多个国家和国际组织签署150多份政府间航天合作协议。着眼全人类的共同福祉，中国提出推动构建平等互利、开放包容、和平利用、造福人类的新型空间探索与创新全球伙伴关系，助力构建外空领域人类命运共同体。

探索太空永无止境。中方将继续敞开胸怀，深入推进多种形式的航天国际交流合作，同各国分享发展成果、完善外空治理，让航天科技成果更好造福人类。

（2024年11月02日　第03版）

为全球气候治理多边进程注入正能量

不论国际风云如何变幻，中国积极应对气候变化的决心和行动都不会改变

11月24日，《联合国气候变化框架公约》第二十九次缔约方大会在延期30多个小时后闭幕。大会就新的气候融资集体量化目标、《巴黎协定》第六条国际碳市场机制等关键议题，达成了名为"巴库气候团结契约"的一揽子平衡成果，为发展中国家开展气候行动、明年提交新一轮国家自主贡献奠定了基础，进一步巩固了全球绿色低碳转型的大势。这再次表明，面对气候变化挑战，人类是命运共同体，必须坚持团结协作、共同应对。

多边主义是全球气候行动的基本遵循和根本出路。中国坚定捍卫多边主义，始终维护以联合国为核心的国际体系，支持《联合国气候变化框架公约》在全球气候治理中的主渠道地位。不论国际风云如何变幻，中国积极应对气候变化的决心和行动都不会改变。中国坚定实施积极应对气候变化国家战略，坚定不移走绿色发展之路，为全球绿色转型提供重要动力。从积极推动气候谈判，到正式发布《国际零碳岛屿合作倡议》，再到设立"中国角"向国际社会介绍应对气候变化的经验，举办丰富的边会活动……此次气候变化大会期间，中方与各方团结合作，以务实行动维护和践行真正的多边主义，为全球气候治理多边进程注入正能量。巴西政府分管气候变化事务的副部长安娜·托尼表示，中方在此次大会期间举办的系列活动，体现了应对气候变化的坚定决心和分享发展经验的意愿，彰显了负责任大国担当。

在应对气候变化南南合作框架下，中国持续为其他发展中国家提供支持和帮助。2016年以来，中国提供并动员项目资金超过1770亿元人民币，有力支持其他发展中国家应对气候变化。中国已与41个发展中国家签署50份合作谅解备忘录，累计举办58期应对气候变化南南合作培训班，培训2400余名应对气候变化领域专业人员，为相关国家积极应对气候变化提供了切实帮助。联合国可持续发展解决方案网络负责人、美国哥伦比亚大学教授杰弗里·萨克斯认为，中国已成为能源转型领域的重要引领者，在应对全球气候变化方面的作用不可或缺。

应对气候变化是全人类的共同事业，离不开大国合作。中美曾率先批准《巴黎协定》并共同向联合国秘书长交存批准文书，率先完成二十国集团框架下化石燃料补贴同行审议报告，为国际社会共同应对这一全球性挑战作出重要贡献。去年11月，中美元首在旧金山成功会晤，开展应对气候变化合作是会晤达成的重要成果之一。在两国元首引领下，双方积极落实《关于加强合作应对气候危机的阳光之乡声明》，正式启动强化气候行动工作组。此次气候变化大会期间，《中美循环经济专家联合研究报告（2024）》等有关循环经济的研究成果首次亮相，旨在助力循环经济发展和全球气候目标实现。在相互尊重、互惠互利、照顾彼此关切的基础上，中美在气候领域加强对话沟通，探讨互利合作，为合作应对气候变化营造有利"大气候"。美国总统国际气候政策高级顾问波德斯塔表示，美中携手不仅惠及两国人民，也将为全球带来更多福祉。

地球是人类共同家园，一个天更蓝、山更绿、水更清的清洁美丽世界是人类的共同期盼。中方将继续与各方一道，秉持人类命运共同体理念，推动气候变化多边进程和国际合作，推进人与自然和谐共生，共建清洁美丽地球家园。

（2024年11月25日　第16版）

让世界共享人工智能发展红利

人工智能能力建设国际合作之友小组将依托联合国这个当今最具普遍性、代表性和权威性的政府间国际组织，充分发挥桥梁纽带作用，凝聚国际社会共识，积极开展人工智能能力建设交流合作

当地时间12月3日，中国和赞比亚在纽约联合国总部共同举办人工智能能力建设国际合作之友小组（以下简称"之友小组"）首次会议，标志着之友小组正式成立。80多个国家和秘书长技术特使办公室等联合国机构代表与会，期待之友小组为加强人工智能能力建设合作、完善人工智能治理、弥合数字鸿沟注入新动力。这是中国推动人工智能包容普惠发展的又一重要举措，充分彰显中国作为人工智能大国的胸怀与担当。

近年来，人工智能技术不断突破，新应用加快拓展，给各国经济社会发展带来巨大机遇。同时，人工智能技术伴生诸多风险挑战，广大发展中国家远未真正从中受益，智能鸿沟和数字鸿沟叠加，进一步加剧各国间发展不平衡。国际社会迫切需要加强人工智能领域国际合作，推动人工智能包容普惠发展。

习近平主席提出《全球人工智能治理倡议》，为人工智能治理贡献了中国智慧和方案。中方主张，在人工智能发展和治理进程中，要积极开展面向发展中国家的国际合作与援助，确保各方权利平等、机会平等、规则平等，不让任何一个国家掉队。在不久前举行的二十国集团领导人第十九次峰会上，习近平主席进一步指出，要加强人工智能国际治理和合作，确保人工智能向善、造福全人类，避免

其成为"富国和富人的游戏"。

中国是推动人工智能包容普惠发展的倡议者和行动派。今年以来，中方推动联合国大会协商一致通过加强人工智能能力建设国际合作决议，举办2024世界人工智能大会暨人工智能全球治理高级别会议和首届人工智能能力建设研讨班，积极推动将人工智能能力建设置于全球人工智能治理宏观政策框架的突出位置，以实际行动支持发展中国家加强人工智能能力建设，从人工智能发展中真正受益。

在今年9月联合国大会高级别会议周期间，中国和赞比亚共同举办"人工智能能力建设国际合作高级别会议"，中方在会上提出《人工智能能力建设普惠计划》。普惠计划提出"五大愿景"，包括促进人工智能和数字基础设施联通、推进"人工智能+"赋能千行百业、加强人工智能素养和人才培养、提升人工智能数据安全和多样性、确保人工智能安全可靠可控，并围绕全球南方普遍期待的人工智能基础设施建设、人工智能模型研发和赋能合作、共同促进全球数据公平普惠利用和人工智能安全等提出"十项行动"。中方倡议成立之友小组，正是为了推进普惠计划的落实。赞比亚财政部常秘卡玛表示，国际社会应致力于弥合智能鸿沟，支持联合国在人工智能全球治理中发挥关键作用。希望各方支持之友小组，加强全球协调合作。

之友小组将依托联合国这个当今最具普遍性、代表性和权威性的政府间国际组织，充分发挥桥梁纽带作用，凝聚国际社会共识，积极开展人工智能能力建设交流合作。中方欢迎各国积极加入并参与之友小组相关活动，共同落实好联大有关决议和《人工智能能力建设普惠计划》，弥合智能鸿沟，让世界共享人工智能发展红利，共创更加智能、更加美好的未来。

（2024年12月05日　第02版）

防治荒漠化，中国书写新的成功故事

中国人民艰苦卓绝、久久为功的防沙治沙故事深深打动世界。《联合国防治荒漠化公约》秘书处两次授予中国"防治荒漠化杰出贡献奖"，认为"世界荒漠化防治看中国"

近日，中国塔克拉玛干沙漠实现3000多公里生态屏障全面锁边"合龙"的消息引发高度关注。国际舆论认为，这项世界最大规模的植树造林工程，不仅有助于防治荒漠化，也为提高全球森林覆盖率作出重要贡献，是应对全球气候变化挑战的"绿色长城"。

塔克拉玛干沙漠是中国最大、世界第二大的流动沙漠，环塔克拉玛干沙漠生态屏障"合龙"是中国推进荒漠化防治的生动缩影。经过40多年不懈努力，中国成功走出了一条具有中国特色的防沙治沙道路，保护生态与改善民生步入良性循环，成为防沙治沙国际典范。截至目前，中国53%的可治理沙化土地得到有效治理，沙化土地面积净减少6500万亩，在全球率先实现土地退化"零增长"、荒漠化和沙化土地"双缩减"。塞罕坝造出世界最大面积人工林海，毛乌素实现世界最大面积生态逆转，库布其走出产业治沙的全新路径……《联合国防治荒漠化公约》（以下简称《公约》）秘书处两次授予中国"防治荒漠化杰出贡献奖"，认为"世界荒漠化防治看中国"。

中国加强荒漠化治理、促进人与自然和谐共生的行动令世界印象深刻，中国人民艰苦卓绝、久久为功的防沙治沙故事深深打动世界。正在沙特阿拉伯首都利雅得举行的《公约》第十六次缔约方大会特别设立中国馆，中国首次在境外对荒漠化防治和"三北"工程攻坚战进行展示宣介。"当我看到中国馆展出的中国人民为防治荒漠化所作出努力的图片时，我深受震撼，这体现了中国在防治荒漠化方面的卓越领导力。"《公约》副执行秘书穆里罗说，强大的领导力、高效的决策，地方政府与全社会的广泛参与，传统方法与创新技术的融合统一，这些促成了中国在防治荒漠化领域的巨大成功。

荒漠化防治的"成绩单"，是中国在生态文明建设道路上砥砺前行的缩影。中共十八大以来，中国全方位、全地域、全过程加强生态环境保护，实现了由重点整治到系统治理、由被动应对到主动作为、由全球环境治理参与者到引领者、由实践探索到科学理论指导的重大转变。中国森林覆盖率和森林蓄积量连续40年保持"双增长"，是全球森林资源增长最多和人工造林面积最大的国家，贡献了全球新增绿化面积的1/4。美国国家人文科学院院士小约翰·柯布认为，中国走出了高质量的绿色发展之路，"给全球生态文明建设带来了希望之光"。

中国以坚定有力的行动助力全球荒漠化治理。推动《公约》建立履约审查委员会，制定战略框架和实施目标；成立中国联合国防治荒漠化公约履约办公室，制定国家履约行动方案；推动设立区域履约机制，促进区域履约合作；成功举办《公约》第十三次缔约方大会，开拓"一带一路"防治荒漠化合作机制；连续举办九届库布其国际沙漠论坛，促进国际政策对话与交流……签署《公约》30年来，中国一直积极参与全球荒漠化治理。中国还积极向其他发展中国家分享防沙治沙技术和经验，助力全球南方国家共谋绿色发展。与《公约》秘书处共建防治荒漠化国际培训中心、国际荒漠化防治知识管理中心；通过组织国际研修、建立治沙示范基地等方式，年均为亚非拉发展中国家培养近百名治沙骨干；通过中非合作论坛、中阿合作论坛等机制，积极对接"非洲绿色长城""绿色中东"倡议，成立中阿干旱、荒漠化和土地退化国际研究中心……源自中国的经验技术为各国推进防沙治沙事业提供有益借鉴。

荒漠化防治是关系人类永续发展的伟大事业。中国将坚持做全球荒漠化治理的参与者、引领者，携手各方共建生态文明，共促可持续发展，建设一个清洁美丽的世界。

（2024年12月09日　第03版）

以"同球共济"精神促进共同发展

各国不是乘坐在190多条小船上，而是乘坐在一条命运与共的大船上，应该相互视对方的发展为机遇而非挑战，相互把对方当作伙伴而非对手

"推动世界经济增长，离不开有效、有为的全球经济治理。"12月10日，习近平主席在北京会见来华出席"1+10"对话会的主要国际经济组织负责人时指出，中方愿同主要国际经济组织践行多边主义，促进国际合作，支持全球南方国家发展，推动平等有序的世界多极化、普惠包容的经济全球化，建设一个共同发展的公正世界。

当前世界经济形势面临诸多困难挑战，单边主义、保护主义甚嚣尘上。如何推动世界经济走上强劲和可持续增长之路，是国际社会面临的重大课题。在经济全球化深入发展的当下，人类是休戚与共的命运共同体。各国不是乘坐在190多条小船上，而是乘坐在一条命运与共的大船上，应该相互视对方的发展为机遇而非挑战，相互把对方当作伙伴而非对手。让"同球共济"、团结协作、互利共赢成为时代主旋律，这是各国肩负的共同责任，也是推动世界经济发展的唯一正确选择。

推动世界经济走上强劲和可持续增长之路，需要构建开放型世界经济。世界经济增长乏力，各国经济各有各的难处。越是面临困难挑战，越要加强团结协作，采取负责任行动。各国应该合作建设开放型世界经济体系，坚持创新驱动，把握好数字经济、人工智能、低碳技术等重要机遇，创造经济增长新的动

力源，支持知识、技术、人才跨国流动。各国应该把经济上的相互依存视为取长补短、互利共赢的好事，而不应该视为风险。中国坚持扩大高水平开放，携手各方高质量共建"一带一路"、落实全球发展倡议，倡导普惠包容的经济全球化，让发展成果更多更公平惠及各国人民，是推动构建开放型世界经济的实干家、行动派。

推动世界经济走上强劲和可持续增长之路，需要构建更加公正合理的全球经济治理体系。全球南方国家群体性崛起，占世界经济比重已提升到40%以上。国际经济组织应该与时俱进，回应时代呼声和世界人民期待，积极参与和推动全球经济治理体系改革，构建更加公正合理的全球经济治理体系，反映世界经济格局发展变化，增加全球南方国家代表性和话语权。有效、有为的全球经济治理，必须坚持共商共建共享原则，坚持真正的多边主义，确保各国权利平等、机会平等、规则平等。从第一个明确表态支持非盟加入二十国集团，到推动弥合南北"数字鸿沟"，再到推进国际金融架构改革，中国一直为完善全球治理体系、提高全球南方国家代表性和话语权贡献力量。

推动世界经济走上强劲和可持续增长之路，需要主要经济体发挥积极建设性作用。作为世界前两大经济体，中美两国共同利益不是减少了，而是更多了。当前国际形势下，中美双方应该拉长合作清单，做大合作蛋糕，实现合作共赢。中方愿同美国政府保持对话、拓展合作、管控分歧，推动中美关系朝着稳定、健康、可持续的方向发展。美方应该同中方相向而行，顺应历史潮流，顺应中美两国人民和国际社会期待，共同为推动世界经济发展、增进人民福祉担当尽责。关税战、贸易战、科技战违背历史潮流和经济规律，不会有赢家。搞"脱钩断链""小院高墙"更是损人不利己。中国将始终坚持集中精力办好自己的事情，坚决维护好自己的主权、安全、发展利益。

世界多极化是历史发展的大势，也是历史进步的方向。经济全球化是浩浩荡荡的历史潮流，其发展大势从未改变。各方应把握规律、顺应大势，加强团结协作，共同推动完善全球经济治理，建设开放型世界经济体系，推动世界经济走上强劲和可持续增长之路，开辟共同发展繁荣的美好未来。

（2024年12月12日　第03版）

08/

友好不分先后
合作不论大小

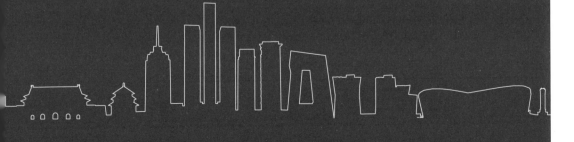

■ "大金砖合作"前景光明

金砖合作机制是新兴市场国家和发展中国家合作的重要平台。金砖合作机制越发展，越能壮大世界和平和发展的力量，越能为维护新兴市场国家和发展中国家利益发挥更大作用

"这令人信服地证明，金砖国家的声望及其在国际事务中发挥的作用正在上升""随着这次扩员，金砖国家正在巩固其作为'全球南方'声音的地位，并在国际政治中获得更大的影响力""来自'全球南方'的声音将在国际舞台上发挥更突出的作用"……连日来，国际社会高度关注金砖扩员。今年1月1日，沙特、埃及、阿联酋、伊朗、埃塞俄比亚成为金砖国家正式成员，金砖成员国数量从5个增加到10个。扩员后的金砖成色更足、分量更重，"大金砖合作"将为促进世界和平发展、维护广大新兴市场国家和发展中国家共同利益发挥更加重要的作用。

"大金砖合作"顺应新兴市场国家和发展中国家团结自强的强烈愿望。自2006年成立以来，金砖合作机制凝聚力不断增强，合作基础日益夯实、领域逐渐拓展，影响力持续提升，金砖国家已成为国际事务中积极、稳定、向善的力量。近年来，国际形势变乱交织，金砖合作机制的吸引力和感召力稳步上升，越来越多新兴市场国家和发展中国家希望加入金砖大家庭。中国是金砖扩员的积极推动者。习近平主席指出，金砖不能成为一个封闭内向的集团，而应该成为开放包容的平台，吸纳新成员、汇聚新力量，符合金砖发展的现实需要，也是金砖各国的共同利益所在。2017年中国担任金砖国家主席国期间，举行新兴市场国家

与发展中国家对话会，首次以"金砖+"模式将金砖合作伙伴对象扩大至全球范围。2022年中国担任金砖国家主席国期间，金砖国家在汇聚共识的基础上启动扩员进程。

金砖合作机制是新兴市场国家和发展中国家合作的重要平台。金砖合作机制越发展，越能为维护新兴市场国家和发展中国家利益发挥更大作用。当前，单边主义和保护主义抬头，冷战和零和博弈思维上升，霸权主义和强权政治威胁世界和平稳定。在此背景下，广大新兴市场国家和发展中国家加强团结合作、维护公平正义的共同意愿与日俱增。扩员后的金砖大家庭将继续深化金砖战略伙伴关系，继续拓展"金砖+"合作模式，致力于提升广大新兴市场国家和发展中国家在全球治理中的代表性和发言权。"加入金砖合作机制后，沙特一定会变得更为繁盛""埃及一直希望加入金砖合作机制，希望能进一步加强同金砖成员的联系""阿联酋加入金砖合作机制开启了其多边经济伙伴关系的新篇章""伊朗作为金砖国家能够切实从合作机制中获益""金砖合作机制将使埃塞俄比亚受益匪浅，埃塞俄比亚也将为其他金砖国家带来巨大回馈"……金砖大家庭新成员对"大金砖合作"充满信心。

"大金砖合作"顺应世界多极化的历史潮流，有助于应对当今世界面临的一系列重大问题重大挑战。此次扩员后，金砖大家庭成员更多、覆盖地域更广、合作空间更大，将为促进世界和平发展、维护国际公平正义发挥更大作用。去年11月，金砖国家领导人巴以问题特别视频峰会就巴以问题协调立场、采取行动，发出正义之声、和平之声，为"大金砖合作"开了个好头。不同于个别国家热衷于搞"小圈子""小集团"，金砖合作不搞阵营对抗，始终致力于推进国际关系民主化，践行真正的多边主义。埃及前副外长哈里迪近日为《金字塔报》撰文指出，扩大后的金砖合作机制必将在减少地缘政治对多边主义负面影响方面发挥积极作用。

展望未来，"大金砖合作"将进一步壮大世界和平和发展的力量，更有力地推动全球治理朝着更加公正合理的方向发展。中方对金砖合作的未来充满信心，将继续携手金砖伙伴，倡导平等有序的世界多极化和普惠包容的经济全球化，推动"大金砖合作"不断取得新成果，为推动构建人类命运共同体贡献更大力量。

（2024年01月07日　第03版）

平等相待、守望相助、互利共赢的典范

新年伊始，中国同马尔代夫提升双边关系，表明中国不断深化拓展平等、开放、合作的全球伙伴关系网络，朋友圈越来越广，新朋友越来越多，老朋友越来越铁

1月10日，习近平主席同来华进行国事访问的马尔代夫总统穆伊兹举行会谈。此次访华是穆伊兹总统就任以来对外国进行的首次国事访问，穆伊兹总统也是新年以来首位应邀访华的外国元首，充分体现双方对发展中马关系的高度重视。两国元首宣布，将中马关系提升为全面战略合作伙伴关系。这是符合中马关系发展需要和两国人民期待的决定，将为双边关系发展注入新动力、开辟新愿景。

中国和马尔代夫是传统友好近邻，两国人民通过古代海上丝绸之路建立友好联系。中马建交52年来，两国始终相互尊重、相互支持，树立了大小国家平等相待、守望相助、互利共赢的典范。2014年9月，习近平主席对马尔代夫进行历史性国事访问，双方一致同意建立中马面向未来的全面友好合作伙伴关系。近年来，两国关系深入发展，共建"一带一路"和各领域交流合作取得丰硕成果。新形势下，中马关系面临承前启后、继往开来的历史契机。双方一致同意将中马关系提升为全面战略合作伙伴关系，进一步发挥高层交往的政治引领作用，推动打造中马命运共同体。

坚定相互支持对方维护国家主权独立和领土完整，这是中马关系持续良好发展的坚实基础。中方尊重和支持马方探索符合本国国情的发展道路，坚定支持马方维护国家主权独立、领土完整、民族尊严，愿同马方交流治国理政经验，加强发展战略对接，推进高质量共建"一带一路"，为中马友谊树立新标杆。马方坚定奉行一个中国政策，反对外部势力以任何借口干涉中国内政，支持中国为实现国家统一所作的一切努力。会谈时，习近平主席深刻阐释了中国共产党百年奋斗历程和宝贵经验。穆伊兹总统日前参访福建，亲眼目睹并赞赏中国发展取得的巨大成就。

马尔代夫是最早加入共建"一带一路"倡议的国家之一。在共建"一带一路"框架下，中马两国实施了社会住宅建设、维拉纳国际机场改扩建等项目，助力马尔代夫城市发展。穆伊兹总统表示，中方为马经济社会发展提供了大量宝贵帮助，马中合作特别是共建"一带一路"，使马尔代夫人民受益良多，马中友谊大桥已经成为两国人民友谊的象征。会谈后，两国元首共同见证签署关于构建中马全面战略合作伙伴关系行动计划以及共建"一带一路"、灾害管理、经济技术、蓝色经济、数字经济、绿色发展、基础设施和民生等领域多项双边合作文件。双方进一步深化相互理解和互利合作，将推动中马关系实现更大发展。

中马同为发展中国家，在国际和地区事务中拥有相近看法和立场。双方密切多边沟通协作，维护真正的多边主义和发展中国家共同利益，共同努力推动构建人类命运共同体，将让世界更加和平、更加安全、更加繁荣。马方支持习近平主席提出的全球发展倡议、全球安全倡议、全球文明倡议，愿同中方在国际地区事务中密切沟通协作，加强相互支持。中方愿同马方加强协调合作，落实联合国气候变化迪拜大会达成的共识，推动《巴黎协定》全面有效实施。

新年伊始，中国同马尔代夫提升双边关系，表明中国不断深化拓展平等、开放、合作的全球伙伴关系网络，朋友圈越来越广，新朋友越来越多，老朋友越来越铁。展望未来，中国将继续本着相互尊重、平等互利的原则同各国发展关系，继续把中国的发展和世界的发展结合起来，把中国人民的利益和世界各国人民的利益结合起来，同各国一道推动构建人类命运共同体。

（2024年01月12日　第02版）

以中法关系的稳定性应对世界的不确定性

"面对新时代的风云际会，中法应当秉持建交初心、积极面向未来、敢于有所作为。"1月25日，习近平主席向中法建交60周年招待会发表视频致辞强调。今年是中法建交60周年。60年来，中法关系始终走在中国同西方国家关系前列，为两国人民带来福祉，为世界和平、稳定和发展作出贡献。面向未来，中法将继续坚定不移地发展双边关系，以中法关系的稳定性应对世界的不确定性。

稳定性是中法关系的突出特征和宝贵财富。法国是第一个同中国正式建交的西方大国。60年前，毛泽东主席和戴高乐将军以非凡的智慧和勇气，打开中西方交往合作的大门，为处于冷战中的世界带来希望。中法关系的独特历史塑造了独立自主、相互理解、高瞻远瞩、互利共赢的"中法精神"。近年来，两国元首保持高密度、高质量战略沟通。去年，马克龙总统是习近平主席在中国全国两会后接待的首位欧洲国家元首。两国元首在北京、广州两地进行友好深入、高质量的交流，达成一系列战略共识，为中法在双边、中欧和全球层面的合作指明了方向、擘画了蓝图。两国发表联合声明，强调将延续两国元首年度会晤机制，加强政治对话，促进政治互信。

中法是互利共赢的伙伴，在共同发展的道路上并肩前行，有助于各自实现发展振兴。法国是中国在欧盟内第三大贸易伙伴和第三大实际投资来源国，中国是法国在亚洲第一大、全球第七大贸易伙伴。中国正在大力推进高质量发展和高水平开放，这将为法方提供更广阔市场机遇。法国将担任2024年中国国际服务贸易交易会和第七届中国国际进口博览会主宾国，双方的合作意愿强烈，合作内容不断丰富。两国坚持互利互惠、共同发展，在深化传统合作的同时，积极挖掘绿色产业、清洁能源等新兴领域合作潜力，把合作蛋糕做得更大，以开放汇聚合作力量、共享发展机遇，在逆全球化思潮抬头的当下弥足珍贵。

中法是东西方文明的重要代表，两国特色鲜明的文化深深吸引着对方人民。法国是第一个同中国互办文化年、互设文化中心的国家，也是第一个同中国开展青年交流的西方大国。60年来，中法两国和两国人民相互尊重、平等相待、彼此信任，为两国关系走稳走远打下了重要基础。两国充分发挥中法高级别人文交流机制的统筹协调作用，加强文化、旅游、语言、青年、地方等领域合作。今年，两国将以中法文化旅游年、巴黎奥运会为契机，扩大人文交流、促进民心相通，为双边关系发展注入新动力。

中法是联合国安理会常任理事国和具有独立自主传统的大国，也是世界多极化、国际关系民主化的坚定推动者。当今世界正在经历深刻的历史之变，中法有能力、有责任超越分歧和束缚，推动中法全面战略伙伴关系深入发展，践行真正的多边主义，共同维护世界和平、稳定、繁荣。法方坚持独立自主外交，主张欧洲战略自主，反对搞对立分裂，反对搞阵营对抗，也赞赏中方始终支持法国和欧洲坚持独立自主和团结统一。中方愿继续本着开放态度，同法方在联合国、二十国集团、世界贸易组织等多边机制保持密切沟通和协作。两国共同倡导平等有序的世界多极化、普惠包容的经济全球化，将为维护世界和平稳定、应对全球性挑战继续作出中法贡献。

站在双边关系新的历史起点，中法两国将传好历史的接力棒，坚守建交初心、赓续传统友谊，推动中法关系迈上新台阶。秉持独立自主、相互理解、高瞻远瞩、互利共赢的"中法精神"，坚持稳定、互惠、开拓、向上的中法全面战略伙伴关系大方向，中法将为世界和平、稳定和发展作出更大贡献。

（2024年01月27日　第03版）

友好不分先后　合作不论大小

习近平主席近日同来华进行国事访问的瑙鲁总统阿迪昂举行会谈，就两国关系发展以及共同关心的国际和地区问题深入交换意见，达成重要共识。"友好不分先后，只要开启，就会有光明前途。合作不论大小，只要真诚，就会有丰硕成果。"习近平主席的话充分表明中国同瑙鲁开创双边关系美好未来、更好造福两国人民的真诚愿望。

2016年以来已有11个国家同中国建立或恢复外交关系。以建交或复交为新起点，中国同有关国家本着只争朝夕、后来居上的精神，持续深化政治互信，积极推进务实合作，实现互利共赢，彰显中国坚持相互尊重、平等互利原则，做有关国家发展道路上的可靠朋友和真诚伙伴的坚定决心。中国同这些国家的双边关系迅速发展，充分表明在一个中国原则基础上同中国建立和发展关系，是符合历史大势、顺应时代潮流之举，是经得起时间和历史检验的正确选择。

友好不分先后、合作不论大小，体现中国推动构建人类命运共同体的行动力。2019年10月，中国同所罗门群岛建交后不到20天，习近平主席在北京会见所罗门群岛总理索加瓦雷时便指出："所罗门群岛虽然刚同中国建交，但友好不分先后，只要开展起来，就会有光明的前景。"建交以来，两国友好合作后来居上，走在了中国同太平洋岛国关系前列，成为不同大小国家和发展中国家团结合作、携手发展的典范。去年3月中国同洪都拉斯建交，6月洪都拉斯总统卡斯特罗对中国进行国事访问。在元首外交引领下，中洪关系实现高水平起步，经贸合作和人文交流呈现出蓬勃活力和广阔前景。今年1月中国同瑙鲁复交，2个月后阿迪昂总统即来华进行国事访问，中瑙签署共建"一带一路"、落实全球发展倡议、经济发展、农业等领域多项双边合作文件。

友好不分先后、合作不论大小，体现中国外交平等待人的鲜明风格。中方始终主张，国家不分大小、强弱、贫富，都是国际社会平等的一员。中国始终是发展中国家一员，中国在联合国安理会的这一票永远属于发展中国家。中国秉持平等相待的原则同建交或复交国发展关系，致力于在平等互利的基础上开展各领域务实合作。卡斯特罗总统表示，洪方坚定恪守一个中国原则，愿同中方发展独立自主、相互尊重的双边关系。阿迪昂总统表示，瑙鲁高度赞赏中方一贯坚持大小国家一律平等，愿恪守一个中国原则，不断深化对华合作。

真心交朋友，恒心促合作。瑙鲁海岸上整齐排列着蓝色光伏板，这是中资企业在瑙鲁承建的首个光伏发电和储能系统项目，也是瑙鲁迄今规模最大的光伏发电项目，并网发电后将满足整个国家的用电需求。未来，中瑙两国将在贸易投资、基础设施建设等领域开展更多务实合作，在教育、文化、卫生、青年等各领域进行更多交流。中国和洪都拉斯建交不到4个月便启动自贸协定谈判，今年2月签署关于自贸协定早期收获的安排，近期刚结束的双方自贸协定第四轮谈判就货物贸易、服务贸易、投资、规则等领域开展全面深入磋商，取得积极进展。去年11月，数十家洪都拉斯企业参加第六届中国国际进口博览会，洪都拉斯咖啡、果酒等受到热烈欢迎。"中国毋庸置疑已成为洪都拉斯重要战略伙伴，为洪都拉斯扩大出口、吸引投资、促进技术升级提供了重要支持。"洪都拉斯经济发展部部长塞拉托表示。

"与中国建交的决定是明智的""祝愿两国人民友谊长存""学习借鉴中国经验，发展富有成果和互利共赢的伙伴关系"……透过外方领导人的话，可以感受到这些国家与中国发展友好合作关系的积极意愿。中国欢迎更多国家与中国建立或恢复外交关系，将不断拉紧同广大发展中国家友谊与合作的纽带，为推动构建人类命运共同体贡献力量。

（2024年03月28日　第03版）

从长远和战略角度看待和发展中德关系

　　世界越是动荡，双方越要提升两国关系的韧性和活力，坚持中德关系的合作主基调和发展大方向，牢牢把握中德是全方位战略伙伴这一定位

　　4月16日上午，习近平主席在北京会见德国总理朔尔茨。此次中国之行是朔尔茨总理就任以来第二次访华，朔尔茨总理也是今年首位访华的西方大国领导人。两国领导人就双边关系和共同关心的国际和地区问题交换了意见。习近平主席强调两国要从长远和战略角度看待和发展双边关系，携手为世界注入更多稳定性和确定性，为新形势下推动中德关系取得更大发展、共同维护世界和平与繁荣指明了方向。

　　建交半个多世纪来，中德关系保持高水平发展，双方各层级、各领域交往密切。中国对德政策保持高度稳定性和连贯性，始终视德方为合作共赢的重要伙伴，支持德国在欧洲和全球发挥更加重要的作用。双方成功举办了两国政府磋商以及战略、财金等领域高级别对话，还将举行气候变化和绿色转型对话。相信只要中德坚持相互尊重、求同存异、交流互鉴、合作共赢这一交往成功密码，两国关系必将继续行稳致远。

　　今年是中德建立全方位战略伙伴关系10周年。10年来，尽管国际形势发生很大变化，但中德关系始终稳健发展，各领域合作不断巩固和深化，为两国各自发展提供了动力。历史和事实证明，全方位战略伙伴关系是中德关系的"必选项""最优解"。习近平主席强调，世界越是动荡，双方越要提升两国关系的韧性

和活力，坚持中德关系的合作主基调和发展大方向，牢牢把握中德是全方位战略伙伴这一定位。朔尔茨总理表示，德方愿同中方继续加强两国关系，深化各领域双边对话与合作，推进教育、文化等领域人文交流。双方增进理解信任、加强对话沟通，有利于共同推动中德全方位战略伙伴关系健康稳定发展。

中德两国深度参与对方发展并都从中受益，务实合作始终是中德关系的"底色"。中德互为最重要贸易伙伴之一，德国连续49年是中国在欧洲最大贸易伙伴，中国连续8年是德国全球最大贸易伙伴。德国经济研究所的研究报告显示，2023年德国对华直接投资同比增长4.3%，总额达119亿欧元，创下历史新高。在世界经济复苏乏力、保护主义抬头的背景下，德国对华投资逆势上涨，数千家德国企业和机构活跃在中国市场，再次表明中德互利合作不是"风险"，而是双方关系稳定的保障、开创未来的机遇。无论是机械制造、汽车等传统领域，还是绿色转型、数字化、人工智能等新兴领域，两国都有合作共赢的巨大潜力亟待挖掘。此次访华，朔尔茨总理携德国企业界代表参访了重庆、上海等地，感受中国经济发展近年来取得的巨大成就，表示德方反对保护主义，支持自由贸易。中德双方坚持以市场眼光和全球视野，从经济规律出发，客观、辩证看待产能问题，多探讨合作，有助于推动两国经贸合作迈上新台阶，为世界经济复苏持续注入增量。

中德分别是世界第二、第三大经济体，巩固和发展中德关系的意义超越双边关系范畴，对亚欧大陆乃至整个世界都有重要影响。中德在世界多极化问题上有不少共通之处，且都支持推进全球化和国际合作。习近平主席表示，多极化本质上应该是不同文明、不同制度、不同道路的国家之间相互尊重、和平共处。中德应该独立自主开展多边领域协作，推动国际社会用实际行动更好应对气候变化、发展不平衡、地区冲突等全球性挑战，为世界的平衡稳定作出更多贡献。此次中德领导人在乌克兰危机、巴以冲突等问题上达成共识，有助于为变乱交织的世界注入更多稳定性和确定性。

中德之间没有根本利益冲突，彼此不构成安全威胁。中德合作对双方有利，对世界有利。双方应珍惜和传承两国关系发展的宝贵经验，不断增进理解信任，深化务实合作，为中德全方位战略伙伴关系发展注入新动力，为促进世界和平、稳定、增长作出更大贡献。

（2024年04月17日　第02版）

新型国际关系和相邻大国关系的典范

中俄双方将继续秉持"不结盟、不对抗、不针对第三方"原则，不断深化政治互信，尊重各自选择的发展道路，在相互坚定支持中实现各自发展振兴

今年是中俄建交75周年，是中俄关系发展史上具有里程碑意义的重要年份。5月16日，习近平主席在北京人民大会堂同来华进行国事访问的俄罗斯总统普京举行会谈。习近平主席在会谈中强调，中俄关系75年发展历史得出的最重要结论，就是两个相邻的大国之间，必须始终弘扬和平共处五项原则，相互尊重、平等互信、照顾彼此关切，真正为双方的发展振兴相互提供助力。这既是中俄两国正确相处之道，也是21世纪大国关系应该努力的方向。习近平主席的重要论述，为中俄关系未来发展指明了方向。

元首外交引领中俄新时代全面战略协作伙伴关系全方位发展。习近平主席和普京总统先后会面40余次，保持着密切沟通，为确保中俄关系健康稳定顺利发展作出战略引领。此次，两国元首举行了坦诚友好、内容丰富的会谈，全面总结了建交75年来两国关系发展的成功经验，就双边关系以及共同关心的重大国际和地区问题深入交换意见，对下阶段两国关系发展和各领域合作作出规划和部署。两国元首还共同签署并发表《中华人民共和国和俄罗斯联邦在两国建交75周年之际关于深化新时代全面战略协作伙伴关系的联合声明》，见证了多项两国政府间和部门间重要合作文件签署，为中俄关系健康发展注入了新的强劲动力。双方将继续秉持"不结盟、不对抗、不针对第三方"原则，不断深化政治互信，尊重各自选择的发展道路，在相互坚定支持中实现各自发展振兴。

75年来，中俄关系历经风雨，历久弥坚，经受住了国际风云变幻的考验，携手走出了一条大国、邻国相互尊重、和睦相处、合作共赢的崭新道路，已经成为新型国际关系和相邻大国关系的典范。中俄关系之所以能够取得这些显著成就，得益于双方始终做到"五个坚持"，即坚持以相互尊重为根本，始终在核心利益问题上相互支持；坚持以合作共赢为动力，构建中俄互惠互利新格局；坚持以世代友好为基础，共同传递中俄友谊的火炬；坚持以战略协作为支撑，引领全球治理正确方向；坚持以公平正义为宗旨，致力于推动热点问题政治解决。在双方共同努力下，中俄关系始终稳定向前发展，两国全面战略协作不断加强，经贸、投资、能源、人文、地方等领域合作持续推进，为维护全球战略稳定和促进国际关系民主化作出了积极贡献。双方以建交75周年为新起点，进一步加强发展战略对接，持续丰富双边合作内涵，将更好造福两国和两国人民，为世界繁荣稳定贡献更多正能量。

双方要进一步优化两国合作结构，巩固经贸等传统领域合作良好势头。去年，中俄双边贸易额超过2400亿美元，比10年前增长了近1.7倍。这是中俄两国不断深化全方位互利合作的一个缩影。双方要积极寻找两国利益汇合点，发挥各自优势，深化利益交融，实现彼此成就。要进一步优化合作结构，巩固好经贸等传统领域合作良好势头，支持搭建基础科学研究平台网络，持续释放前沿领域合作潜能，加强口岸和交通物流合作，维护全球产业链供应链稳定。

双方要打造更多人文交流亮点，共同办好"中俄文化年"，密切地方合作，持续拉紧民心纽带。当前，双方以落实《2030年前中俄人文合作路线图》为主线，不断扩大人文领域合作。今明两年是"中俄文化年"，双方将举办一系列接地气、连民心、有热度的文化交流活动，鼓励两国社会各界、各地方加强交往，更好促进民心相知相通、相近相亲。

双方要加强在联合国、金砖国家、上海合作组织等国际多边平台以及地区事务中的沟通和协作，展现国际担当，推动建立公正合理的全球治理体系。中俄两国同为联合国安理会常任理事国和主要新兴市场国家，双方加大战略协作，拓展互利合作，顺应世界多极化和经济全球化的历史大势，是两国共同的战略选择。今年，俄罗斯担任金砖国家轮值主席国，年内中方将接任上海合作组织轮值主席国，双方将相互支持彼此主席国工作，构建更加全面、紧密、务实、包容的高质量伙伴关系，团结壮大"全球南方"。

积土而为山，积水而为海。经过75年坚实积累，中俄两国世代友好和全方位合作已经汇聚成双方不畏风雨、不断前行的强大动力。站在新的历史起点上，中俄双方将始终坚守初心、协力担当，为两国人民带来更多福祉，为世界安全稳定作出应有贡献。

（2024年05月18日　第03版）

加强旅游合作，助力"旧金山愿景" 转为实景

中美应从过往汲取启迪，以和为贵、以稳为重、以信为本，厚植民间友好基础，发掘人民友好力量，助力"旧金山愿景"转为实景

5月22日，习近平主席向第十四届中美旅游高层对话开幕致信。习近平主席强调，希望两国各界以本次高层对话为契机，深入交流，凝聚共识，积极行动，以旅游合作促进人员往来，以人文交流赓续中美友谊，助力"旧金山愿景"转为实景。习近平主席的致信充分体现了对中美关系的高度重视，表达了对深化中美旅游合作的殷切期待，阐明了旅游合作对推动中美关系稳定、健康、可持续发展的重要意义，为两国未来加强旅游合作、密切人文交流指明了方向。

任何一项伟大事业要成功都必须从人民中找到根基、从人民中集聚力量、由人民来共同完成。中美友好就是这样一项伟大事业。习近平主席多次强调加强民间友好和人文交流对发展两国关系的重要意义，并与美国各界人士多次真挚互动，推动中美民间友好续写新的篇章。去年11月，中美元首在旧金山会晤，开启了面向未来的"旧金山愿景"，提出了共同树立正确认知、共同有效管控分歧、共同推进互利合作、共同承担大国责任、共同促进人文交流5根支柱。这是中美关系这座大厦应该有的四梁八柱。

旅游是中美两国人民交往交流、相知相近的重要桥梁。中美都有灿烂的文化、优美的风光，两国人民都有加深了解、增进友谊的强烈愿望。一段时间以来，中美双方团队推进落实两国元首旧金山会晤达成的共识，双方各领域的对话增多、

合作增多、积极面增多，中美关系出现企稳态势。中方5年邀请5万名美国青少年来华交流学习项目等陆续开展，两国各界人士来往、交流增多，推动两国人民加深了解、相知相近。中美是历史文化、社会制度、发展道路不同的两个大国，双方加强对话沟通，推进各界人士友好往来，架起更多相互了解的桥梁，有助于消除不必要的误解和偏见。扩大中美旅游合作，有助于推动中美人民交流合作，为中美关系稳定、健康、可持续发展积累共识。

正如习近平主席在致信中所指出的，中美关系的根基由人民浇筑，中美关系的大门由人民打开，中美关系的故事由人民书写，中美关系的未来也必将由两国人民共同创造。不论形势如何变化，中美和平共处的历史逻辑不会变，两国人民交流合作的根本愿望不会变，世界人民对中美关系稳定发展的普遍期待不会变。中美应顺应两国民众和世界期待，切实采取措施，通过加强旅游合作等促进民间交往和人文交流。两国要为人民交往搭建更多桥梁，铺设更多道路。中国热情欢迎包括美国游客在内的各国游客来华，将努力提升外籍人员来华旅游、工作、生活便利化水平。中方愿同美方一起，推出更多便利人员往来、促进人文交流的措施，也希望美方与中方相向而行，进一步增加两国直航航班，尽快调整赴华旅行提醒，便利中国公民申办赴美签证，为两国游客互访创造更好条件。两国人民多走动、多来往、多交流，将续写更多新时代中美人民友好的故事。

今年是中美建交45周年。中美应从过往汲取启迪，以和为贵、以稳为重、以信为本，厚植民间友好基础，发掘人民友好力量，助力"旧金山愿景"转为实景，使中美关系真正稳下来、好起来、向前走，为世界注入更多稳定性。

（2024年05月23日　第02版）

加强对话与合作　促进和平与发展

以中阿合作论坛第十届部长级会议为契机，中方愿同阿拉伯国家一道，继续弘扬守望相助、平等互利、包容互鉴的中阿友好精神，建设更高水平的中阿命运共同体，为构建人类命运共同体贡献力量

经中阿双方共同商定，中国—阿拉伯国家合作论坛第十届部长级会议将于5月30日在北京举行。习近平主席将出席会议开幕式并发表主旨讲话。此次会议是首届中国—阿拉伯国家峰会后中阿合作论坛举办的首次部长级会议，具有承前启后的重要意义。

中国和阿拉伯国家是好朋友、好兄弟、好伙伴，当前中阿关系处于历史最好时期。2022年12月，习近平主席同阿拉伯国家领导人共同出席首届中国—阿拉伯国家峰会，全面规划中阿关系发展蓝图，一致同意全力构建面向新时代的中阿命运共同体。一年多来，中国和阿拉伯国家政治互信不断深化，务实合作生机勃发，人文交流丰富多彩，各领域合作取得丰硕成果。中阿合作论坛第十届部长级会议将推动双方进一步深化各领域合作，更好造福中阿双方人民。

守望相助是中阿友好的鲜明特征。中阿彼此信任，结下兄弟情谊。在涉及彼此核心利益问题上，双方坚定相互支持。在实现民族振兴梦想的事业中，双方携手团结共进。阿拉伯国家将恪守一个中国原则写入阿盟首脑理事会会议决议，阿盟外长理事会连续44次专门通过涉华友好决议；中方坚定支持阿拉伯国家加强战略自主和团结自强，支持阿拉伯国家走符合本国国情的发展道路，支持阿拉伯国家维护中东安全与稳定的努力。中国促成沙特和伊朗复交，带动中东地区掀起

"和解潮"；新一轮巴以冲突爆发以来，中阿保持密切沟通协调，捍卫公平正义。中阿全面合作、共同发展、面向未来的战略伙伴关系牢不可破。

平等互利是中阿友好的不竭动力。中阿互利共赢，树立南南合作典范。中国连续多年稳居阿拉伯国家第一大贸易伙伴国地位，中阿贸易额从2004年的367亿美元增至2023年的3980亿美元。中国已同全部22个阿拉伯国家和阿盟签署共建"一带一路"合作文件，双方在共建"一带一路"框架下实施200多个大型合作项目，合作成果惠及双方近20亿人民。中方同阿方一道推进习近平主席在首届中国—阿拉伯国家峰会上提出的中阿务实合作"八大共同行动"，涵盖支持发展、粮食安全、卫生健康、绿色创新、能源安全、文明对话、青年成才、安全稳定诸多领域，不断充实完善中阿务实合作的四梁八柱。

包容互鉴是中阿友好的价值取向。中阿文明相互欣赏，书写互学互鉴的历史佳话。双方不断扩大人员往来，深化人文合作，开展治国理政经验交流。双方倡导开展文明对话交流，维护世界文明多样性，摒弃对特定文明的歧视与偏见，反对"文明冲突论"。《首届中阿峰会利雅得宣言》明确写入"弘扬和平、发展、公平、正义、民主、自由的全人类共同价值"；首届"良渚论坛"期间，阿盟成为全球首个同中国共同发表践行全球文明倡议联合声明的地区组织。阿拉伯国家人士表示，阿中加强文明交流，为人类实现共同发展提供了良好借鉴。

今年是中国—阿拉伯国家合作论坛成立20周年。20年来，在元首外交引领下，论坛始终秉持"加强对话与合作、促进和平与发展"宗旨，已成为促进中阿双方开展集体对话与务实合作的"金字品牌"，为推动中阿关系发展作出重要贡献，树立了南南合作的成功典范。以中阿合作论坛第十届部长级会议为契机，中方愿同阿拉伯国家一道，继续弘扬守望相助、平等互利、包容互鉴的中阿友好精神，建设更高水平的中阿命运共同体，为构建人类命运共同体贡献力量。

（2024年05月28日　第02版）

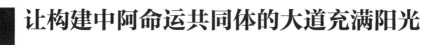

让构建中阿命运共同体的大道充满阳光

发展中阿关系顺应民心民意，符合双方共同利益，前途广阔、前景光明。中方将继续同阿拉伯朋友一道，弘扬中阿友好精神，团结共创未来，让构建中阿命运共同体的大道充满阳光

5月30日，习近平主席在北京出席中阿合作论坛第十届部长级会议开幕式并发表主旨讲话。习近平主席在主旨讲话中阐释中阿关系对和平发展、文明互鉴和全球治理的典范意义，提出共同构建中阿"五大合作格局"，宣布将于2026年在中国举办第二届中阿峰会，为深化中阿合作擘画了清晰蓝图，为推动中阿命运共同体建设跑出加速度注入了强大动力。

新世纪以来，中阿关系不断迈上新台阶。2022年12月，习近平主席赴沙特利雅得出席首届中阿峰会并发表主旨讲话，提炼"守望相助、平等互利、包容互鉴"的中阿友好精神，规划构建中阿命运共同体的路径方向，提出推进中阿务实合作"八大共同行动"。一年多来，中阿命运共同体建设步伐坚实，成为凝聚中阿政治共识、发展共识、安全共识、文明共识的光辉旗帜，引领中阿关系开拓进取、阔步前行。中方2026年在中国举办第二届中阿峰会，将充分发挥中阿峰会对双方全方位合作的战略引领作用，持续推动中阿关系跨越式发展。

当前，世界百年变局正在加速演进，中国和阿拉伯国家都肩负着实现各自民族振兴、加快国家建设的时代使命。构建中阿命运共同体彰显双方开辟中阿关系新纪元、开创美好世界新未来的共同愿望。习近平主席指出，中方愿同阿方守望相助，平等互利，包容互鉴，紧密协作，把中阿关系建设成维护世界和平稳定的标杆、高质量共建"一带一路"的样板、不同文明和谐共生的典范、探索全球治理正确路径的表率。习近平主席提出的重要主张进一步明确了构建中阿命运共同体的努力方向，将指引中阿关系更好促进双方各自发展振兴，并为维护国际公平正义、促进全球发展繁荣、弘扬全人类共同价值、优化全球治理贡献更大力量。

自习近平主席提出推进中阿务实合作"八大共同行动"以来，双方全方位合作不断推进，取得重要早期收获。以此为基础，中方愿同阿方构建更富活力的创新驱动格局、更具规模的投资金融格局、更加立体的能源合作格局、更为平衡的经贸互惠格局、更广维度的人文交流格局。构建"五大合作格局"有利于双方进一步实现优势互补、互惠共赢。同阿方在生命健康、人工智能、绿色低碳、现代农业、空间信息等领域共建10家联合实验室，同阿方设立产业与投资合作论坛，支持中国能源企业和金融机构在阿拉伯国家参与总装机容量超过300万千瓦的可再生能源项目，继续积极推动实施30亿元人民币的发展合作项目，同阿方设立"全球文明倡议中国—阿拉伯中心"，每年邀请阿方200名政党领导人访华，未来5年同阿方力争实现1000万游客互访……一系列具体合作举措将推动中阿继续共走繁荣开放之路，以互利合作激发更加澎湃的发展动能，给双方人民带来更大福祉。

去年10月以来，巴以冲突剧烈升级，人民遭受沉重苦难。习近平主席郑重指出，战争不能再无限继续，正义也不能永久缺席，"两国方案"更不能任意动摇。中方坚定支持建立以1967年边界为基础、以东耶路撒冷为首都、享有完全主权的独立的巴勒斯坦国，支持巴勒斯坦成为联合国正式会员国，支持召开更大规模、更具权威、更有实效的国际和会。中方将继续为缓解加沙人道主义危机和战后重建提供支持和紧急人道主义援助。一以贯之站在公道正义一边、站在历史正确一边，一以贯之推动停火止战、保护平民安全、扩大人道救援、落实"两国方案"，中国的作为担当得到阿拉伯国家高度评价。

　　发展中阿关系顺应民心民意，符合双方共同利益，前途广阔、前景光明。阿拉伯谚语说，朋友是生活中的阳光。中方将继续同阿拉伯朋友一道，弘扬中阿友好精神，团结共创未来，让构建中阿命运共同体的大道充满阳光。

（2024年05月31日　第03版）

提升整体合作，共建中拉命运共同体

中国—拉共体论坛成立 10 年来，中拉各领域友好合作蓬勃发展，中拉关系进入平等、互利、创新、开放、惠民的新时代，为中拉命运共同体建设注入强劲动力

2014 年 7 月 17 日，中国—拉美和加勒比国家领导人会晤在巴西利亚举行，习近平主席同与会各国领导人共同宣布成立中国—拉共体论坛，开启了中拉整体合作的全新篇章。10 年来，中拉各领域友好合作蓬勃发展，中拉关系进入平等、互利、创新、开放、惠民的新时代，为中拉命运共同体建设注入强劲动力。

中拉论坛的成立顺应了和平、发展、合作、共赢的时代潮流，是中拉关系史上的创举，推动中拉形成整体合作与双边合作并行发展、相互促进的新局面。双方充分利用好部长级会议、中国—拉共体"四驾马车"外长对话、国家协调员会议等机制，就论坛建设和整体合作进行沟通协调。双方创设了涵盖基础设施、科技创新、农业、企业、青年、智库、环境、地方政府合作、减贫与发展等领域的对话合作平台，中拉联合实验室、中拉新闻交流中心、"中拉文化交流年"、"中拉科技伙伴计划"、中拉技术转移中心等项目落地生根，中拉友好合作大树更加枝繁叶茂。

中拉论坛为中拉命运共同体建设提供了有力支撑。以中拉论坛成立为标志，中拉整体合作顺利起航，中拉携手推进平等互利、共同发展的全面合作伙伴关系，共建中拉命运共同体，为双方各领域合作开辟广阔前景。目前，中国已同 22 个拉美和加勒比国家签署共建"一带一路"谅解备忘录，同 5 个拉美国家签署自由贸易

协定。据不完全统计，截至2023年9月，中国已在拉美地区累计实施200余个基建项目，为当地提供近百万个就业岗位。安提瓜和巴布达的圣约翰深水港码头改扩建后重新启用，被当地媒体评价为"一个带来新机遇的利民工程"；牙买加南北高速被称为"通向发展富强的未来之路"；智利5号公路塔奇段被誉为中国朋友修建的"致富路"……一个个合作项目提升地区国家的自主发展能力。当前，中拉加速推进数字经济、清洁能源、人工智能等新兴领域的对接合作，共同努力实现创新赋能绿色发展的美好愿景。

中拉论坛汇聚发展中国家团结合作的"南方力量"。中拉论坛的成立，实现了中国同发展中国家整体合作机制的全覆盖，建立了南南合作的崭新平台。中拉都坚持真正的多边主义，在涉及彼此核心利益和重大关切的问题上相互支持，就共同关心的国际和地区事务加强对话，在重大全球性议题上保持沟通配合，携手推动全球治理体系朝着更加公正合理的方向发展，有力维护双方以及广大发展中国家共同利益。"拉中论坛不仅促进了拉中经济的发展，还有助于建立更加民主的全球治理体系。"委内瑞拉发展和新兴经济高级研究中心主任安德丽娜·塔拉森表示。

中拉论坛的标识形如环绕相伴的一对和平鸽，又如紧紧相握的双手，象征着中拉密切合作、展翅高飞。当前，世界进入新的动荡变革期，只有加强团结合作才能共迎挑战、共克时艰。中方愿同拉方以中拉论坛成立10周年为契机，继续守望相助、携手共进，促进世界和平与发展，推动构建人类命运共同体，共同开创更加美好的未来。

（2024年07月17日　第03版）

推动中国同东盟合作结出更多硕果

　　9月24日至28日，第二十一届中国—东盟博览会、中国—东盟商务与投资峰会（以下简称"东博会""峰会"）在广西南宁举行。本届东博会和峰会期间，百余个项目成功对接，发布多项成果文件，展示了中国同东盟国家合作最新成果，为推动区域经济一体化、谱写更为紧密的中国—东盟命运共同体注入新动力。

　　建立对话关系30多年来，中国和东盟走出一条睦邻友好、合作共赢的光明大道，迈向日益紧密的命运共同体。2013年10月，习近平主席提出，愿同东盟国家共建21世纪海上丝绸之路，携手建设更为紧密的中国—东盟命运共同体，得到东盟国家积极响应。2021年11月，在中国—东盟建立对话关系30周年纪念峰会上，习近平主席提出共建和平、安宁、繁荣、美丽、友好"五大家园"，与东盟国家领导人共同宣布建立全面战略伙伴关系。中国和东盟在相互尊重中促进理解与信任不断增强，在合作共赢中促进区域经济融合持续加深，在共商共建中促进互联互通明显提升，在友好交往中促进人文纽带日益拉紧。中国和东盟始终携手前行，已成为亚太区域合作中最为成功和最具活力的典范，成为推动构建人类命运共同体的生动例证。

　　作为深化中国东盟合作的务实平台，东博会和峰会见证了中国同东盟关系的快速发展，助推中国—东盟全方位合作高水平运行，产业合作不断深化，货物贸易越发畅旺。中国—东盟信息港、中国—中南半岛经济走廊、中国—东盟港口城市合作网络等一批重点国际合作项目纷纷落地，中国和东盟智慧城市、人工智能、电子商务等领域合作不断加强，具有全球竞争力的新兴产业集群开始加速形成。

东盟秘书长高金洪表示，东博会和峰会多年来为建设一个更加互联互通、充满韧性活力的地区奠定基础，有助于推动区域实现共同繁荣。

走过了"黄金十年""钻石十年"，东博会和峰会开启了"镶钻成冠"的新阶段，将进一步汇聚合作共赢的澎湃动力，推动中国同东盟合作结出更多硕果。本届东博会和峰会以"亲诚惠容同发展，镶钻成冠创未来——促进中国—东盟自由贸易区3.0版建设和区域高质量增长"为主题，展现中国同东盟国家加强合作，推动区域共同繁荣发展的巨大潜力。东盟国家领导人认为，聚焦促进东盟—中国自由贸易区3.0版建设和区域高质量增长，这是在新形势下地区经济体所做的战略选择，将促进地区和世界和平稳定与繁荣发展。

东博会和峰会立足中国与东盟合作，着眼同世界各国分享合作机遇。近年来，东博会和峰会不断从服务中国和东盟合作向服务《区域全面经济伙伴关系协定》合作和高质量共建"一带一路"延伸，进一步做大开放"蛋糕"。本届东博会和峰会期间，海湾阿拉伯国家首次参展，上海合作组织地方经贸合作示范区与上海合作组织秘书处首次联合亮相，东盟与中日韩（10+3）产业链供应链对接大会举行……东博会和峰会为推进区域经济一体化打造更大平台、提供更多机遇，在更大范围、更高水平促进合作共赢。柬埔寨副首相兼内阁办公厅大臣翁赛维索表示："我们选择开放，而不是保护主义；选择多边主义，而不是单边主义；选择合作而不是对抗，这是高质量发展以及互利包容的基础。"

中国过去是、现在是，将来也永远是东盟的好邻居、好朋友、好伙伴。发挥好东博会和峰会平台作用，以自贸区3.0版建设为契机，进一步扩大贸易和相互投资，加强区域产供链互联互通，中国和东盟各国必将释放各领域务实合作潜力，实现更高水平的互利共赢，推动构建更为紧密的中国—东盟命运共同体，为促进地区和世界和平稳定与繁荣发展作出更大贡献。

（2024年09月29日　第03版）

弘扬"上海精神"　加强团结协作

担任轮值主席国期间，中方将秉持人类命运共同体理念，坚定引领各方弘扬"上海精神"，加强团结协作，推动上海合作组织不断发展壮大、继续走在时代前列

"弘扬'上海精神'：上合组织在行动"，这是中国今年7月接任上海合作组织轮值主席国后提出的响亮口号。这个口号清晰表明，上海合作组织不当"清谈馆"，而是要做行动派。目前，中方已全面启动主席国工作，将在上海合作组织框架内举办100多项会议和活动，以实实在在的行动进一步深化上海合作组织各领域务实合作，推动构建更加紧密的上海合作组织命运共同体。

上海合作组织是首个中国参与创建、以中国城市命名的国际组织。成立20多年来，上海合作组织始终以"上海精神"为指引，不断巩固政治互信，持续增进睦邻友好，共同守护地区安全，切实加强务实合作，为维护全球和地区的稳定与发展发挥着重要作用。从最初的6个创始成员扩大为涵盖26个国家的"上合大家庭"，上海合作组织的影响力、凝聚力和感召力不断提升，走出了一条富有成效的和平发展道路，树立了构建新型国际关系的典范。当前，世界百年变局加速演进，人类社会又一次站在历史的十字路口。上海合作组织始终站在历史正确一边，站在公平正义一边，在团结协作中实现更大发展，不仅关乎各成员国人民福祉，也对地区及世界和平稳定与发展至关重要。

中国是上海合作组织创始成员国，始终将上海合作组织作为外交优先方向。

习近平主席今年7月在"上海合作组织+"阿斯塔纳峰会上发表重要讲话，提出建设团结互信、和平安宁、繁荣发展、睦邻友好、公平正义的"五个共同家园"，为携手擘画上海合作组织发展新蓝图指明方向。上海合作组织之所以能够保持旺盛生命力，根本原因就在于始终践行"上海精神"。中方明确表示，接任轮值主席国后，将同本组织伙伴团结协作，同更多认同"上海精神"的国家和国际组织携手并进，让构建人类命运共同体的前景更加光明可期。

明年在中国举办的上海合作组织成员国元首理事会第二十五次会议是上海合作组织框架内最重要的活动，也是中方主席国任期内最核心的活动。2018年6月，中国成功举办上海合作组织青岛峰会，全面规划了上海合作组织未来的路径和方向，达成了一系列重要共识，成果超出预期，成为上海合作组织发展进程中一座里程碑。中方明年将主办一届友好、团结、成果丰硕的上海合作组织峰会，凝聚各方共识，为上海合作组织发展擘画新的蓝图。中方举办的会议和活动，将重点在巩固政治互信、维护共同安全、促进共同繁荣、加强民间交往、提升机制效能五个方向推进务实合作，为上海合作组织发展注入新动力。

实现现代化是上海合作组织国家的共同目标。中方建议将2025年确定为"上海合作组织可持续发展年"，将在全球发展倡议八大重点领域开展一系列合作与行动，着力提升贸易投资、能源、数字经济、现代农业、绿色发展等领域合作水平，持续推进"一带一路"建设同地区国家发展战略高质量对接，为地区国家推进现代化提供助力。推动全球治理朝着更加公正合理的方向发展，是解决当今世界突出问题的价值取向，也是开创人类更加美好未来的重要途径。中国担任上海合作组织轮值主席国期间，将结合中国人民抗日战争暨世界反法西斯战争胜利80周年、联合国成立80周年，发表峰会宣言，发出成员国在重大国际和地区问题上的共同声音，为应对全球性挑战贡献上海合作组织力量。

"团结协作是上海合作组织一路走来的成功经验，也是新征程上应变局、开新局的必然选择。"面对深刻变化的国际形势，中方将秉持人类命运共同体理念，坚定引领各方弘扬"上海精神"，加强团结协作，推动上海合作组织不断发展壮大、继续走在时代前列，为促进地区和世界和平、稳定、发展、繁荣作出更大贡献。

（2024年10月14日　第02版）

构建具有地区和全球影响力的中印尼命运共同体

中国和印尼决定打造具有示范引领作用的全方位战略伙伴关系，构建具有地区和全球影响力的命运共同体，将续写发展中大国联合自强、团结协作、互利共赢的新篇章

11月9日，习近平主席同来华进行国事访问的印度尼西亚总统普拉博沃举行会谈。两国元首就双边关系及共同关心的国际地区问题深入交换意见，达成广泛重要共识。双方决定赓续传统友好，深化战略合作，携手推进具有本国特色的现代化事业，在国际地区事务中开展更紧密战略协作，打造具有示范引领作用的全方位战略伙伴关系，构建具有地区和全球影响力的中印尼命运共同体。这进一步丰富了中印尼全面战略伙伴关系的内涵，进一步明确了中印尼命运共同体建设的方向。

普拉博沃今年3月当选总统后第一时间首访中国，正式就职后再次将中国作为首访国家，体现了对发展两国关系的高度重视，也展现了两国关系的高水平和战略性。近年来，在两国元首战略引领下，中印尼关系保持强劲发展势头，进入共建命运共同体新阶段。此访期间，两国元首共同见证签署关于共同开发、蓝色经济、水利、矿产等领域多项双边合作文件，双方发表关于推进全面战略伙伴关系和中印尼命运共同体建设的联合声明，两国"四轮驱动"合作升级为政治、经济、人文、海上、安全"五大支柱"合作，为深化中印尼全面战略伙伴关系和命运共同体建设注入了新动力。

在实现国家现代化和民族复兴道路上，中国和印尼理念高度契合、互为发展机遇，是志同道合的同路人、好伙伴。双方将坚持战略自主和主权平等原则，推动中国式现代化与"黄金印尼2045"愿景深度对接，在探索符合本国国情的发展道路上彼此助力、相互成就，为发展中国家走向现代化拓展更多路径选择和实践方案。中方将同印尼坚持高质量共建"一带一路"，持续运营好雅万高铁，推进"区域综合经济走廊"和"两国双园"合作，加强数字经济、先进制造业、循环经济等领域合作，开展海上共同开发合作，不断深化全方位互利合作，更好实现融通发展，推进各自现代化。两国都秉持以人民为中心的发展理念，将共同打造更多惠民工程，不断增进两国人民福祉。海上合作是中印尼全方位战略合作的重要组成部分，两国将积极探讨并开展更多海上合作项目，打造更多合作亮点。两国对加强安全合作高度重视，将开展更大范围、更宽领域、更深层次的安全合作。

维护地区和平稳定繁荣是中国和印尼的共同追求。中方支持印尼继续在东盟地区发挥"领头羊"作用。印尼感谢并欢迎中方坚定支持东盟团结和东盟共同体建设，支持东盟在区域架构中的中心地位，支持东盟在地区和国际事务中发挥更大作用。双方将共同落实好中国—东盟建立对话关系30周年纪念峰会重要共识，共建和平、安宁、繁荣、美丽、友好"五大家园"，不断丰富有意义、实质性、互利的中国东盟全面战略伙伴关系内涵，助力构建更为紧密的中国—东盟命运共同体愿景。

今年是和平共处五项原则发表70周年，明年是万隆会议召开70周年。和平共处五项原则和"万隆精神"历久弥新。在世界经历深刻变革，人类面临诸多挑战之际，中国和印尼将共同弘扬以和平、合作、包容、融合为核心的亚洲价值观，赋予和平共处五项原则和"万隆精神"新的内涵，奏响全球南方联合自强的时代强音，推动构建人类命运共同体。中国和印尼同为发展中大国、新兴市场国家和全球南方主要成员，两国加强团结合作，将是全球发展力量的增强，是和平稳定力量的壮大，是世界多极化进程的重要动力。

坚持战略自主、互信互助、合作共赢、公平正义，这既是对过去几十年中印尼关系发展经验的总结，也是未来两国关系长期稳定发展应该遵循的重要原则。展望未来，中方将同印尼深化全方位战略合作，构建具有地区和全球影响力的中印尼命运共同体，续写发展中大国联合自强、团结协作、互利共赢的新篇章，为地区和世界和平、稳定、繁荣作出积极贡献。

（2024年11月12日　第02版）

书写更多新时期的"鼓岭故事"

人民友好是中美关系行稳致远的基础，两国人民的双向奔赴是中美关系发展的动力源泉。中美双方应书写更多新时期的"鼓岭故事"，推动两国关系稳定、健康、可持续发展

"鼓岭故事表明，只要有善意和相互交流的意愿，我们的友谊就能生生不息""美中两国携手合作不仅造福两国人民，也对世界有益""我们要共同续写两国人民友好的故事"……在近日举行的2024鼓岭论坛上，中美两国嘉宾重温鼓岭故事，共同从习近平主席亲自推动中美民间友好交流的实践中汲取精神力量，凝聚中美民间友好交流的共识，助力走出一条新时期中美正确相处之道。

跨越百年的鼓岭故事，承载着中美两国人民的真挚情感。32年前，人民日报发表题为《啊，鼓岭！》的文章，讲述了美国加德纳夫妇对中国一个叫"鼓岭"的地方充满眷念与向往的故事，时任福州市委书记习近平看到该文后立即邀请加德纳夫人访问鼓岭。2012年，时任国家副主席习近平访美时，在美国友好团体举行的欢迎午宴上讲述了鼓岭故事，对"两国有更多的各界人士共同加入到中美友好事业中来"寄予厚望。2023年以来，习近平主席先后向"鼓岭缘"中美民间友好论坛和2024年"鼓岭缘"中美青年交流周致贺信。习近平主席亲自关心、亲自推动中美民间交往，让百年鼓岭故事不断焕发生机。

"鼓岭代表着民间友谊的力量，是一段跨越时空、超越国界的和平、理解和善意的传承。尽管语言、文化不同，两国人民依然可以跨越隔阂，建立起深厚的友

谊。"2024鼓岭论坛现场，美国"鼓岭之友"召集人穆言灵的视频发言引发与会嘉宾共鸣。回望过去，中美关系发展虽历经风雨，但两国民间的友好交往从未中断，为促进双边关系发展发挥着独特的积极作用。历史充分表明，人民友好是中美关系行稳致远的基础，两国人民的双向奔赴是中美关系发展的动力源泉。无论是血与火铸就的"飞虎情谊"，还是打破坚冰的"乒乓外交"，还有跨越百年的"鼓岭情缘"……中美关系史是一部两国人民友好交往的历史，过去靠人民书写，未来更要靠人民创造。

中美关系希望在人民，基础在民间，未来在青年，活力在地方。去年11月，习近平主席在旧金山出席美国友好团体联合欢迎宴会并发表重要演讲，阐述人民友好对中美关系发展的重要意义，引发热烈反响。一年多来，习近平主席的一封封贺信、复信笺暖情长，一次次会见、讲话情真意切，推动两国人民多来往、多交流。艾奥瓦州的老朋友和小朋友，"鼓岭之友""飞虎队"的传承者，美国的市长、学者、工商界人士，跨越太平洋建起沟通的桥梁，书写中美人民友好的新故事。为扩大中美两国人民特别是青少年一代交流，习近平主席在演讲中提出"中方未来5年愿邀请5万名美国青少年来华交流学习"。迄今已有近1.5万名美国青少年通过该项目来华交流访问，种下两国人民友谊的种子。第六届中美友城大会、中美湾区对话、第四届中美农业圆桌论坛、2024年中国—加州经贸论坛等机制活动成功举办，为中美民间交往增添新的活力。

中美双方共同搭建更多人文交流的桥梁，才能为两国关系持续改善发展注入更大动能。今年11月，习近平主席同美国总统拜登在秘鲁首都利马举行会晤。习近平主席强调，中方致力于赓续中美人民传统友谊的愿望没有变。中方近日宣布对包括美国在内的多国全面放宽优化过境免签政策，还将继续在签证、直航、支付等方面推出便利人员往来、促进人文交流的举措。美方应同中方相向而行，为两国民间交往和人文交流搭建更多桥梁、铺设更多道路，为两国人民多走动、多来往、多交流提供便利。

鼓岭故事穿越历史至今仍在回响，千年柳杉见证着中美人民友谊的续写与传承。中美双方应进一步拉紧人民的纽带、增进人心的沟通，书写更多新时期的"鼓岭故事"，推动两国关系稳定、健康、可持续发展。

（2024年12月24日　第17版）

后　记

解读和平发展之理、
合作共赢之道、"同球共济"之策

　　"和音"是人民日报国际评论品牌栏目，自2019年11月开栏至今，以宣传阐释习近平新时代中国特色社会主义思想特别是习近平外交思想为主线，深入解读中国式现代化的中国特色和本质要求，深入解读中国和平发展之理、合作共赢之道、"同球共济"之策，是国际社会读懂中国、读懂中国共产党、读懂中国式现代化的重要窗口。

　　2024年，国际局势变乱交织，地缘冲突延宕升级，"全球南方"加快崛起，百年变局的大势走向愈加清晰。作为负责任大国，中国以宽广胸襟超越隔阂冲突，以博大情怀关照人类命运，为变乱交织的世界注入和平力量、稳定力量、进步力量。本书收录2024年发表的"和音"评论139篇，展现中国携手各国维护世界和平、坚持开放发展、倡导文明交流互鉴、践行多边主义的笃定信念与扎实行动。

　　彰显中国自信自立的鲜明风格。2024年，中国共产党二十届三中全会擘画宏伟蓝图，进一步全面深化改革阔步前行，新中国成立75周年赓续伟大事业，中国式现代化昂扬奋进。"和音"评论坚持守正创新，持续向国内外读者展现中国式现代化迈出新的坚实步伐的自信风采、坚实底气，系统阐释中国道路和发展理念的世界意义。"把前无古人的伟大事业不断推向前进""中国成功打赢脱贫攻坚战的世界意义"等系列评论，兼具思想性和故事性，帮助国际社会更好读懂中国式现代化。从"春节"申遗成功到解码中国特色大国外交的文化基因，"和音"评论立足中华优秀传统文化的深厚滋养，贯通习近平文化思想和习近平外交思想，用国际社会听得懂、听得进的方式讲好中国发展理念，展现为人类谋进步、为世界谋大同的中国形象、中国作为。

书写中国开放包容的博大胸怀。2024年，中国特色大国外交高举人类命运共同体光辉旗帜，为和平奔走，为发展担当，为动荡的世界注入了稳定性，增添了正能量。习近平主席出席和平共处五项原则发表70周年纪念大会、中阿合作论坛、中非合作论坛北京峰会三大主场外交，开展欧洲之旅、中亚之旅、金砖之旅、拉美之旅四次重要出访。"和音"评论紧跟中国特色大国外交步伐，深入阐述中国推动平等有序的世界多极化、普惠包容的经济全球化、构建人类命运共同体的理念与行动。《促进中欧关系健康稳定发展》《共同建设更加美好的上海合作组织家园》《以"大金砖合作"引领"全球南方"大团结》《以中非现代化助力全球南方现代化》等一系列评论文章，纵论中国巩固拓展全球伙伴关系网络、推动构建新型国际关系、促进不同文明交流互鉴、与全球南方国家共谋发展振兴，彰显中国持续为动荡的世界注入希望、为人类进步探索方向的胸怀与担当。

阐释中国推动合作共赢的坚定追求。2024年，人类命运共同体建设取得新突破，进一步推动命运与共、"同球共济"的历史潮流滚滚向前。"和音"评论深刻阐释人类命运共同体理念从愿景到实践、从理念到行动的伟大历程，展现中国为推动人类进步事业贡献智慧与力量的决心。从中欧班列累计开行突破10万列，到钱凯港成为亚拉陆海新通道最新地标，"和音"聚焦一个个具体项目和故事，展现高质量共建"一带一路"对各国携手迈向现代化的推动作用；从习近平主席提出中非携手推进公正合理、开放共赢、人民至上、多元包容、生态友好、和平安全的现代化的主张，到习近平主席在二十国集团峰会期间宣布中国支持全球发展八项行动，"和音"评论呈现中国积极推动全球发展事业，不让任何一个国家在现代化道路上掉队的坚定追求；连续7年举办中国国际进口博览会，持续优化外国人来华政策，坚定不移推进贸易和投资自由化便利化……"和音"评论洞察中国高水平开放为世界各国现代化带来广阔机遇，与"同球共济"、团结协作、互利共赢的时代主旋律同频共振。

展现中国主持公道正义的浩然风骨。国际局势复杂多变，地区冲突与全球性挑战交织并存。俄乌冲突尚未平息，中东局势波澜再起，气候变化、能源危机、粮食安全等全球性问题持续发酵。中国积极为解决地区热点和全球性问题提出方案、贡献智慧。从在乌克兰问题上"劝和促谈，中方是最坚定、最积极的"到"推动巴勒斯坦问题全面、公正、持久解决"，从"坚定推进核领域全球治理"到"积极推动全球人工智能包容普惠发展"，从"为全球气候治理多边进程注入正能量"到"坚定做和平力量、稳定力量、进步力量"……"和音"评论阐释针对地区热点和全球性问题的中国方案，展现中国作为世界和平建设者、全球发展贡献者、国际秩序维护者的责任担当。

2025年是中国"十四五"规划的收官之年，也是中国人民抗日战争暨世界反法西斯战争胜利80周年、联合国成立80周年。国际局势不稳定不确定因素显著上升，各国作出何种抉择，将决定时代走向、影响世界格局。中国将继续谋大势、担大义、行大道，高举和平、发展、合作、共赢旗帜，努力促进世界和平安宁和人类共同进步。"和音"评论将继续统筹国内和国际两个大局，从人类发展大潮流、世界变化大格局中把握和阐释中国同世界的关系，继续讲好中国做友好合作的践行者、文明互鉴的推动者、人类命运共同体的建设者的生动故事。

本书编辑组

2025年3月于北京